广西科技大学博士基金项目

余　霜◎主编

计量经济学
实验指导教程
——基于EViews与SPSS的综合运用

Guide to Econometrics Experiment:
A Comprehensive Application Based on EViews and SPSS

图书在版编目（CIP）数据

计量经济学实验指导教程：基于 EViews 与 SPSS 的综合运用/余霜主编．—北京：经济管理出版社，2021.2

ISBN 978-7-5096-7792-6

Ⅰ.①计… Ⅱ.①余… Ⅲ.①计量经济学—实验—高等学校—教材 Ⅳ.①F224.0-33

中国版本图书馆 CIP 数据核字（2021）第 038194 号

组稿编辑：胡　茜
责任编辑：胡　茜
责任印制：黄章平
责任校对：张晓燕

出版发行：经济管理出版社
（北京市海淀区北蜂窝 8 号中雅大厦 A 座 11 层　100038）
网　　址：www. E-mp. com. cn
电　　话：（010）51915602
印　　刷：唐山昊达印刷有限公司
经　　销：新华书店
开　　本：720mm×1000mm/16
印　　张：15
字　　数：286 千字
版　　次：2021 年 3 月第 1 版　　2021 年 3 月第 1 次印刷
书　　号：ISBN 978-7-5096-7792-6
定　　价：59.00 元

联系地址：北京阜外月坛北小街 2 号
电话：（010）68022974　　邮编：100836

前　　言

计量经济学作为经济管理类本科生的专业基础课，注重培养学生实证分析与量化分析的思维能力，不仅需要掌握计量经济学的基础理论与方法，更重要的是培养定量研究和实际解决问题的能力。因此，学会使用各种计量统计软件处理大量统计数据和分析相关问题是非常必要的。

EViews（Econometrics Views）即计量经济学软件包，作为计量经济学软件在计量经济学实验中得到普遍应用。SPSS（Statistical Package for the Social Science）即社会科学统计软件包，主要用于数据的统计、处理与分析，现已广泛应用于社会经济的各行各业。本人在多年从事计量经济学的教学中发现，SPSS 软件以图形用户界面的操作系统让初学者比较容易入门，很多学生已有在学习计量经济学之前使用 SPSS 进行数据处理的经历。EViews 软件则是以语言命令为主的操作系统，初学者比较难上手，对于大部分学生来说，EViews 是初次接触。同时，SPSS 软件本身也能处理计量经济学特别是经典计量经济学部分的内容。在针对本科生的计量经济学教学内容中，经典计量经济学是其中的重中之重，是他们下一步继续学习中高级计量经济学的基础。因此，本书在编写的过程中，尝试以 SPSS 软件的应用作为入门篇，以 EViews 与 SPSS 的综合应用作为基础篇，以 EViews 软件的应用作为提高篇，由易到难，层层深入地帮助学生更好地完成计量经济学实验的学习。本书可为经济类、管理类和一些相关学科的本科生的计量经济学课程的实验教材或教学参考书，也可供从事经济管理的研究人员和实际工作者使用。

第一篇：入门篇。介绍如何使用 SPSS 软件做相关性分析、T 检验、方差分析和传统时间序列分析。相关性分析、T 检验、方差分析和传统时间序列分析是统计学的知识，同时又是继续学习计量经济学的起点。这样既让学生体验到用

SPSS 处理简单计量经济学问题的同时，又让学生顺利地从统计学知识过渡到计量经济学的内容上。

第二篇：基础篇。介绍如何使用 SPSS 软件和 EViews 软件分别完成简单线性回归分析、非线性估计、多元线性回归分析、多重共线性、异方差和自相关问题的处理。这部分内容是经典计量经济学的基础内容，既可以用 SPSS 软件来处理，也可以用 EViews 软件来完成。但是它们各有千秋，学生要多去体会两个软件处理数据的偏重。

第三篇：提高篇。介绍如何使用 EViews 软件开展虚拟变量模型分析、滞后变量模型分析、自回归模型分析、模型诊断与检验、现代时间序列分析、联立方程模型分析。这部分是本科阶段初级计量经济学中较难的内容，也是以后继续学习中高级计量经济学的基础，让学生熟练掌握使用 EViews 软件来处理计量经济学问题，为今后的继续深造打下坚实的基础。

本书由广西科技大学博士基金资助，特此致谢！

本书是本人《计量经济学》教学经验的总结，由于本人水平有限，难免存在不足之处，恳请广大读者批评指正。

余　霜

2021 年 3 月 1 日于广西科技大学

目　录

第一篇　入门篇

第二篇　基础篇

第三篇 提高篇

第一篇　入门篇

实验一　基于 SPSS 的相关性分析

相关性关系和函数关系共同构成了各种经济变量间的相互关系。当前在中学阶段主要开展了函数关系的学习，而大学阶段则更偏重于相关性关系的学习。同时，相关性分析也将为下一步开展回归分析的学习奠定统计知识的基础。因此，本书的第一个实验将从相关性分析开始。

一、实验目的

掌握相关分析的基本方法，学会区别正负两种不同的相关类型，能使用 SPSS 开展双变量相关分析和偏相关分析。

二、实验要求

熟悉使用 SPSS 进行双变量相关分析和偏相关分析的操作。

三、实验内容

实验 1：

表 1－1 是贵州省 1988～2012 年全省有效灌溉面积、造林面积和农林牧渔业总产值的统计资料。试运用 SPSS 软件分析贵州省 1988～2012 年全省的有效灌溉面积和造林面积是否与其农林牧渔业总产值之间具有相关性。

表 1－1　贵州省 1988～2012 年有效灌溉面积、造林面积和农林牧渔业总产值数据

年份	有效灌溉面积（千公顷）	造林面积（万公顷）	农林牧渔业总产值（亿元）
1988	544. 7	23. 33	123. 39
1989	548. 9	25. 33	133. 69
1990	550. 3	23. 7	145. 53

续表

年份	有效灌溉面积（千公顷）	造林面积（万公顷）	农林牧渔业总产值（亿元）
1991	512.3	12.35	165.34
1992	617.3	26.83	176.73
1993	597	28.71	201.4
1994	607	31.67	277.13
1995	610.1	28.5	344.85
1996	618.7	25.58	388.29
1997	627.1	23.53	417.54
1998	638.4	23.55	402.32
1999	643.9	22.7	407.12
2000	653.4	29.4	412.97
2001	659.8	24.07	418.61
2002	671.5	36.8	431.39
2003	682.7	37.8	466.72
2004	692.9	17.7	524.64
2005	711.64	135.6	571.84
2006	797.7	78.05	601.54
2007	894.28	81.8	697.01
2008	987.41	65.96	843.8
2009	1087.41	90.49	875.2
2010	1195.33	72.7	997.82
2011	1266.8	131.3	1165.46
2012	1317.59	199.3	1436.61

实验 2：

某农场通过试验取得某农作物产量与春季降雨量和平均温度的数据，如表 1－2 所示，试求降雨量对产量的偏相关性。

表 1－2　某农作物产量与春季降雨量和平均温度的数据

产量（kg/亩）	降雨量（mm）	温度（℃）
150	25	6
230	33	8
300	45	10
450	105	13
480	111	14
500	115	16

续表

产量（kg/亩）	降雨量（mm）	温度（℃）
550	120	17
580	120	18
600	125	18
600	130	20

四、实验步骤

实验 1：

（1）双击桌面快速启动图标，启动 SPSS21.0 程序。首先将实验数据输入 SPSS 的数据视图界面，如图 1－1 所示。

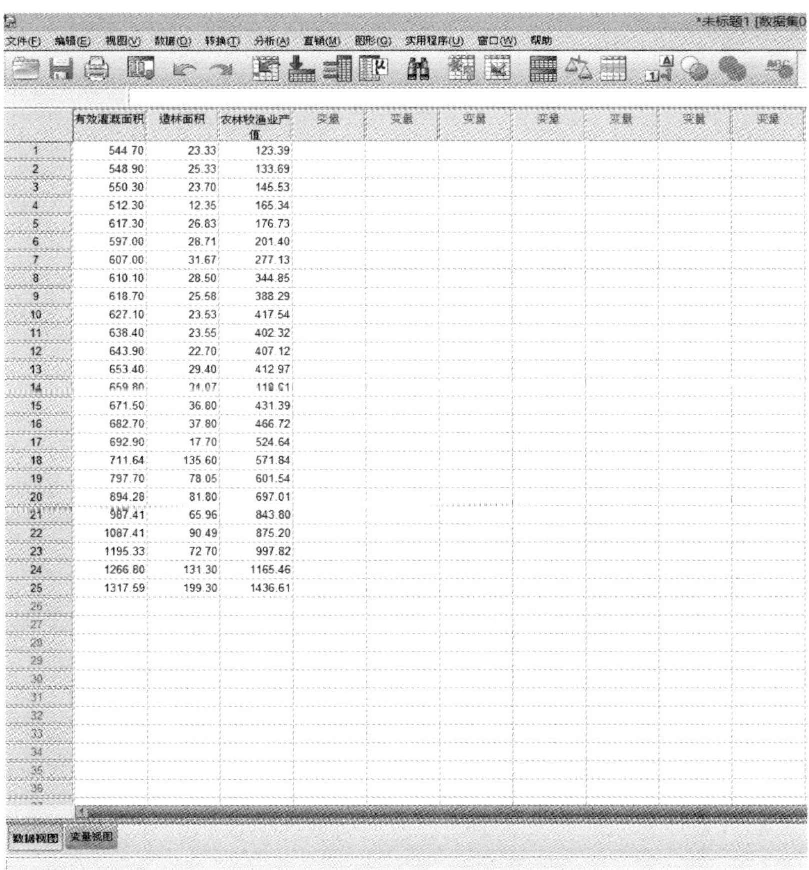

	有效灌溉面积	造林面积	农林牧渔业产值	变量	变量	变量	变量	变量	变量	变量
1	544.70	23.33	123.39							
2	548.90	25.33	133.69							
3	550.30	23.70	145.53							
4	512.30	12.35	165.34							
5	617.30	26.83	176.73							
6	597.00	28.71	201.40							
7	607.00	31.67	277.13							
8	610.10	28.50	344.85							
9	618.70	25.58	388.29							
10	627.10	23.53	417.54							
11	638.40	23.55	402.32							
12	643.90	22.70	407.12							
13	653.40	29.40	412.97							
14	659.80	24.07	[illegible]							
15	671.50	36.80	431.39							
16	682.70	37.80	466.72							
17	692.90	17.70	524.64							
18	711.64	135.60	571.84							
19	797.70	78.05	601.54							
20	894.28	81.80	697.01							
21	987.41	65.96	843.80							
22	1087.41	90.49	875.20							
23	1195.33	72.70	997.82							
24	1266.80	131.30	1165.46							
25	1317.59	199.30	1436.61							

图 1－1　数据输入结果（双变量相关）

（2）通过绘制变量的相关散点图，可以初步判断变量间的相关性。选择菜单【图形】→【旧对话框】→【散点/点状】，进入图形定义，如图 1－2 所示。

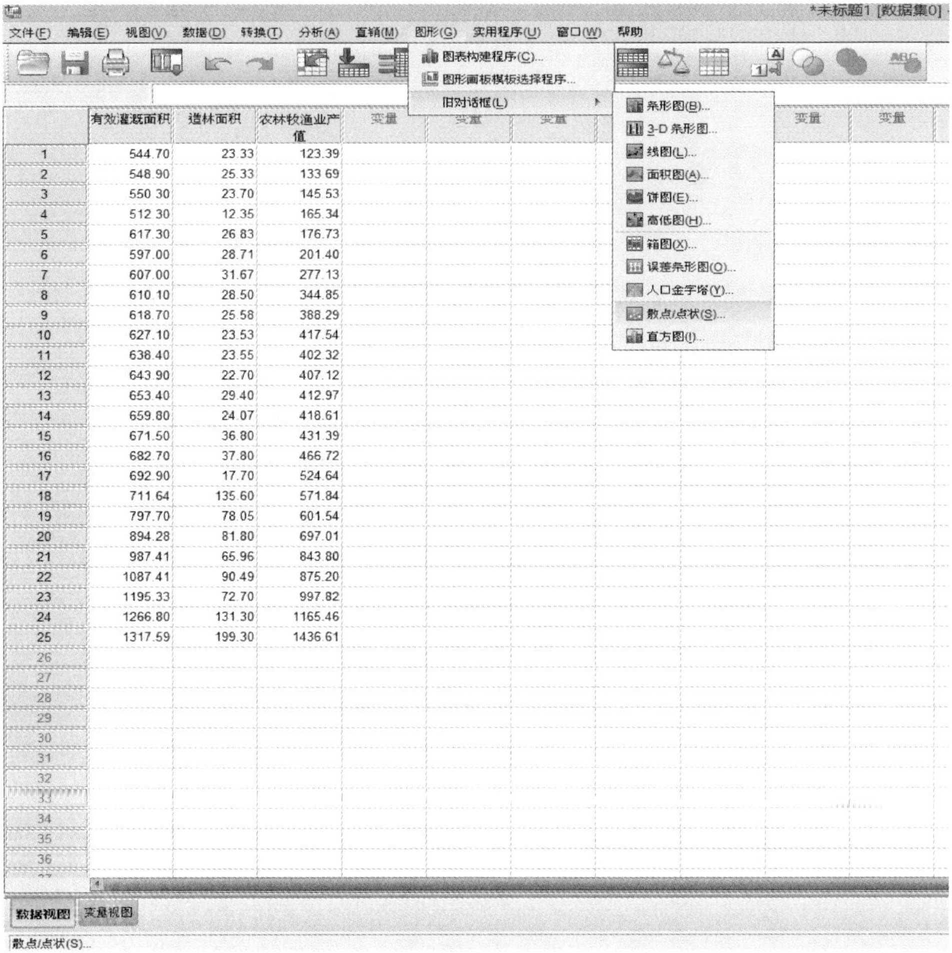

	有效灌溉面积	造林面积	农林牧渔业产值
1	544.70	23.33	123.39
2	548.90	25.33	133.69
3	550.30	23.70	145.53
4	512.30	12.35	165.34
5	617.30	26.83	176.73
6	597.00	28.71	201.40
7	607.00	31.67	277.13
8	610.10	28.50	344.85
9	618.70	25.58	388.29
10	627.10	23.53	417.54
11	638.40	23.55	402.32
12	643.90	22.70	407.12
13	653.40	29.40	412.97
14	659.80	24.07	418.61
15	671.50	36.80	431.39
16	682.70	37.80	466.72
17	692.90	17.70	524.64
18	711.64	135.60	571.84
19	797.70	78.05	601.54
20	894.28	81.80	697.01
21	987.41	65.96	843.80
22	1087.41	90.49	875.20
23	1195.33	72.70	997.82
24	1266.80	131.30	1165.46
25	1317.59	199.30	1436.61

图 1－2　图形类型选择

（3）在【散点图/点图】对话框中，选择简单分布，并点击【定义】按钮，如图 1－3 所示。

（4）在【简单散点图】对话框中，将“有效灌溉面积”和“造林面积”分别选入 X 轴，将“农林牧渔业产值”选入 Y 轴，并点击【确定】，如图 1－4 和图 1－5 所示。

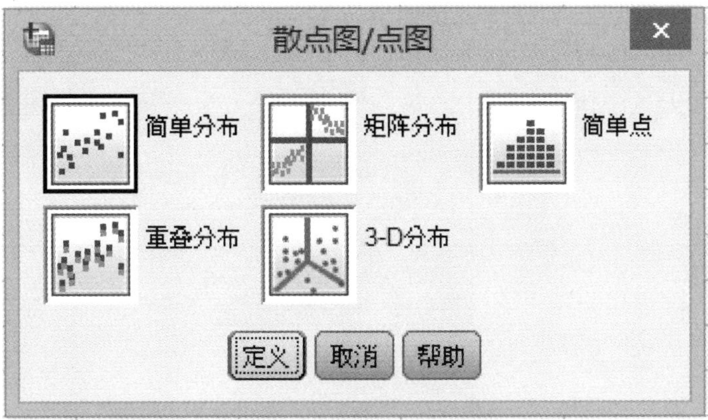

图 1-3　散点图类型选择

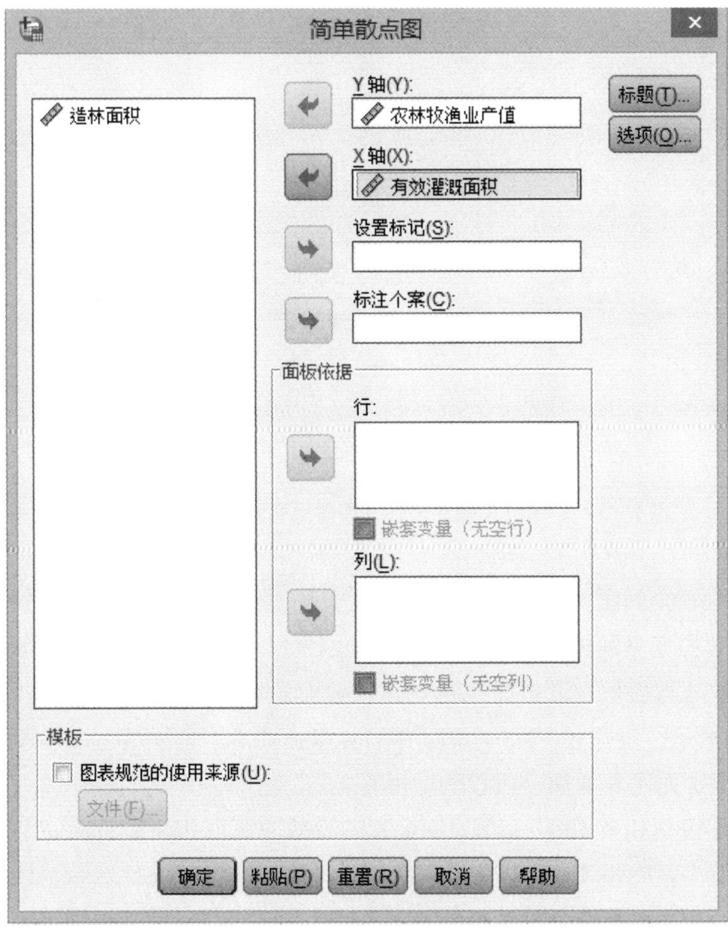

图 1-4　Y 轴和 X 轴的定义（有效灌溉面积和农林牧渔业产值）

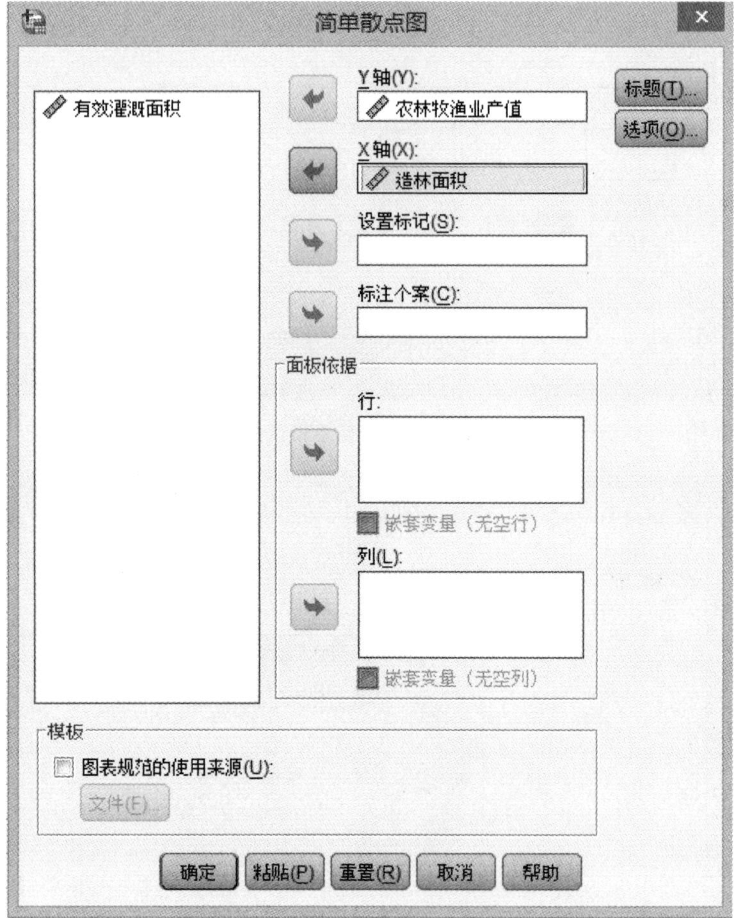

图 1－5　Y 轴和 X 轴的定义（造林面积和农林牧渔业产值）

（5）分别得到图 1－6 和图 1－7。

（6）对照变量间相关性的六种类型，见图 1－8，可初步判断 1988～2012 年贵州省有效灌溉面积、造林面积与农林牧渔业总产值之间的相关性。如图 1－6 和图 1－7 所示，贵州省 1988～2012 年农林牧渔业总产值随着有效灌溉面积和造林面积的增加而不断增加，两者呈正相关关系。

（7）研究贵州省 1988～2012 年全省的有效灌溉面积、造林面积与其农林牧渔业总产值之间的相关性，需要分别进行两个变量间的相关性分析，因此选择双变量相关分析。选择菜单【分析】→【相关】→【双变量】，如图 1－9 所示。

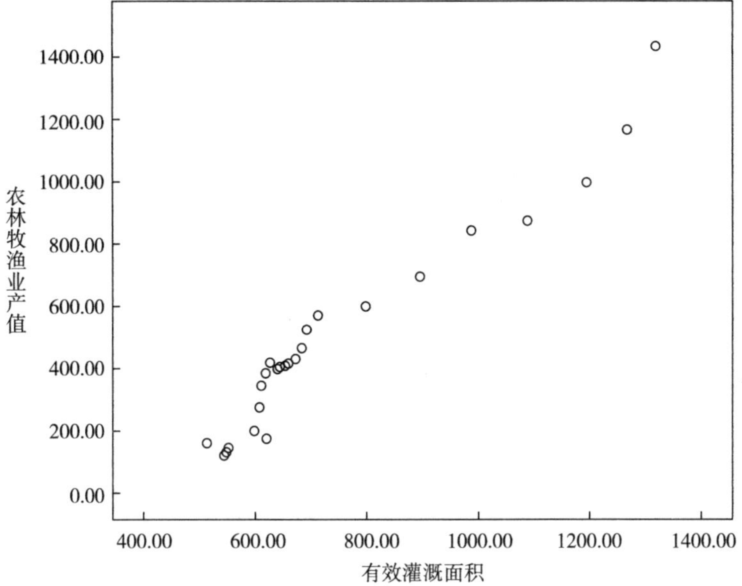

图1－6　有效灌溉面积和农林牧渔业产值的散点图

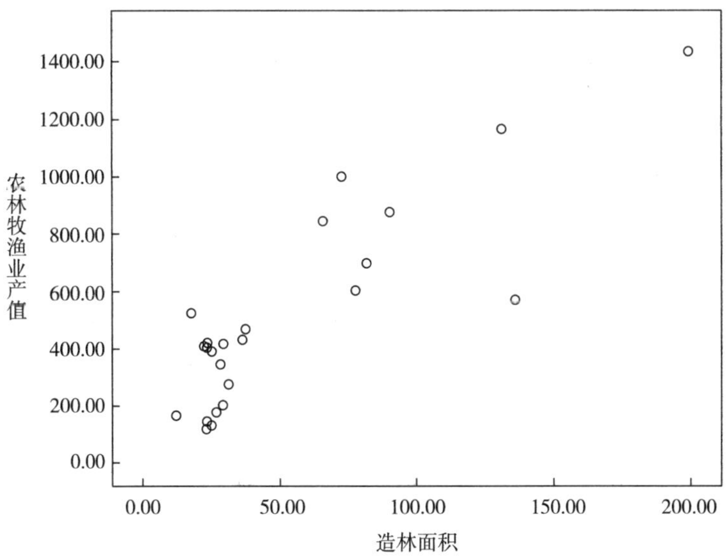

图1－7　造林面积和农林牧渔业产值的散点图

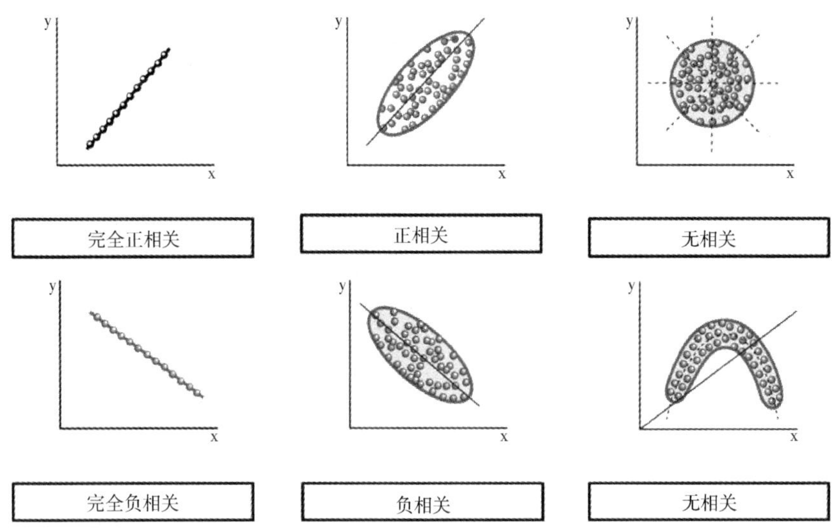

图 1-8　变量间相关性的类型

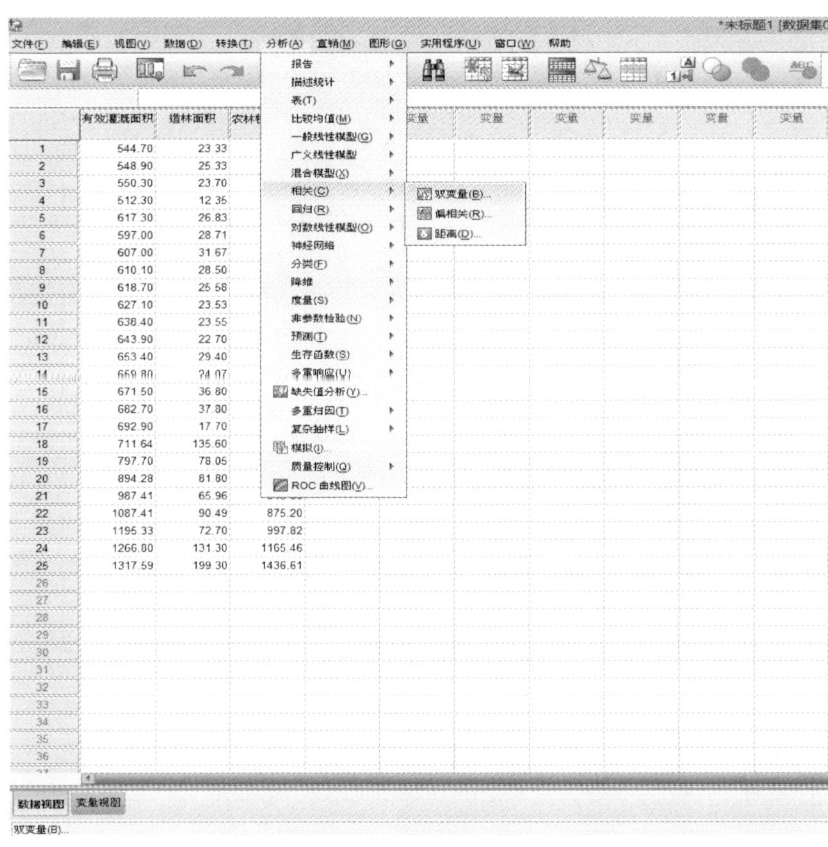

图 1-9　相关分析的类型选择（双变量相关）

（8）在【双变量相关】对话框中，将“有效灌溉面积”“造林面积”“农林牧渔业总产值”选入变量框，选择相关系数为 Pearson 相关系数，显著性检验中选择双侧检验，并单击【确定】，如图 1－10 所示。需要注意，在 SPSS 中相关分析过程的输出结果中只是给出相关系数和假设成立的概率 P 的值。如果事先知道相关方向，选择单侧检验；如果不知道相关方向，则选择双侧检验。不管选择哪种检验方式，结果都表示假设成立的概率水平，针对的假设是总体中两个变量不相关。

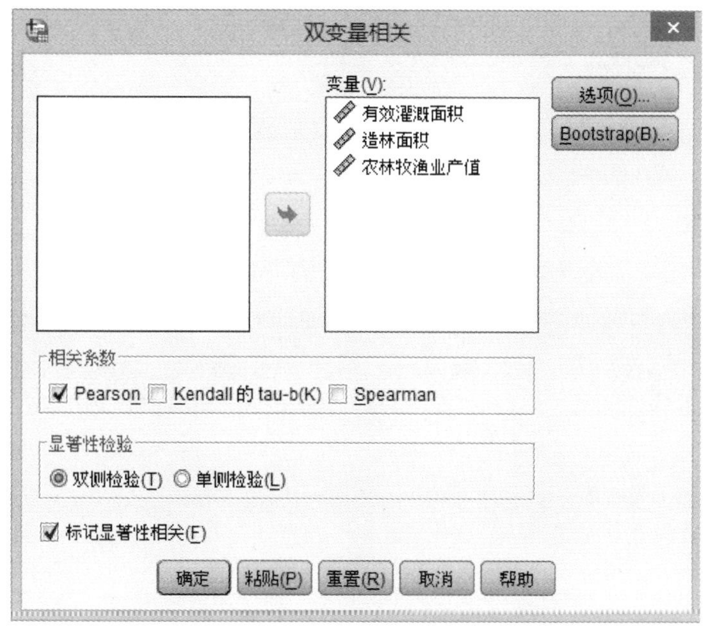

图 1－10　双变量相关的变量选择

（9）结果与分析。为了更好地解读分析结果，需要注意：* 表示 t 检验值发生的概率小于等于 0.05，即总体无相关的可能性小于 0.05，可以称为显著相关；** 表示 t 检验值发生的概率小于等于 0.01，即总体无相关的可能性小于 0.01，可以称为极显著相关；在拒绝零假设时 ** 比 * 更可靠。

依据表 1－3 可得结果：在 0.01 水平上，农林牧渔业产值与有效灌溉面积呈极显著正相关，相关系数为 0.971，相伴概率 $P=0.000<0.01$，在 $\alpha=0.01$ 的显著性水平下是显著的；农林牧渔业产值与造林面积呈极显著正相关，相关系数为 0.855，相伴概率 $P=0.000<0.01$，在 $\alpha=0.01$ 的显著性水平下是显著的；有效灌溉面积与造林面积在数值上呈极显著正相关，在专业意义上为假相关，没有实际意义。

表 1-3 相关性

		有效灌溉面积	造林面积	农林牧渔业产值
有效灌溉面积	Pearson 相关性	1	.823**	.971**
	显著性（双侧）		.000	.000
	N	25	25	25
造林面积	Pearson 相关性	.823**	1	.855**
	显著性（双侧）	.000		.000
	N	25	25	25
农林牧渔业产值	Pearson 相关性	.971**	.855**	1
	显著性（双侧）	.000	.000	
	N	25	25	25

注：** 表示在 0.01 水平（双侧）上显著相关。

实验 2：

(1) 首先将实验数据输入 SPSS 的数据视图界面，如图 1-11 所示。

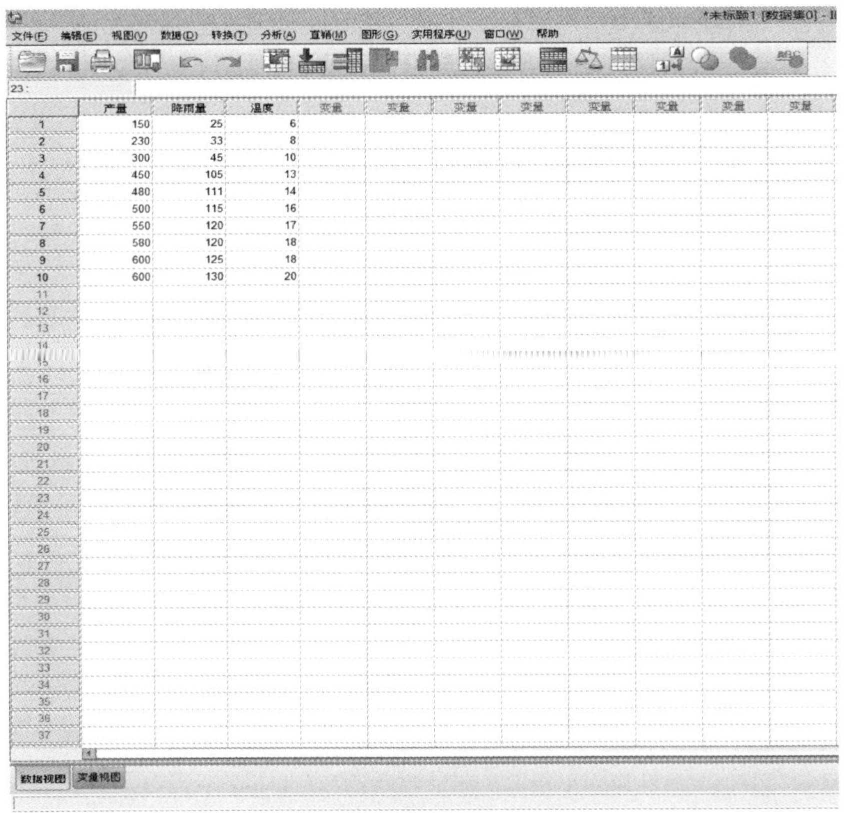

图 1-11 数据输入结果（偏相关）

（2）求取降雨量对产量的偏相关关系，需要选择相关分析中的偏相关分析。选择【分析】→【相关】→【偏相关】，如图 1－12 所示。

（3）在【偏相关】对话框中，将“降雨量”和“产量”选入变量窗口，将“温度”选入控制窗口，见图 1－13。

（4）点击【选项】按钮，在统计量下面选择零阶相关系数，可输出简单相关系数矩阵，见图 1－14。

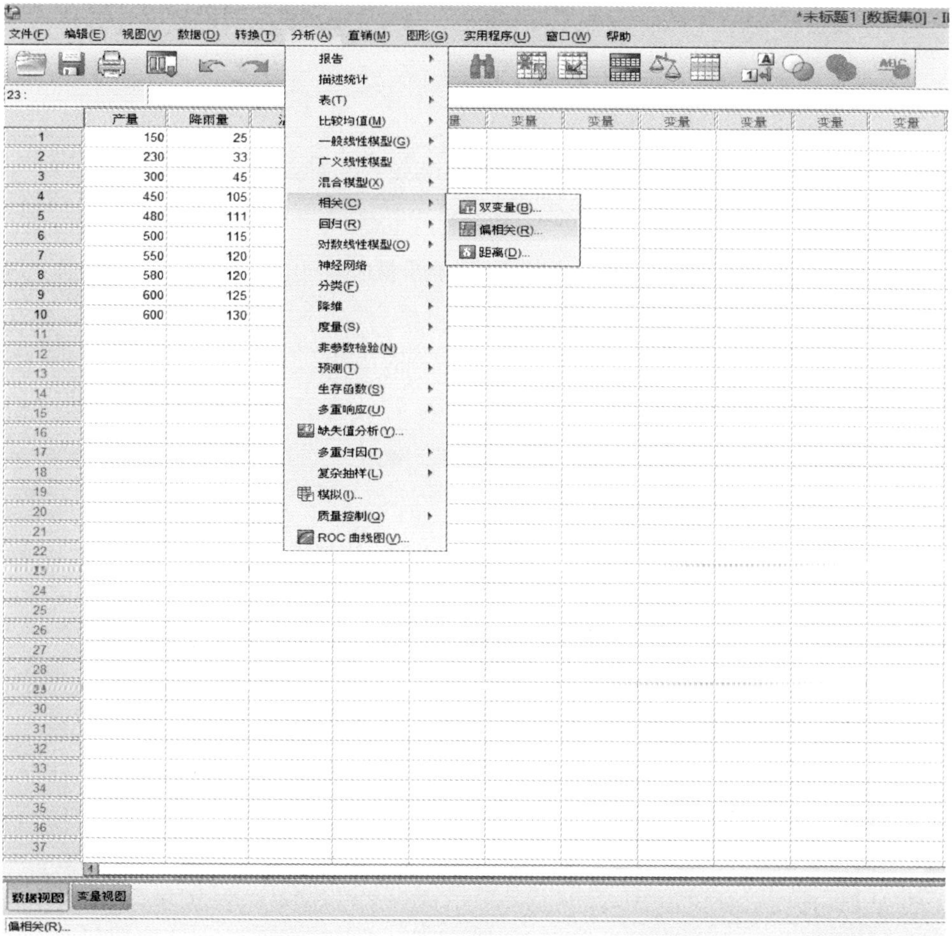

图 1－12　相关分析的类型选择（偏相关）

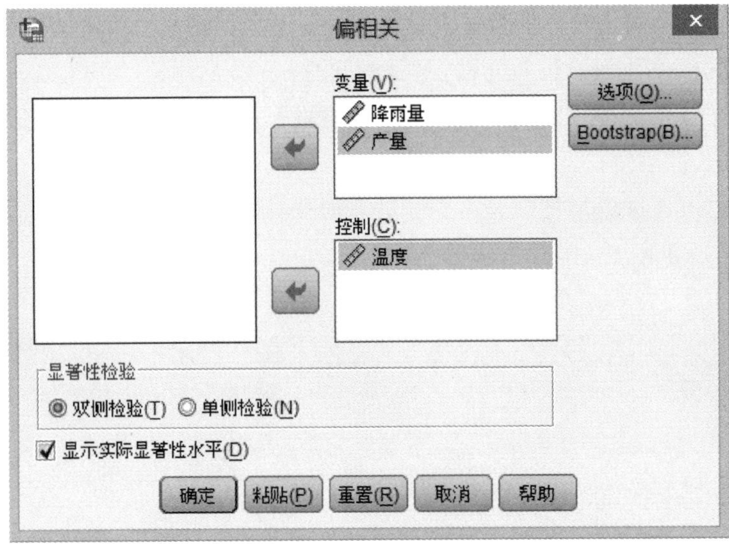

图 1－13　偏相关的变量选择

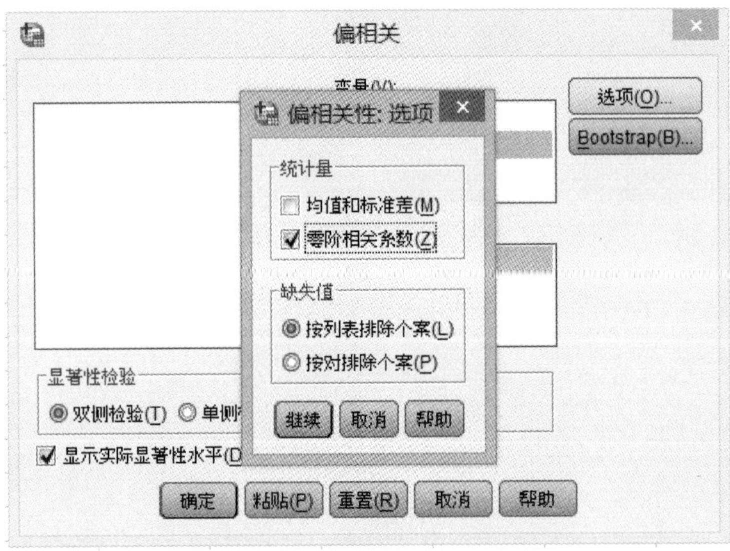

图 1－14　零阶相关系数的选择

（5）结果与分析。由表 1－4 可知，单从温度、降雨量与产量之间的简单相关分析看，三者之间的相关程度都非常显著。在排除温度的情况下，降雨量与产

量的相关系数为0.780，相伴概率 P =0.013 <0.05，在 α =0.01 的显著性水平下不显著，但在 α = 0.05 的显著性水平下是显著的。

表 1 –4　相关性

控制变量			降雨量	产量	温度
无[a]	降雨量	相关性	1.000	.981	.957
		显著性（双侧）		.000	.000
		df	0	8	8
	产量	相关性	.981	1.000	.986
		显著性（双侧）	.000		.000
		df	8	0	8
	温度	相关性	.957	.986	1.000
		显著性（双侧）	.000	.000	
		df	8	8	0
温度	降雨量	相关性	1.000	.780	
		显著性（双侧）		.013	
		df	0	7	
	产量	相关性	.780	1.000	
		显著性（双侧）	.013		
		df	7	0	

注：a. 单元格包含零阶（Pearson）相关。

五、课后练习

（1）试分析四川省泸县 1991 ~2019 年全县的农作物播种面积、农用化肥施用量与农林牧渔总产值之间的相关性，如表 1 –5 所示。

表 1 –5　泸县 1991 ~2019 年农作物播种面积、农用化肥施用量与农林牧渔总产值统计数据

年份	农作物播种面积（千公顷）	农用化肥施用量（万吨）	农林牧渔总产值（万元）
1991	95.80	95781	90187
1992	93.96	98742	99822
1993	90.56	98957	133915

续表

年份	农作物播种面积（千公顷）	农用化肥施用量（万吨）	农林牧渔总产值（万元）
1994	87.77	103460	190274
1995	88.67	110135	192773
1996	88.24	91617	160065
1997	88.14	86993	187076
1998	87.63	94489	195036
1999	86.48	95947	195128
2000	85.23	94894	191062
2001	84.16	94059	197564
2002	81.35	92580	206431
2003	79.36	22821	219734
2004	81.39	23756	271227
2005	83.40	23831	306158
2006	85.85	25434	327943
2007	87.59	26155	406044
2008	89.49	26943	478947
2009	91.06	28100	459500

（2）已知有某河流的一年月平均流量观测数据和该河流所在地区当年的月平均雨量和月平均温度观测数据，如表 1-6 所示。试分析温度与河水流量之间的偏相关关系。

表 1-6　某河流月平均流量、月平均雨量与月平均气温数据

月份	月平均流量（m^3/s）	月平均雨量（mm）	月平均气温（℃）
1	0.50	0.10	-8.80
2	0.30	0.10	-11.00
3	0.40	0.40	-2.40
4	1.40	0.40	6.90
5	3.30	2.70	10.60
6	4.70	2.40	13.90
7	5.90	2.50	15.40

续表

月份	月平均流量（m^3/s）	月平均雨量（mm）	月平均气温（℃）
8	4.70	3.00	13.50
9	0.90	1.30	10.00
10	0.60	1.80	2.70
11	0.50	0.60	-4.80
12	0.30	0.20	-6.00

实验二　基于 SPSS 的 T 统计检验

T 统计检验作为统计学中假设检验的知识，在计量经济学中将应用在多元线性回归模型的回归参数显著性检验，对各个总体回归参数进行显著性检验，是开展回归分析的重要组成。

一、实验目的

掌握 T 统计检验的基本原理，能使用 SPSS 进行三种不同类型的 T 统计检验，并学会区别三者的适用条件。

二、实验要求

熟悉使用 SPSS 进行单样本 T 检验、独立样本 T 检验和配对样本 T 检验的操作。

三、实验内容

实验 1：

为监测空气质量，某城市环保部门每隔几周即对空气烟尘质量进行一次随机测试。已知该城市过去每立方米空气中悬浮颗粒的平均值是 82 微克。在最近一段时间的检测中，每立方米空气中悬浮颗粒的数值如表 2－1 所示。

表 2－1　每立方米空气中悬浮颗粒数值　　单位：μg

81.6	86.6	80.0	85.8	78.6	58.3	68.7	73.2
96.6	74.9	83.0	66.6	68.6	70.9	71.1	71.6
77.3	76.1	92.2	72.4	61.7	75.6	85.5	72.5
74.0	82.5	87.0	73.2	88.5	86.9	94.9	83.0

根据最近的测量数据，当显著性水平 $\alpha = 0.05$ 时，能否认为该城市空气中悬浮颗粒的平均值显著低于过去的平均值？

实验 2：

有人配制两种不同饵料 A、B 养殖罗非鱼，选取 13 个鱼池，随机均匀分两组进行试验。经一定实验期后称取产鱼量（见表 2－2）。试问这两种不同饵料养殖罗非鱼的产鱼量有无差异？

表 2－2　两组鱼池产鱼量　　单位：kg

鱼池	产鱼量
1	578
1	562
1	619
1	544
1	536
1	564
1	532
1	642
2	587
2	631
2	625
2	598
2	592

实验 3：

某单位研究饮食中缺乏维生素 E 与肝中维生素 A 含量的关系，将同种属的大白鼠按性别相同，年龄、体重相近配成对子，共 8 对，并将每对种的两头动物随机分到正常饲料组和维生素 E 缺乏组，经一定时期将大白鼠杀死，测得其肝中维生素 A 的含量，结果如表 2－3 所示。问不同饲料的大白鼠肝中维生素 A 含量有无差别？

表 2－3　大白鼠肝中维生素 A 含量　　单位：μmol/L

大白鼠对号	正常饲料组	维生素 E 缺乏组
1	3550	2450
2	2000	2400
3	3000	1800
4	3940	3200

续表

大白鼠对号	正常饲料组	维生素 E 缺乏组
5	3800	3250
6	3750	2700
7	3450	2500
8	3050	1750

四、实验步骤

实验 1：

（1）首先将实验数据输入 SPSS 的数据视图界面，如图 2－1 所示。

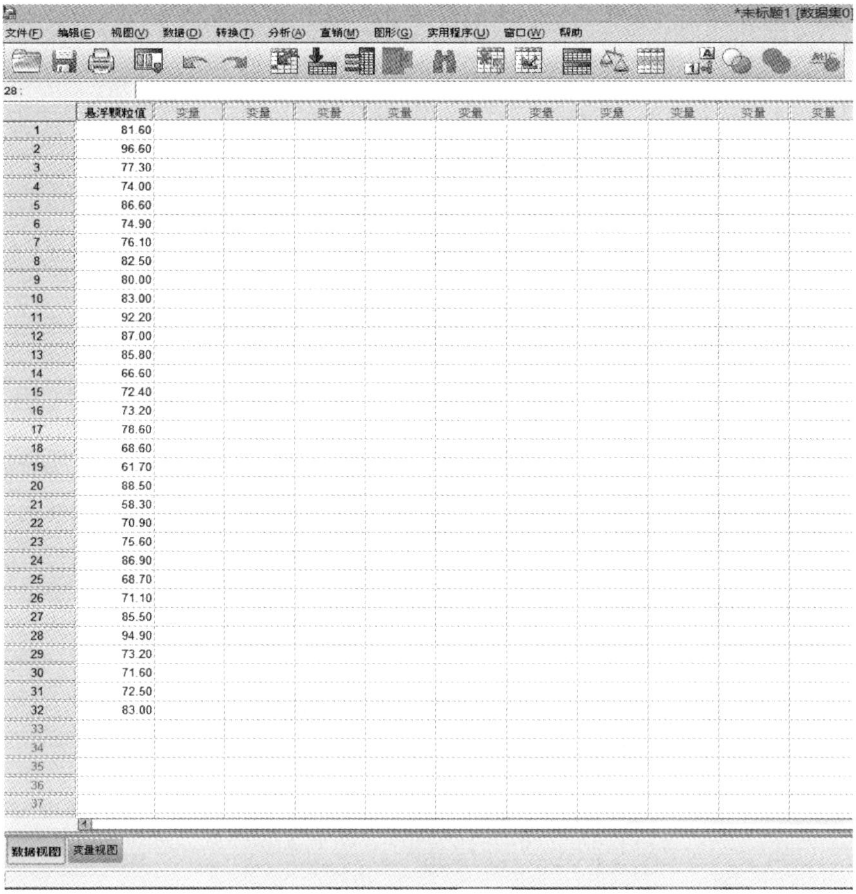

	悬浮颗粒值
1	81.60
2	96.60
3	77.30
4	74.00
5	86.60
6	74.90
7	76.10
8	82.50
9	80.00
10	83.00
11	92.20
12	87.00
13	85.80
14	66.60
15	72.40
16	73.20
17	78.60
18	68.60
19	61.70
20	88.50
21	58.30
22	70.90
23	75.60
24	86.90
25	68.70
26	71.10
27	85.50
28	94.90
29	73.20
30	71.60
31	72.50
32	83.00

图 2－1　数据输入结果（单样本 T 检验）

（2）选择菜单【分析】→【比较均值】→【单样本 T 检验】，如图 2－2 所示。

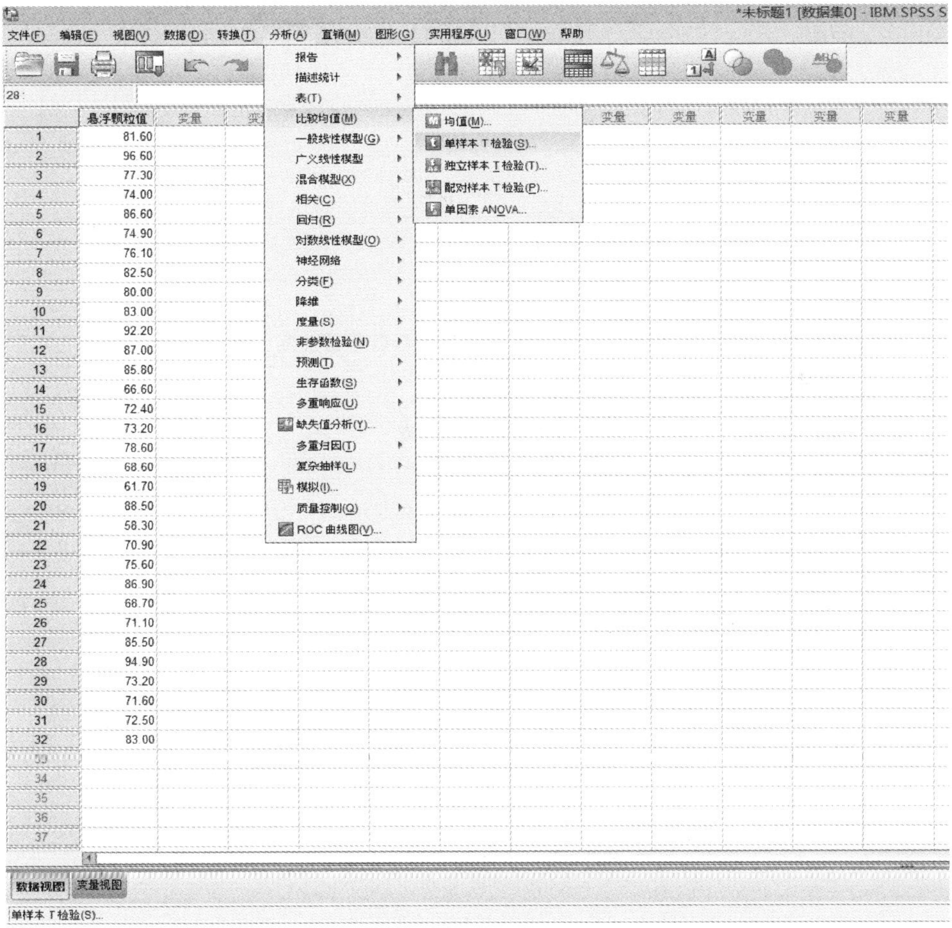

图 2－2 T 统计检验的类型选择（单样本 T 检验）

（3）在【单样本 T 检验】对话框中，将悬浮颗粒值选入检验变量，检验值定为 82，并单击【确定】按钮，见图 2－3。

（4）结果与分析。依据图 2－4 的结果可知，P 值（双侧概率）=0.023 < 0.05，在 $\alpha=0.05$ 的显著性水平下，拒绝原假设，认为该城市空气中悬浮颗粒的平均值显著低于过去的平均值。

图 2－3　单样本 T 检验的检验变量选择

单个样本统计量

	N	均值	标准差	均值的标准误
悬浮颗粒值	32	78.1063	9.19793	1.62598

单个样本检验

	检验值＝82					
	t	df	Sig.（双侧）	均值差值	差分的 95% 置信区间	
					下限	上限
悬浮颗粒值	－2.395	31	.023	－3.89375	－7.2100	－.5775

图 2－4　单样本 T 检验结果

实验 2：

（1）首先将实验数据输入 SPSS 的数据视图界面，见图 2－5。

（2）选择菜单【分析】→【比较均值】→【独立样本 T 检验】，如图 2－6 所示。

（3）在【独立样本 T 检验】对话框中，将产鱼量选入检验变量，组别选入分组变量，见图 2－7。

（4）点击【定义组】，继续定义分组变量“组别”下分组标准，按照数值“1”和“2”将检验变量“产鱼量”分成两个组，单击【继续】按钮，见图 2－8。

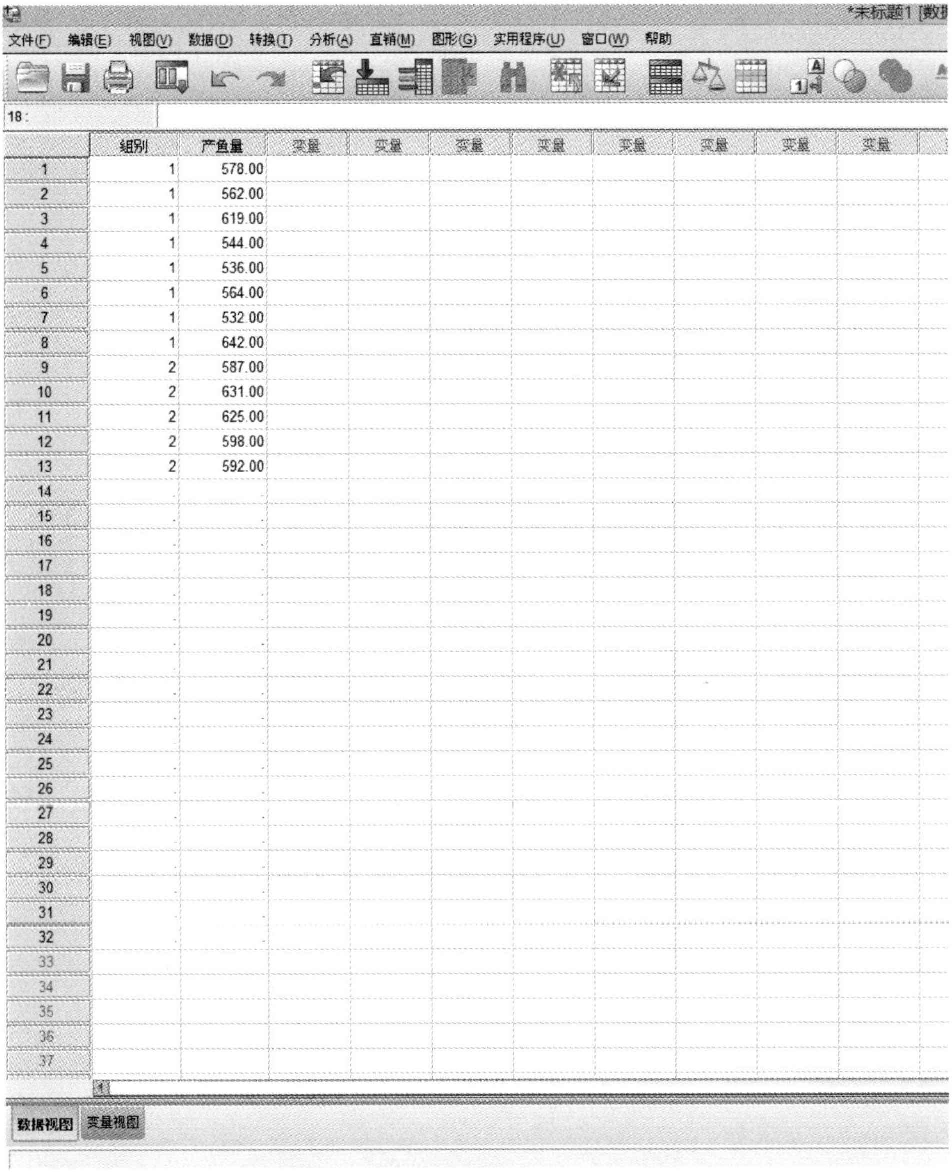

	组别	产鱼量
1	1	578.00
2	1	562.00
3	1	619.00
4	1	544.00
5	1	536.00
6	1	564.00
7	1	532.00
8	1	642.00
9	2	587.00
10	2	631.00
11	2	625.00
12	2	598.00
13	2	592.00

图 2-5 数据输入结果（独立样本 T 检验）

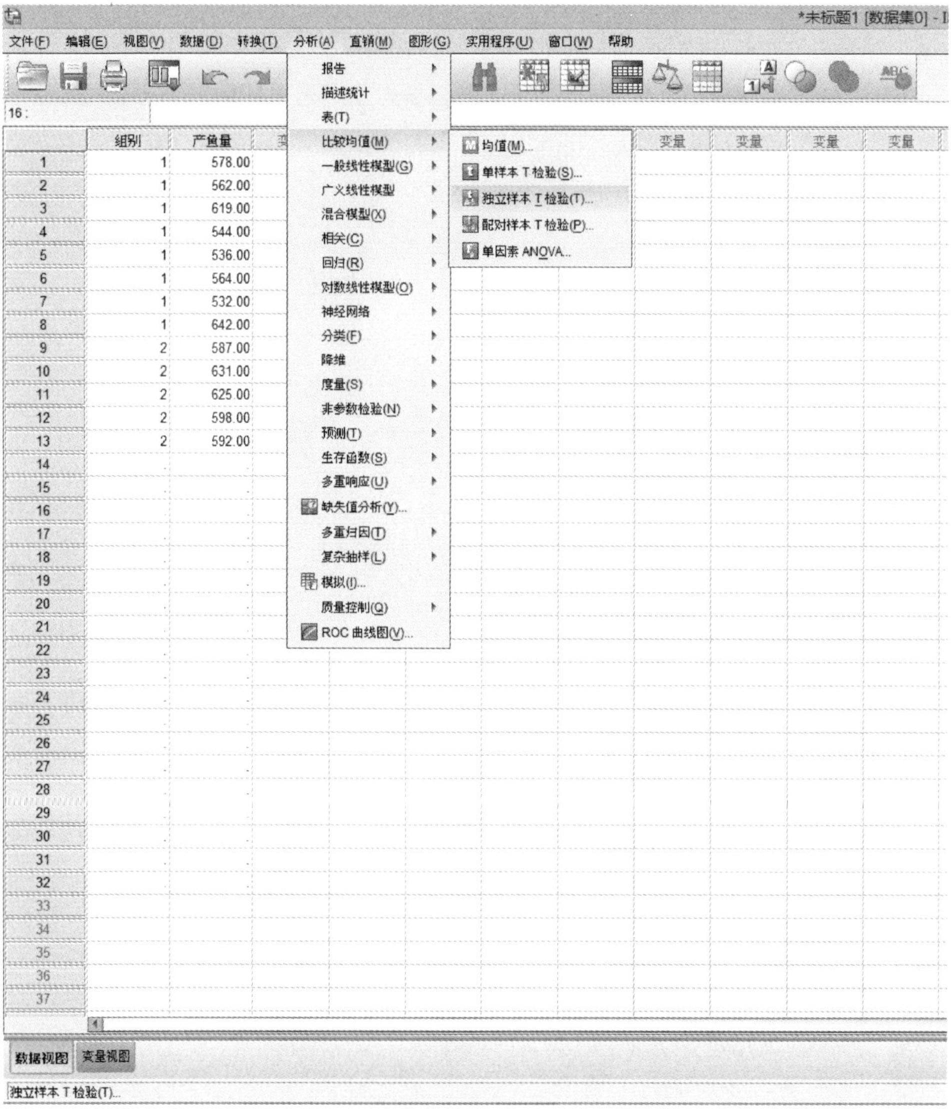

图 2－6　T 统计检验的类型选择（独立样本 T 检验）

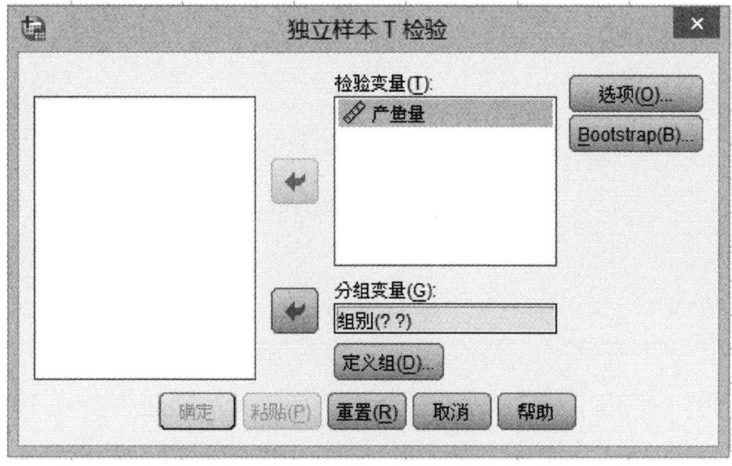

图 2－7　独立样本 T 检验的检验变量选择

图 2－8　独立样本 T 检验的分组变量定义

（5）结果与分析。依据图 2－9 的结果可知，在方差齐性检验中，P 值＝0.217＞0.05，接受方差齐性的原假设。在方差相等的情况下，P 值＝0.101＞0.05，在 $\alpha=0.05$ 的显著性水平下，接受原假设，认为两种不同饵料养殖罗非鱼的产鱼量无显著差异。

组统计量

	组别	N	均值	标准差	均值的标准误
产鱼量	1	8	572.1250	39.62120	14.00821
	2	5	606.6000	20.03247	8.95879

独立样本检验

		方差方程的 Levene 检验		均值方程的 t 检验						
		F	Sig.	t	df	Sig.（双侧）	均值差值	标准误差值	差分的 95% 置信区间	
									下限	上限
产鱼量	假设方差相等	1.718	.217	-1.787	11	.101	-34.47500	19.28983	-76.93164	7.98164
	假设方差不相等			-2.073	10.750	.063	-34.47500	16.62799	-71.17705	2.22705

图 2-9　独立样本 T 检验结果

实验 3：

（1）首先将实验数据输入 SPSS 的数据视图界面，见图 2-10。

（2）选择菜单【分析】→【比较均值】→【配对样本 T 检验】，如图 2-11 所示。

（3）在【配对样本 T 检验】对话框中，将正常饲料组、维生素 E 缺乏组选入成对变量，单击【确定】按钮，见图 2-12。

（4）结果与分析。依据图 2-13 的结果可知，在成对样本相关系数表中，可知其相关性显著性检验 P 值 $=0.130>0.05$，说明两者无线性相关关系。在成对样本检验中，P 值 $=0.004<0.05$，在 $\alpha=0.05$ 的显著性水平下，拒绝原假设，认为正常饲料组和维生素 E 缺乏组之间有显著差异。

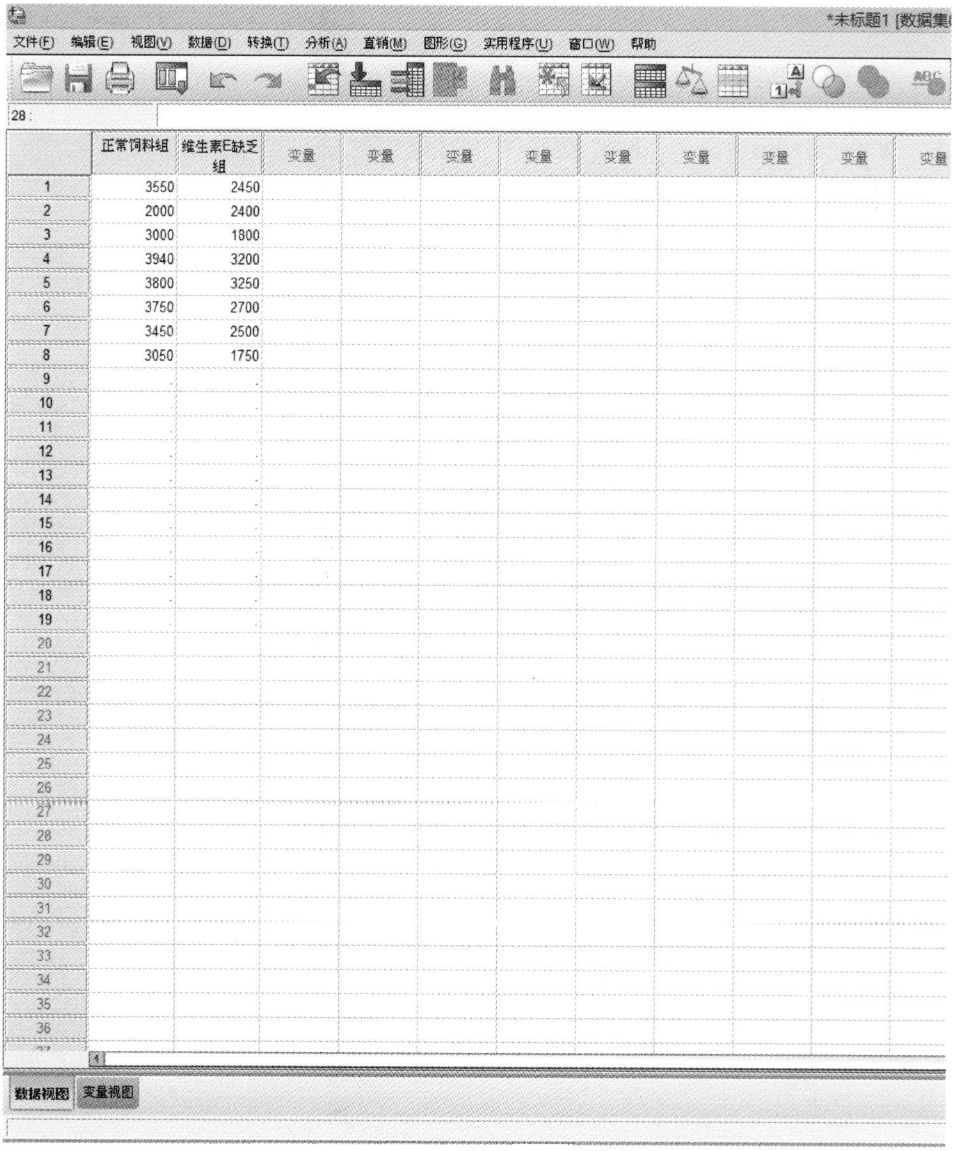

*未标题1 [数据集

文件(F) 编辑(E) 视图(V) 数据(D) 转换(T) 分析(A) 直销(M) 图形(G) 实用程序(U) 窗口(W) 帮助

28 :

	正常饲料组	维生素E缺乏组	变量	变量	变量	变量	变量	变量	变量	变量	变量
1	3550	2450									
2	2000	2400									
3	3000	1800									
4	3940	3200									
5	3800	3250									
6	3750	2700									
7	3450	2500									
8	3050	1750									

数据视图 变量视图

图2-10 数据输入结果（配对样本T检验）

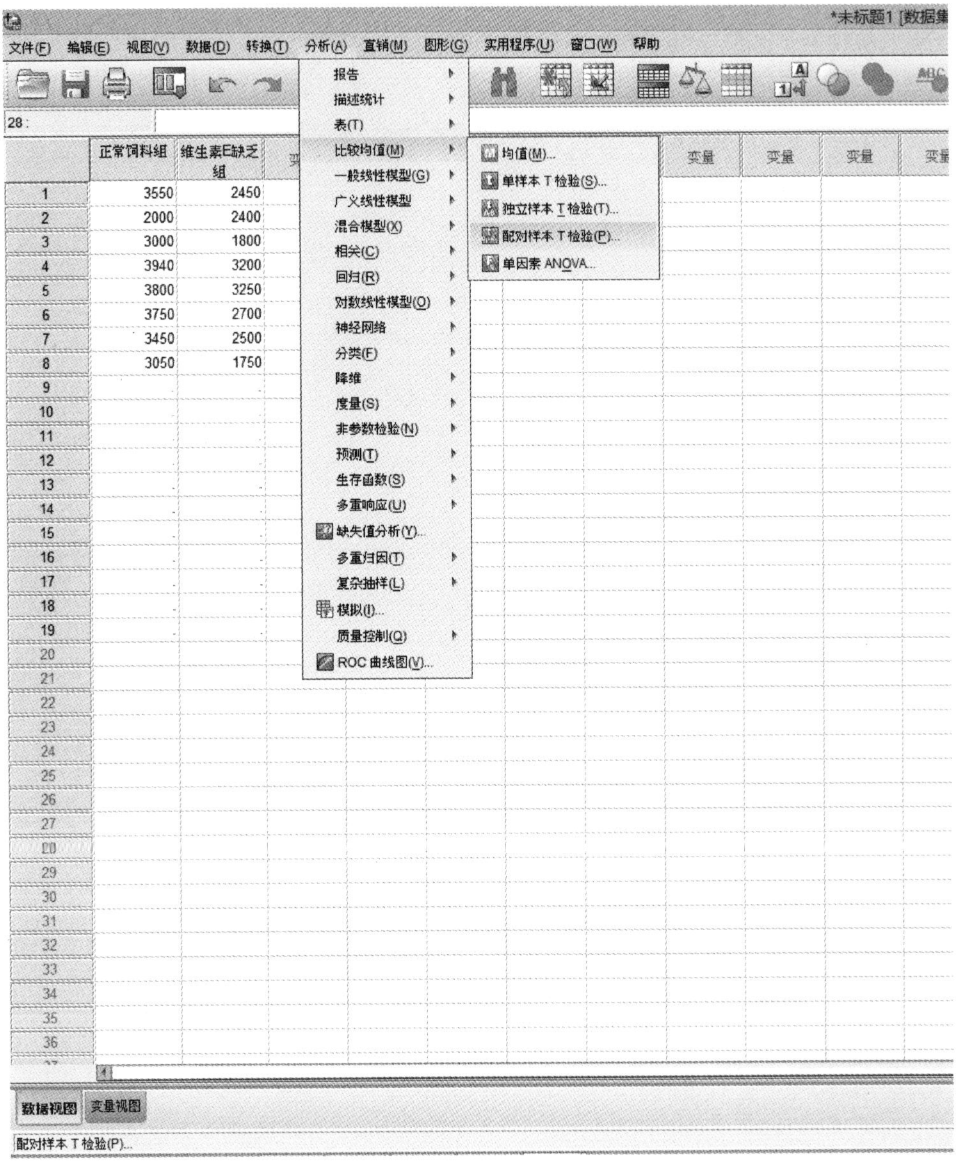

图 2－11　T 统计检验的类型选择（配对样本 T 检验）

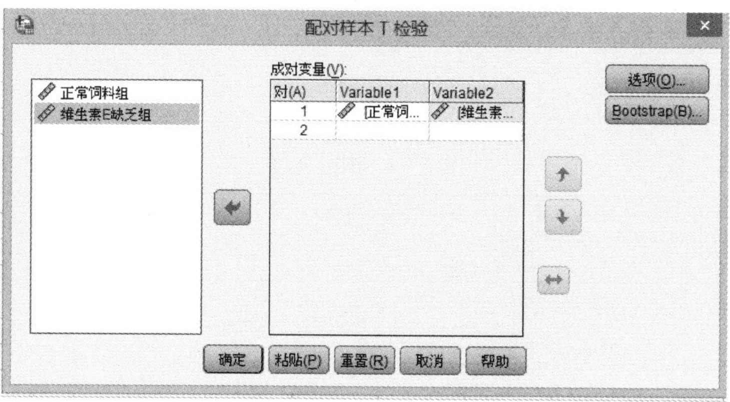

图 2－12　配对样本 T 检验的成对变量选择

成对样本统计量

		均值	N	标准差	均值的标准误
对 1	正常饲料组	3317.50	8	631.003	223.093
	维生素 E 缺乏组	2506.25	8	555.130	196.268

成对样本相关系数

		N	相关系数	Sig.
对 1	正常饲料组 & 维生素 E 缺乏组	8	.582	.130

成对样本检验

		成对差分					t	df	Sig.（双侧）
		均值	标准差	均值的标准误	差分的 95% 置信区间				
					下限	上限			
对 1	正常饲料组 - 维生素 E 缺乏组	811.250	546.428	193.192	354.424	1268.076	4.199	7	.004

图 2－13　配对样本 T 检验结果

五、课后练习

（1）某企业为比较两种方法对员工进行培训的效果，采用方法 1，对 15 名员工进行培训，采用方法 2，对 12 名员工进行培训。培训后的测试分数如表 2－4 所示。

表 2－4 测试分数

方法 1			方法 2		
56	51	45	59	57	53
47	52	43	52	56	65
42	53	52	53	55	53
50	42	48	54	64	57
47	44	44			

两种方法培训得分的总体方差未知且不相等。在 $\alpha = 0.05$ 的显著性水平下，检验两种方法的培训效果是否有显著差异。

（2）正常人的脉搏平均 72 次/分钟，现测得某病患者的脉搏为 54、67、68、78、70、66、67、70、65、69，试问此病患者与正常人有无显著差别？

（3）表 2－5 为 10 只家兔接种某种疫苗前后体温发生变化的情况。试检验接种前后体温是否有显著变化？

表 2－5 体温变化值　　单位：℃

接种前	接种后
38	38.4
38.2	38.5
38.2	38.5
38.4	38.8
38.4	38.9
38.1	38.5
38.1	38.7
38.2	38.7
38.5	38.5
38.3	39

实验三　基于 SPSS 的方差分析

方差分析将判断均值的变化量转化为方差，根据方差分析的数学假设前提，可以知道该方差统计变量是符合 F 分布的统计变量。因此，方差分析是计量经济学回归分析进行 F 检验的基础。

一、实验目的

掌握方差分析的基本原理，能使用 SPSS 进行三种不同类型的方差分析，并学会区别三者的适用条件。

二、实验要求

熟悉使用 SPSS 进行单因素方差分析、双因素方差分析和协方差分析的操作。

三、实验内容

实验 1：

某家电制造公司准备购进一批 5#电池，现有 A、B、C 三个电池生产企业愿意供货，为比较它们生产的电池质量，从每个企业各随机抽取 5 只电池，经试验得其寿命（小时）数据，见表 3 - 1。

表 3 - 1　三个生产企业的电池寿命

试验号	电池生产企业		
	A	B	C
1	50	32	45

续表

试验号	电池生产企业		
	A	B	C
2	50	28	42
3	43	30	38
4	40	34	48
5	39	26	40

试分析在 $\alpha = 0.05$ 的显著性水平下，三个企业生产的电池的平均寿命之间有无显著差异。

实验 2：

研究一个班三组不同性别的同学（分别接受了三种不同的教学方法）在数学成绩上是否有显著差异，数据如表 3 - 2 所示，其中用“1”代表男性，用“0”代表女性。

表 3 - 2　不同性别不同教学方法下的数学成绩

学号	组别	性别	数学	学号	组别	性别	数学
1	1	1	99	10	2	1	99
2	1	0	88	11	2	0	70
3	1	1	99	12	2	1	89
4	1	1	89	13	3	0	55
5	1	0	94	14	3	1	50
6	1	1	90	15	3	0	67
7	2	1	79	16	3	1	67
8	2	0	56	17	3	0	56
9	2	1	89	18	3	1	56

试分析不同教学方法和不同性别对数学成绩的影响。

实验 3：

某医生欲了解成人正常体重与超重者的血清胆固醇是否不同，而胆固醇含量与年龄有关，资料见表 3 –3，试分析两组血清胆固醇有无差别。

表 3 –3　正常组和超重组在不同年龄下的胆固醇含量

正常组		超重组	
年龄	胆固醇	年龄	胆固醇
48	3.5	58	7.3
33	4.6	41	4.7
51	5.8	71	8.4
43	5.8	76	8.8
44	4.9	49	5.1
63	8.7	33	4.9
49	3.6	54	6.7
42	5.5	65	6.4
40	4.9	39	6
47	5.1	52	7.5
41	4.1	45	6.4
41	4.6	58	6.8
56	5.1	67	9.2

四、实验步骤

实验 1：

（1）将实验数据分成两组，分别是“电池生产企业”“寿命”，输入 SPSS 的数据视图界面，如图 3 –1 所示。

（2）由于考虑的是一个控制变量（电池生产企业）对一个观测变量（寿命）的影响，而且是三家电池生产企业，所以不适宜用独立样本 T 检验（仅适用两组数据），应采用单因素方差分析。因此，选择菜单【分析】→【比较均值】→【单因素方差分析】，如图 3 –2 所示。

*未标题1 [数据集0

文件(F) 编辑(E) 视图(V) 数据(D) 转换(T) 分析(A) 直销(M) 图形(G) 实用程序(U) 窗口(W) 帮助

45 :

	电池生产企业	寿命	变量	变量	变量	变量	变量	变量	变量	变量	变量
1	1	50									
2	1	50									
3	1	43									
4	1	40									
5	1	39									
6	2	32									
7	2	28									
8	2	30									
9	2	34									
10	2	26									
11	3	45									
12	3	42									
13	3	38									
14	3	48									
15	3	40									

数据视图 变量视图

图 3－1　数据输入结果（单因素方差分析）

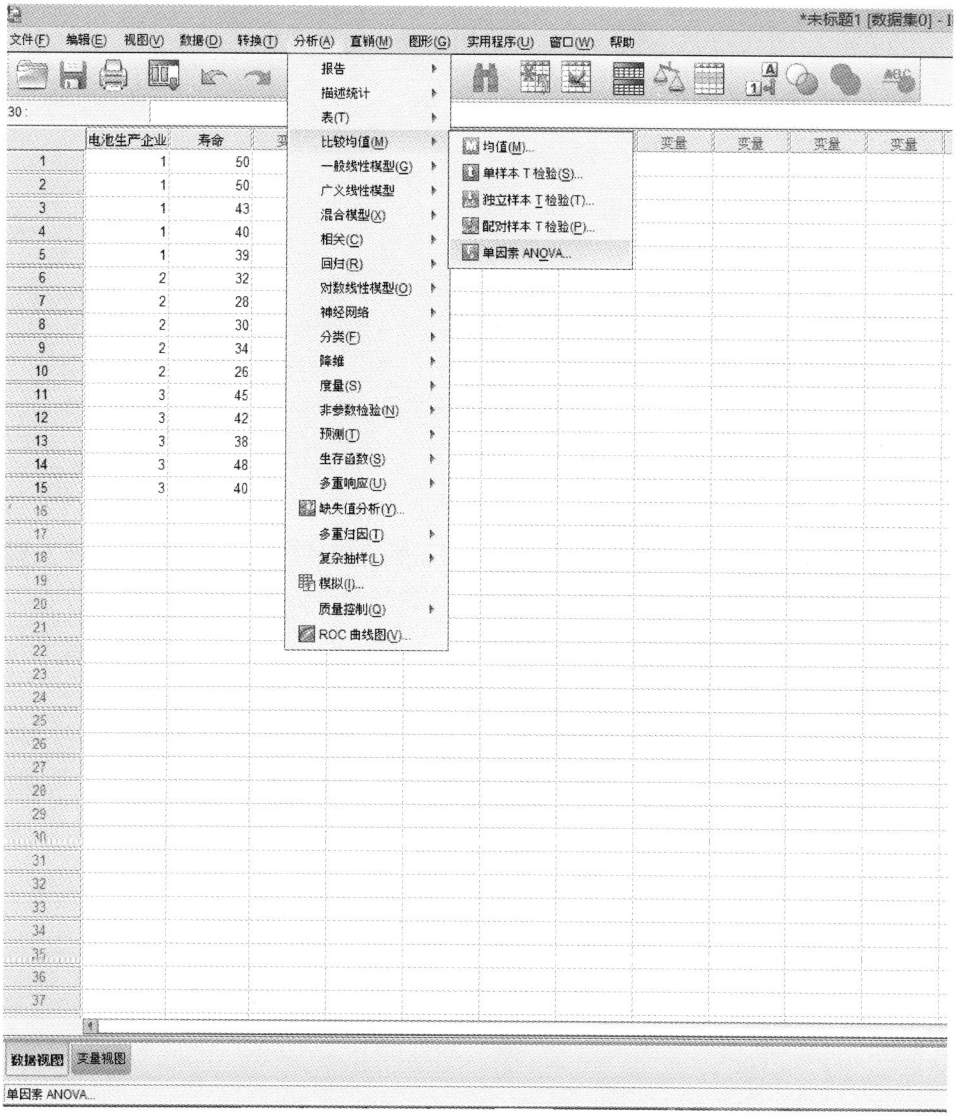

图 3-2　方差分析的类型选择（单因素方差分析）

（3）在【单因素方差分析】对话框中，将“寿命”选入因变量列表，将“电池生产企业”选入因子，见图 3-3。

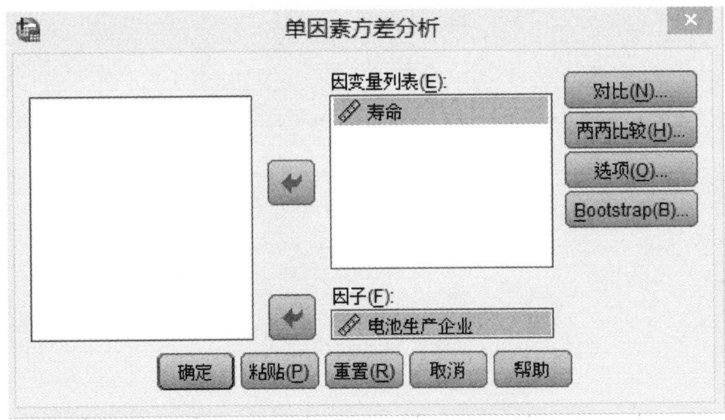

图 3－3　单因素方差分析的变量选择

（4）由于方差分析的前提是各个水平下（这里是不同的电池生产企业影响下的寿命）总体服从方差相等的正态分布，且各组方差具有齐性。其中正态分布的要求并不是很严格，但对于方差相等的要求是比较严格的，因此必须对方差相等的前提进行检验。点击【选项】按钮，在统计量下面的选项中勾选“方差同质性检验”按钮。为了更形象地观察三个企业生产电池寿命的均值差异，还可勾选“均值图”按钮，见图 3－4。

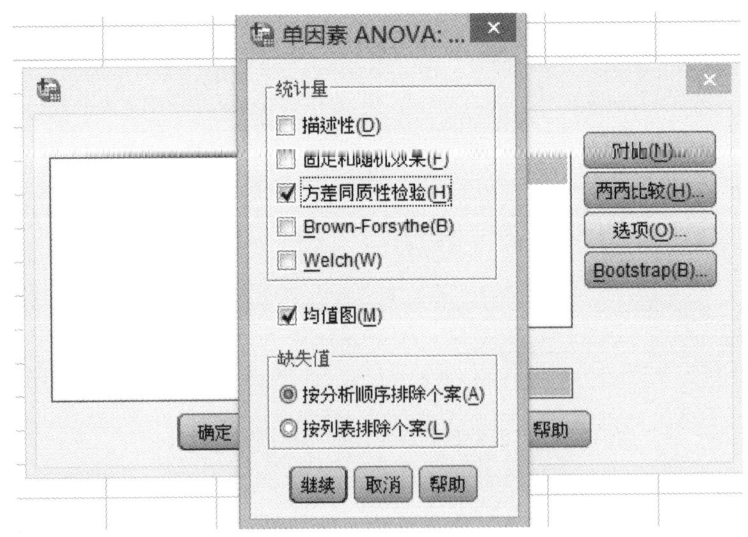

图 3－4　单因素方差分析的方差同质性检验

（5）点击【两两比较】按钮，在“单因素 ANOVA：两两比较”对话框中，选择假定方差齐性的【LSD】方法，见图 3－5。

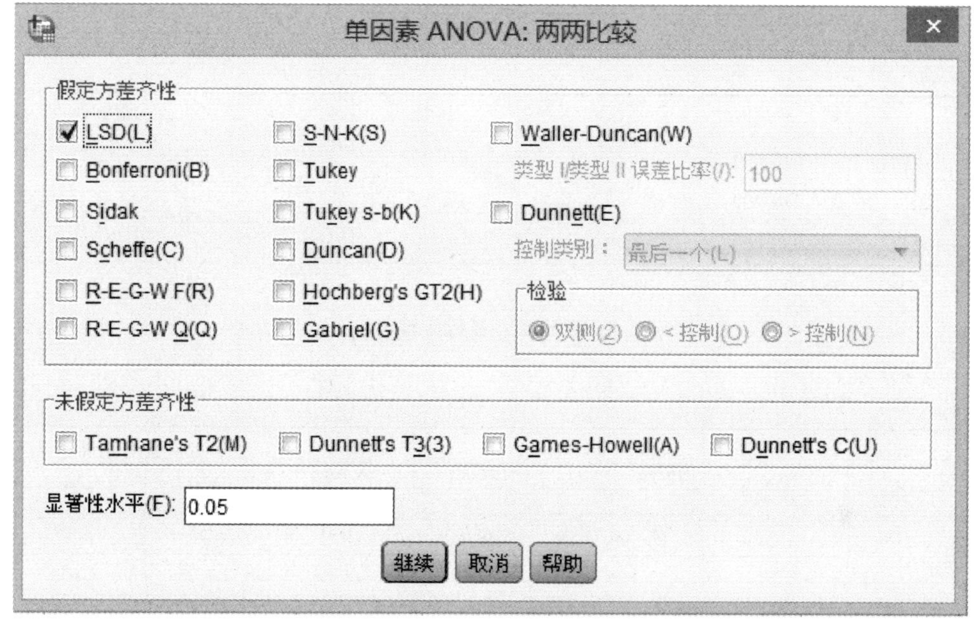

图 3-5　单因素方差分析的方法选择

（6）结果与分析。从表 3-4 方差齐性检验结果来看，相伴概率 P=0.218>0.05，说明其应接受原假设（即方差相等），故后面适用方差相等的检验方法。

表 3-4　方差齐性检验

寿命

Levene 统计量	df1	df2	显著性
1.735	2	12	.218

从表 3-5 的单因素方差分析结果来看，组间平方和为 615.600，自由度为 2，均方为 307.800，F 统计量为 17.068；组内平方和为 216.400，自由度为 12，均方为 18.033；由于组间比较的相伴概率 P=0.000<0.05，故拒绝原假设（三个企业生产的电池寿命物无显著差异），说明三个生产企业的电池寿命有显著性差异。

在三组生产企业的电池寿命有显著差异的前提下，可以通过 LSD 方差进一步了解究竟哪个企业生产的电池更好。通过表 3-6 多重比较结果可以看出，三个企业生产的电池寿命均存在显著性差异，从效果来看是第 1 种最好，其次是第 3 种，第 2 种最差。

表 3-5　单因素方差分析

寿命

	平方和	df	均方	F	显著性
组间	615.600	2	307.800	17.068	.000
组内	216.400	12	18.033		
总数	832.000	14			

表 3-6　多重比较

因变量：寿命

LSD

(I) 电池生产企业	(J) 电池生产企业	均值差 (I-J)	标准误	显著性	95% 置信区间	
					下限	上限
1	2	14.400*	2.686	.000	8.55	20.25
	3	1.800	2.686	.515	-4.05	7.65
2	1	-14.400*	2.686	.000	-20.25	-8.55
	3	-12.600*	2.686	.001	-18.45	-6.75
3	1	-1.800	2.686	.515	-7.65	4.05
	2	12.600*	2.686	.001	6.75	18.45

注：* 均值差的显著性水平为 0.05。

从图 3-6 也可以看出，均值分布比较陡峭，均值差异也较大。

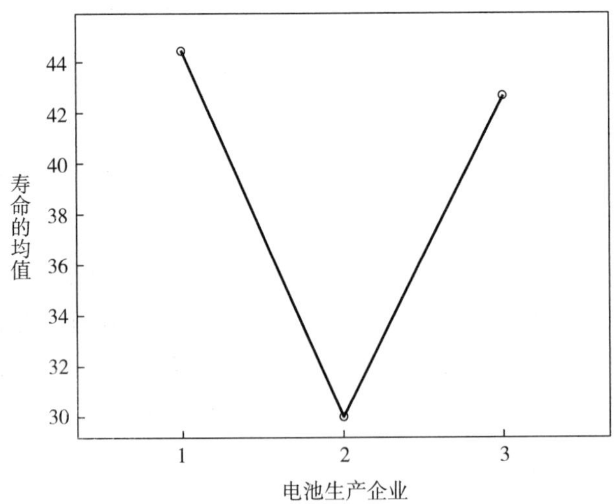

图 3-6　均值折线图

实验 2：

（1）首先将实验数据分成三组，分别是“组别”“性别”“数学”，输入 SPSS 的数据视图界面，如图 3－7 所示。

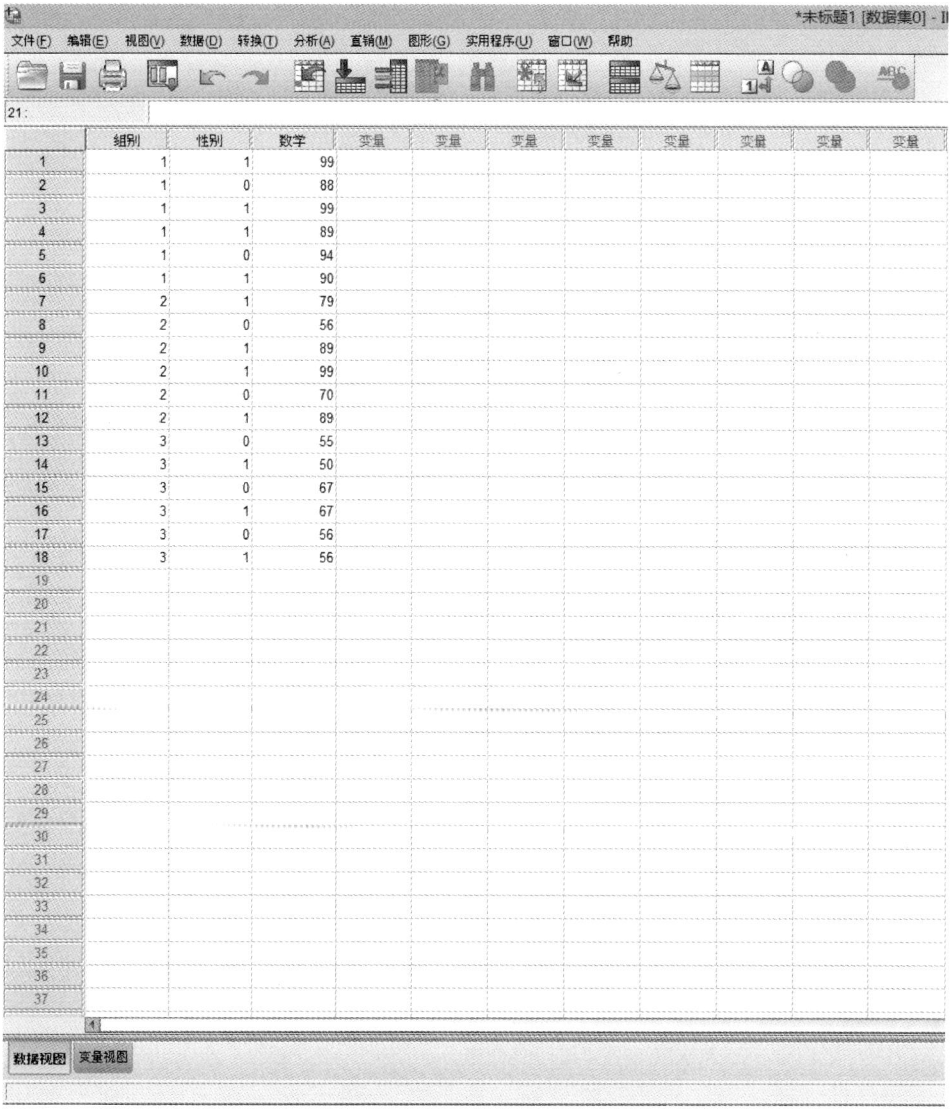

	组别	性别	数学
1	1	1	99
2	1	0	88
3	1	1	99
4	1	1	89
5	1	0	94
6	1	1	90
7	2	1	79
8	2	0	56
9	2	1	89
10	2	1	99
11	2	0	70
12	2	1	89
13	3	0	55
14	3	1	50
15	3	0	67
16	3	1	67
17	3	0	56
18	3	1	56

图 3－7 数据输入结果（双因素方差分析）

（2）这里需要研究不同教学方法和不同性别对数学成绩的影响，它是一个多因素（双因素）方差分析问题。因此，选择菜单【分析】→【一般线性模型】→【单变量】，如图 3 -8 所示。

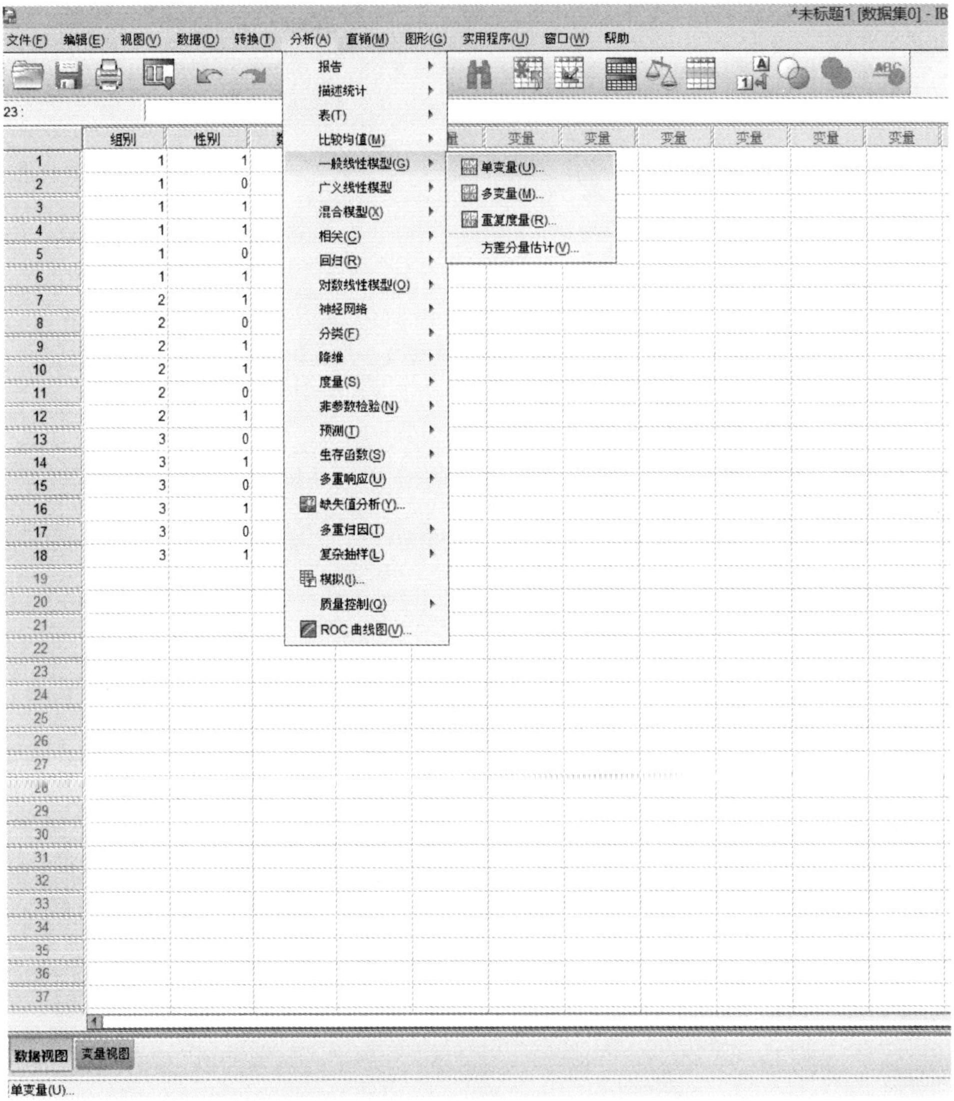

图 3 -8　方差分析的类型选择（双因素方差分析）

（3）在【单变量】对话框中，将“数学”选入因变量，“组别”和“性别”选入固定因子，如图 3 -9 所示。

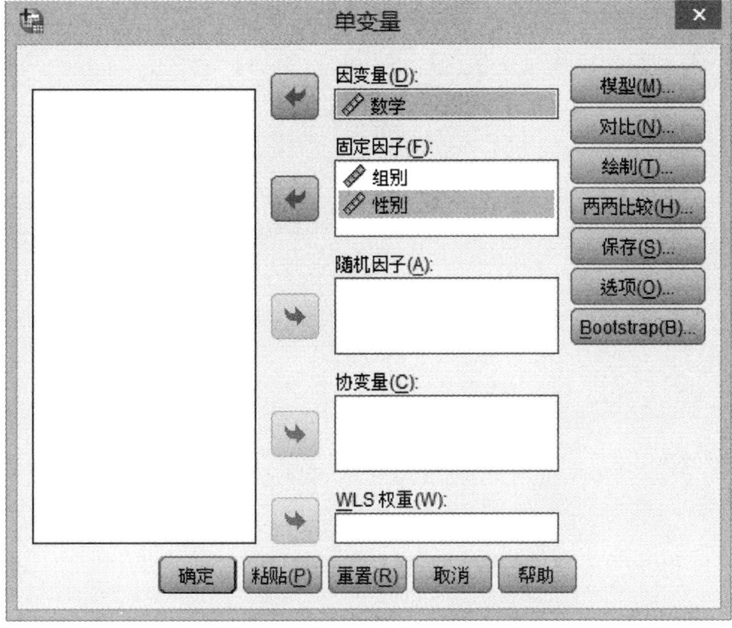

图 3－9　双因素方差分析的变量选择

(4) 打开【模型】对话框，本例用默认的 Full factorial 模型，如图 3－10 所示。

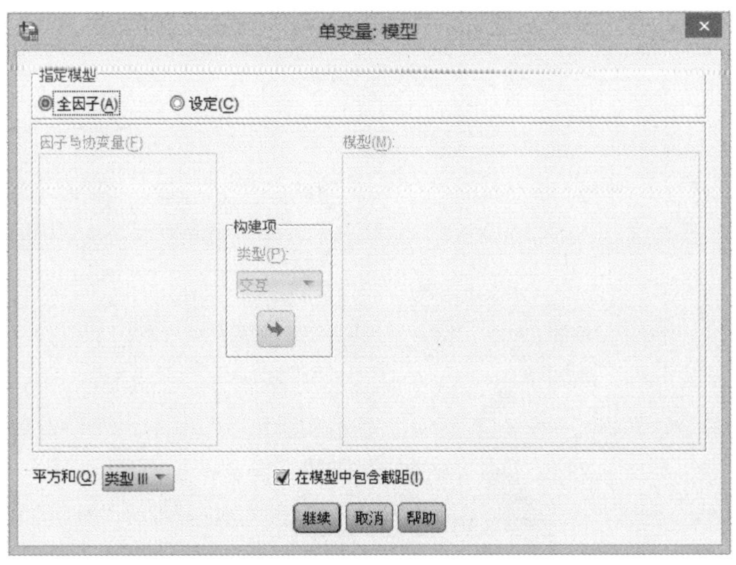

图 3－10　双因素方差分析的模型选择

（5）打开【对比】对话框，对两种因素均进行对比分析，用简单方法，并以最后一个水平的观察变量均值为标准，如图 3 – 11 所示。

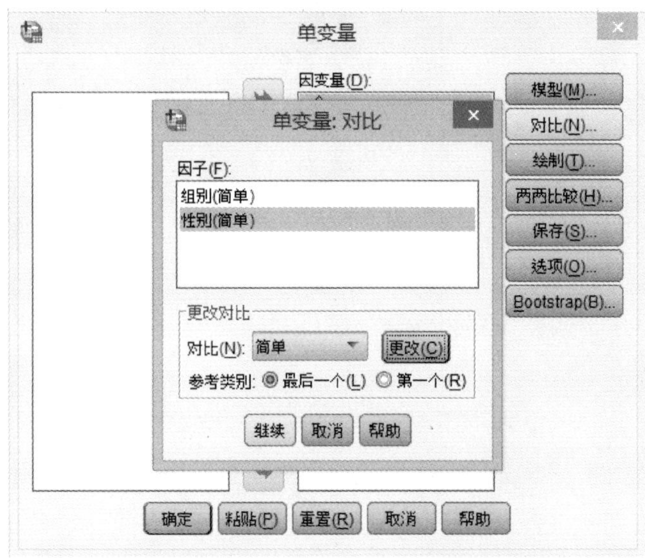

图 3 – 11　双因素方差分析的对比方法选择

（6）打开【绘制】对话框，以图形方式展示交互效果，设置方式如图 3 – 12 所示。

图 3 – 12　双因素方差分析的图形定义

（7）打开【两两比较】对话框，在其中选出需要进行比较分析的控制变量，这里选“组别”，再选择一种方差相等时的检验模型和不相等时的检验模型，如图 3－13 所示。

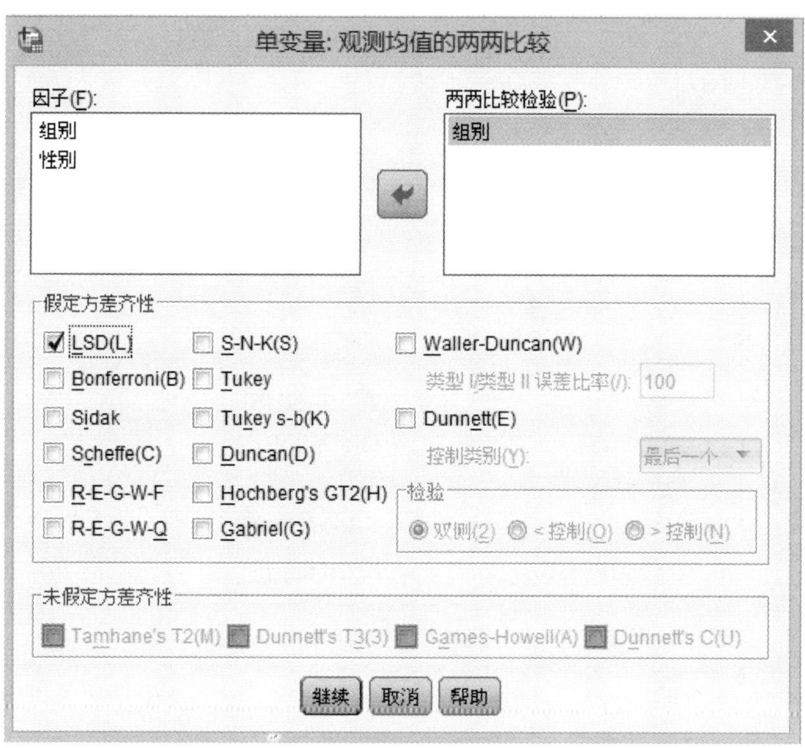

图 3－13　双因素方差分析的方法选择

（8）打开【选项】对话框，由于方差分析要求不同组别数据方差相等，故应进行方差齐性检验，选中“方差齐性检验”，显著性水平设为默认值 0.05，如图 3－14 所示。

（9）结果与分析。对数学进行方差齐性检验的结果如表 3－7 所示，可以看出方差无显著差异，多重比较可应用 LSD 方法的结果。

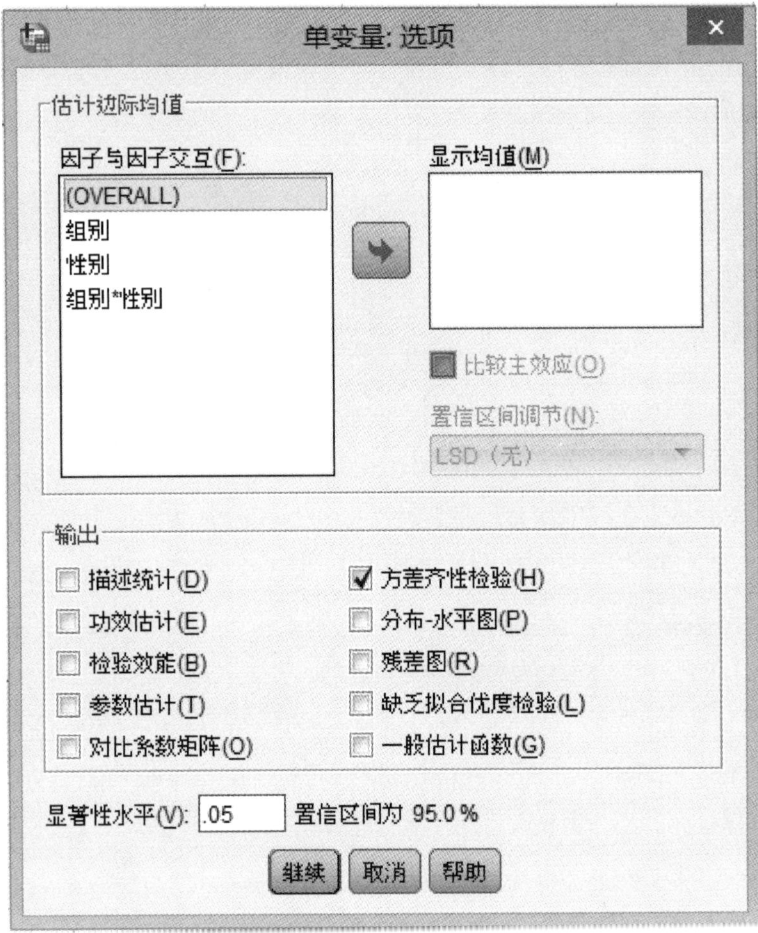

图 3-14　双因素方差分析的方差齐性检验

表 3-7　误差方差等同性的 Levene 检验[a]

因变量：数学

F	df1	df2	Sig.
.339	5	12	.879

注：检验零假设，即在所有组中因变量的误差方差均相等。a. 设计：截距 + 组别 + 性别 + 组别 * 性别。

表 3-8 是进行多因素方差分析的主要部分，由于指定建立饱和模型，因此总的离差平方和分为三个部分：多个控制变量对观察量的独立作用、交互作用及随机变量的影响。可以看出“组别”“性别”“组别 * 性别”都对数学成绩产生显著影响。

表 3－8　主体间效应的检验

因变量：数学

源	III 型平方和	df	均方	F	Sig.
校正模型	4605. 917[a]	5	921. 183	17. 163	. 000
截距	95235. 260	1	95235. 260	1774. 340	. 000
组别	3295. 577	2	1647. 788	30. 700	. 000
性别	351. 157	1	351. 157	6. 542	. 025
组别 * 性别	599. 843	2	299. 922	5. 588	. 019
误差	644. 083	12	53. 674		
总计	112898. 000	18			
校正的总计	5250. 000	17			

注：a. R 方＝0. 877（调整 R 方＝0. 826）。

从表 3－9 中组别变量的均值比较结果，可以看出第 1、2 组与第 3 组比较的均值差异均显著。

表 3－9　对比结果（K 矩阵）

组别简单对比[a]			因变量
			数学
组别 1 和组别 3	对比估算值		34. 125
	假设值		0
	差分（估计－假设）		34. 125
	标准误差		4. 360
	Sig.		. 000
	差分的 95% 置信区间	下限	24. 625
		上限	43. 625
组别 2 和组别 3	对比估算值		17. 500
	假设值		0
	差分（估计－假设）		17. 500
	标准误差		4. 360
	Sig.		. 002
	差分的 95% 置信区间	下限	8. 000
		上限	27. 000

注：a. 参考类别＝3。

从表 3－10 性别变量的均值比较结果可以看出，不同性别之间的成绩也有显著性差异。

表 3－10　对比结果（K 矩阵）

性别简单对比[a]			因变量 数学
性别 1 和性别 2	对比估算值		－9. 194
	假设值		0
	差分（估计－假设）		－9. 194
	标准误差		3. 595
	Sig.		. 025
	差分的 95% 置信区间	下限	－17. 026
		上限	－1. 362

注：a. 参考类别＝2。

通过表 3－11 多重比较结果可以看出，三种方法的数学成绩均存在显著性差异，从效果来看第 1 种方法最好，其次是第 2 种，第 3 种最差。

表 3－11　多个比较

因变量：数学

LSD

（I）组别	（J）组别	均值差值（I－J）	标准误差	Sig.	95% 置信区间	
					下限	上限
1	2	12. 83*	4. 230	. 010	3. 62	22. 05
	3	34. 67*	4. 230	. 000	25. 45	43. 88
2	1	－12. 83*	4. 230	. 010	－22. 05	－3. 62
	3	21. 83*	4. 230	. 000	12. 62	31. 05
3	1	－34. 67*	4. 230	. 000	－43. 88	－25. 45
	2	－21. 83*	4. 230	. 000	－31. 05	－12. 62

注：基于观测到的均值。

误差项为均值方（错误）＝53. 674。

＊均值差值在 0. 05 级别上较显著。

交互作用的影响见图3－15，可以看出两因素的交互作用对数学成绩具有显著性影响。

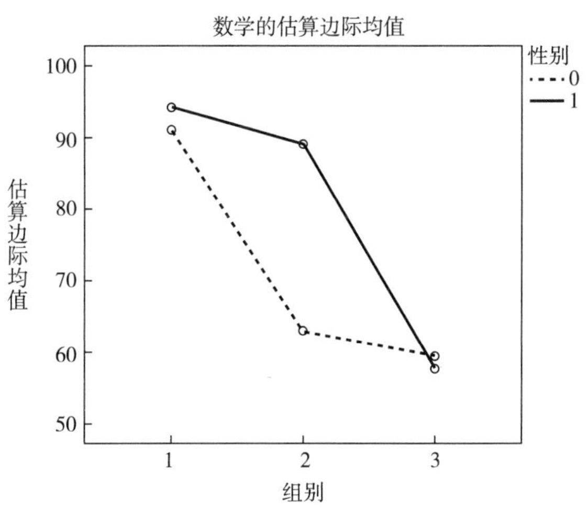

图3－15　交互作用的折线图

实验3：

（1）首先将实验数据分成三组，分别是“组别”“年龄”“胆固醇”，输入SPSS的数据视图界面，如图3－16所示。

（2）年龄肯定会对胆固醇有所影响，这里着重分析不同体重的影响，应将年龄的影响去除，考虑用协方差分析。因此，选择菜单【分析】→【一般线性模型】→【单变量】，如图3－17所示。

（3）在【单变量】对话框中，将“胆固醇”选入因变量，“组别”选入固定因子，“年龄”选入协变量，如图3－18所示。

（4）检验协方差分析的前提条件是各组方差是否一致以及协变量“entrance”与控制变量“group”是否具有交互作用。因此，进入【单变量：模型】对话框，指定模型为“设定”，构建项类型为“交互”，模型包括“组别”“年龄”“年龄*组别”，如图3－19所示。

（5）点击【确定】输出结果。从表3－12可以看出方差的齐性检验结果，由于其相伴概率值P＝0.367＞0.05，因此认为各组的方差具有齐性。从表3－13可以看出，组别与年龄的交互作用项P＝0.935＞0.05，因此认为它们之间没有交互作用。

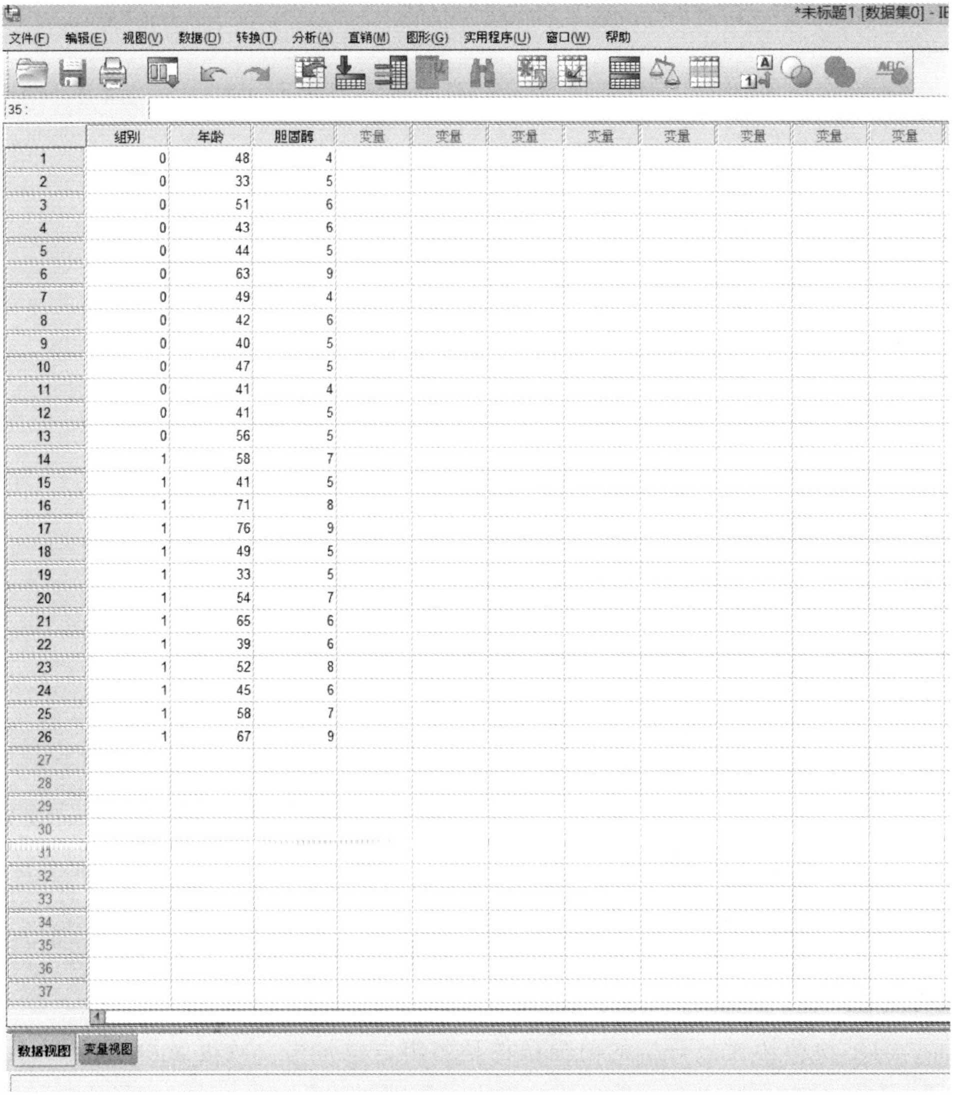

	组别	年龄	胆固醇	变量	变量	变量	变量	变量	变量	变量	变量
1	0	48	4								
2	0	33	5								
3	0	51	6								
4	0	43	6								
5	0	44	5								
6	0	63	9								
7	0	49	4								
8	0	42	6								
9	0	40	5								
10	0	47	5								
11	0	41	4								
12	0	41	5								
13	0	56	5								
14	1	58	7								
15	1	41	5								
16	1	71	8								
17	1	76	9								
18	1	49	5								
19	1	33	5								
20	1	54	7								
21	1	65	6								
22	1	39	6								
23	1	52	8								
24	1	45	6								
25	1	58	7								
26	1	67	9								
27											
28											
29											
30											
31											
32											
33											
34											
35											
36											
37											

图 3－16　数据输入结果（协方差分析）

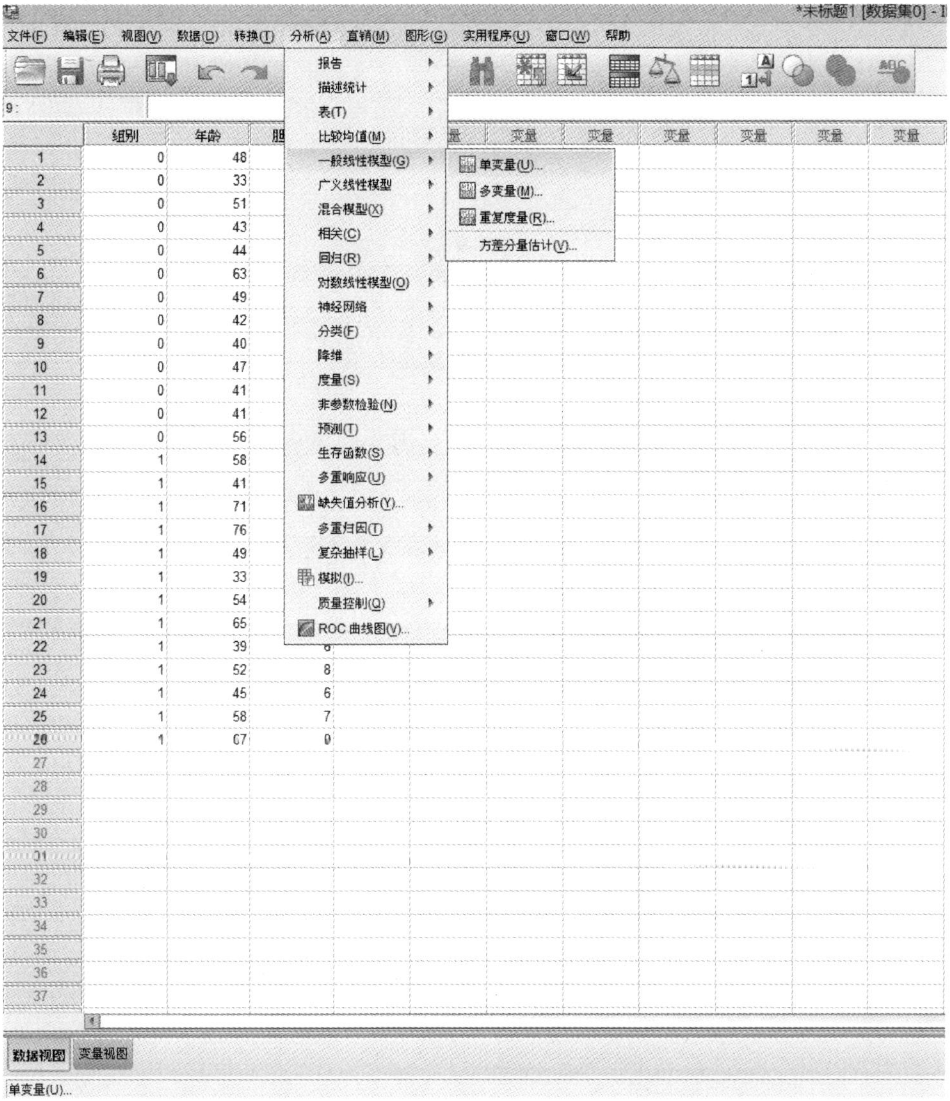

图 3－17　方差分析的类型选择（协方差分析）

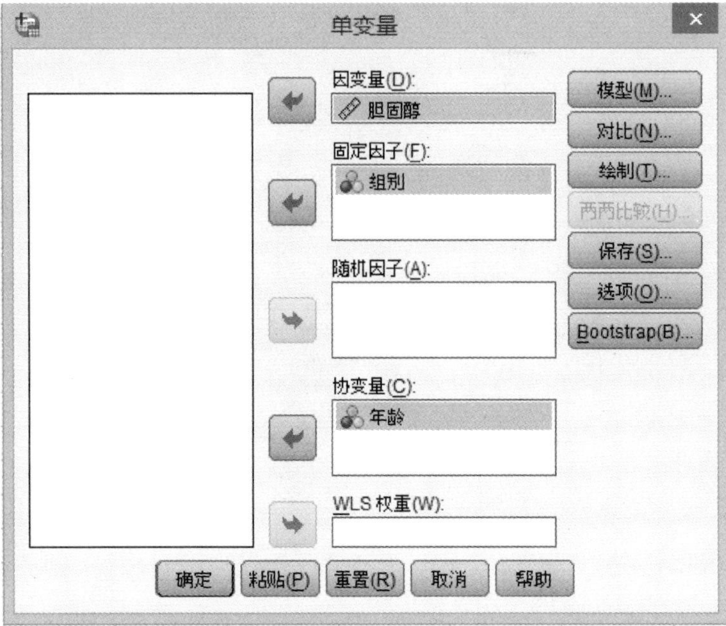

图 3－18　协方差分析的变量选择

图 3－19　协方差分析的模型选择（含交互作用）

表 3－12　误差方差等同性的 Levene 检验[a]

因变量：胆固醇

F	df1	df2	Sig.
.844	1	24	.367

注：检验零假设，即在所有组中因变量的误差方差均相等。

a. 设计：截距＋组别＋年龄＋组别＊年龄。

表 3－13　主体间效应的检验

因变量：胆固醇

源	III 型平方和	df	均方	F	Sig.
校正模型	43.002[a]	3	14.334	14.988	.000
截距	1.202	1	1.202	1.257	.274
组别	.247	1	.247	.259	.616
年龄	19.053	1	19.053	19.922	.000
组别＊年龄	.006	1	.006	.007	.935
误差	21.040	22	.956		
总计	980.940	26			
校正的总计	64.042	25			

注：a. R 方＝0.671（调整 R 方＝0.627）。

（6）从以上分析可知，实验 3 满足协方差分析中关于方差齐性和协变量与控制变量之间没有交互作用这两个基本条件，因此可用协方差分析来处理。进入【单变量：模型】对话框，指定模型为“设定”，构建项类型为“主效应”，模型包括“组别”“年龄”，如图 3－20 所示。

（7）进入【选项】对话框，显示均值选择“组别”，勾选比较主效应，执行区间调节为 LSD，输出选择“方差齐性检验”，如图 3－21 所示。

（8）结果与分析。从表 3－14 可以看出，“组别”的伴随概率 $P=0.038<0.05$，说明正常组和超重组两组的血清胆固醇是有显著差别的。

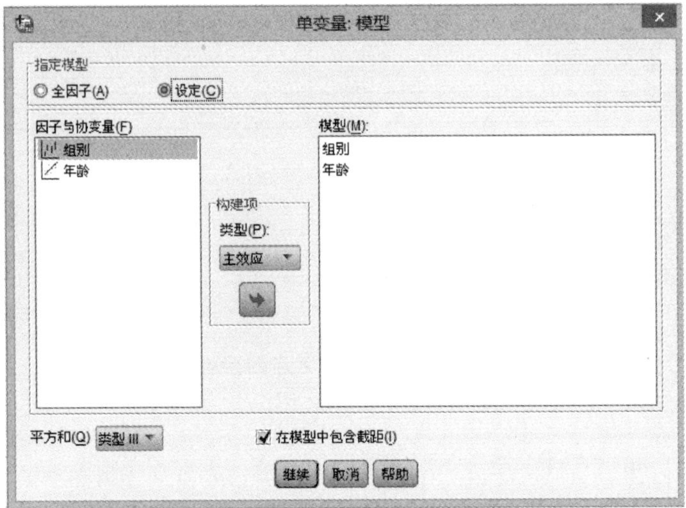

图 3－20　协方差分析的模型选择（不含交互作用）

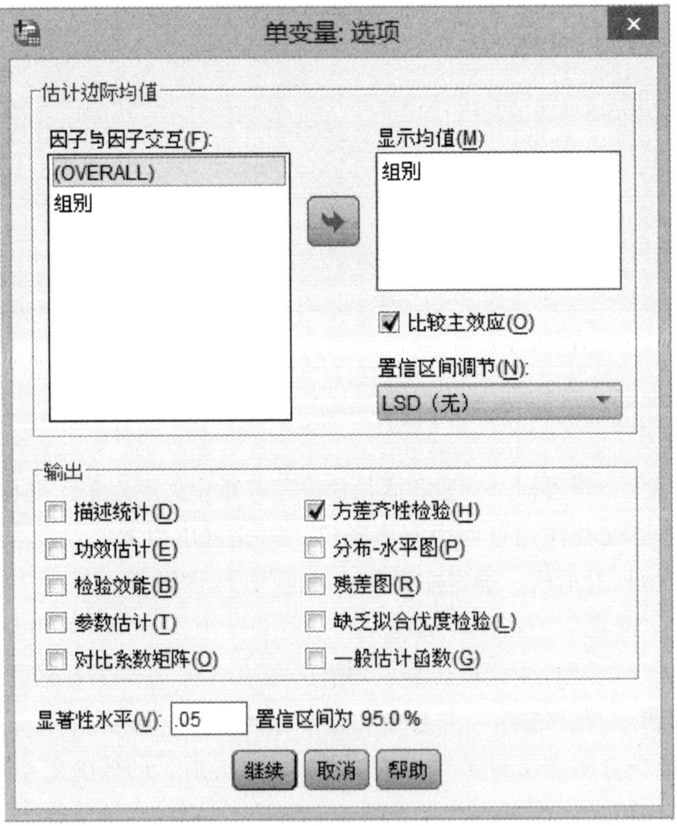

图 3－21　协方差分析的选项

表 3－14 主体间效应的检验

因变量：胆固醇

源	III 型平方和	df	均方	F	Sig.
校正模型	42.995[a]	2	21.498	23.493	.000
截距	1.527	1	1.527	1.668	.209
组别	4.458	1	4.458	4.872	.038
年龄	24.380	1	24.380	26.642	.000
误差	21.047	23	.915		
总计	980.940	26			
校正的总计	64.042	25			

注：a. R 方 =0.671（调整 R 方 =0.643）。

五、课后练习

（1）从某市的三个小学中分别抽若干名 5 年级男生，测量其身高，数据如表 3－15 所示。

表 3－15 三个小学的身高数据 单位：cm

学校名称	身高					
一小	128	135	148	152	146	135	148
五小	145	156	162	157	136		
八小	145	136	139	148	164	142	

试检验不同小学 5 年级男生身高有无显著差别（α =0.05）。

（2）一家超市连锁店进行一周研究，确定超市所在的位置和竞争者的数量对销售额是否有显著影响。表 3－16 是获得的月销售额数据。

表 3－16 超市的月销售额数据 单位：万元

超市位置	竞争者数量			
	0	1	2	3 个以上
位于市内居民小区	41	38	59	47
	30	31	48	40
	45	39	51	39

续表

超市位置	竞争者数量			
	0	1	2	3 个以上
位于写字楼	25	29	44	43
	31	35	48	42
	22	30	50	53
位于郊区	18	22	29	24
	29	17	28	27
	33	25	26	32

(3) 已知一个班三组同学的入学成绩和分别接受了三种不同的教学方法后的数学成绩如表 3－17 所示，试研究这三组同学在接受了不同的教学方法后在数学成绩上是否有显著性差异。

表 3－17　不同教学方法和入学成绩下的数学成绩

学号	数学	入学成绩	组别	学号	数学	入学成绩	组别
1	99	98	1	10	99	76	2
2	88	89	1	11	70	89	2
3	99	80	1	12	89	89	2
4	89	78	1	13	55	99	3
5	94	78	1	14	50	89	3
6	90	89	1	15	67	88	3
7	79	87	2	16	67	98	3
8	56	76	2	17	56	78	3
9	89	56	2	18	56	89	3

实验四　基于 SPSS 的传统时间序列分析

时间序列数据是计量经济学中比较常见的序列，SPSS 和 EViews 都提供了分析时间序列数据的相关功能，这里先介绍基于 SPSS 的传统时间序列分析方法，为后面用 EViws 开展现代时间序列分析奠定基础。

一、实验目的

掌握时间序列预测的基本原理与方法，学会解读时间序列数据的自相关和偏相关函数，并能够根据拟合效果进行预测模型的选择从而提高预测精度。

二、实验要求

熟悉使用 SPSS 进行时间序列数据的定义、时间序列图的建立、预测模型的创建等操作。

三、实验内容

表 4－1 是贵州省 1995～2008 年全省蔬菜种植面积的统计资料，请尝试运用 SPSS 软件预测 2010 年贵州省全省的蔬菜种植面积。

表 4－1　贵州省 1995～2008 年蔬菜种植面积数据　　单位：千公顷

年份	蔬菜种植面积	年份	蔬菜种植面积
1995	274.30	2002	409.32
1996	282.30	2003	414.86
1997	296.60	2004	464.91
1998	314.60	2005	473.32
1999	323.80	2006	494.50

续表

年份	蔬菜种植面积	年份	蔬菜种植面积
2000	370.30	2007	554.35
2001	388.64	2008	558.30

四、实验步骤

（1）首先将实验数据输入 SPSS 的数据视图界面，如图 4－1 所示。

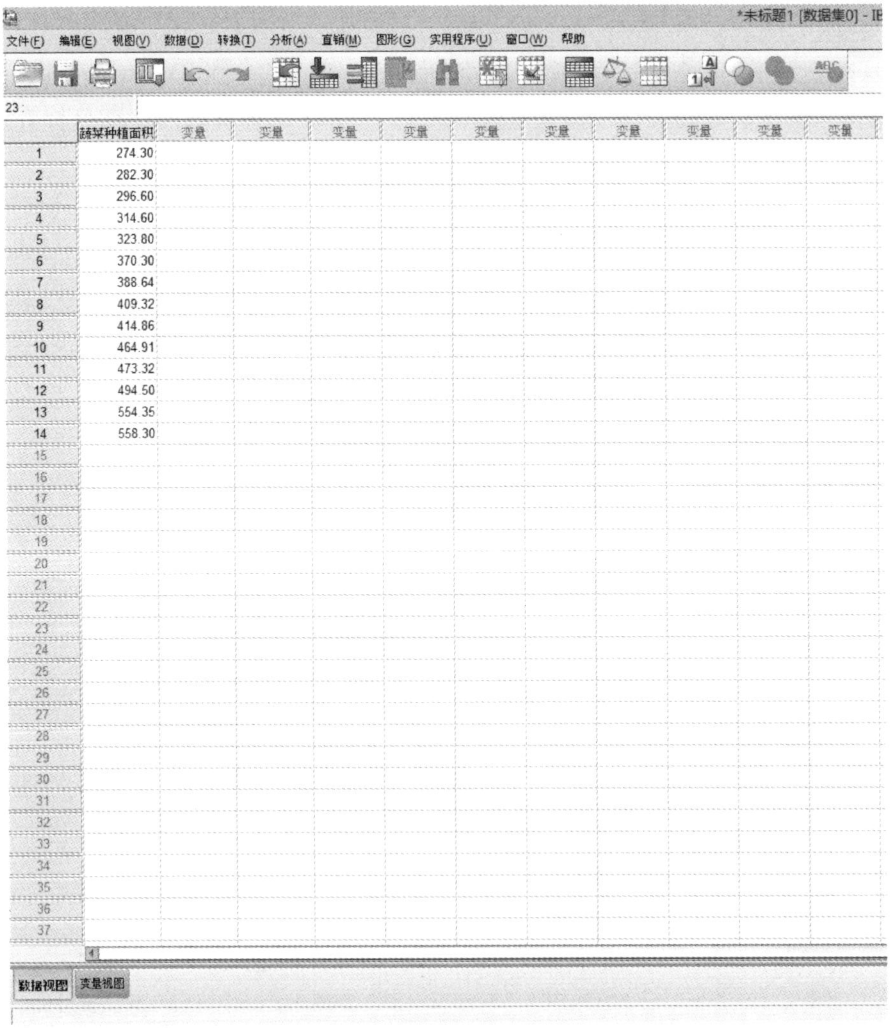

*未标题1 [数据集0] - IB

文件(F) 编辑(E) 视图(V) 数据(D) 转换(T) 分析(A) 直销(M) 图形(G) 实用程序(U) 窗口(W) 帮助

23：

	蔬菜种植面积	变量	变量	变量	变量	变量	变量	变量	变量	变量	变量
1	274.30										
2	282.30										
3	296.60										
4	314.60										
5	323.80										
6	370.30										
7	388.64										
8	409.32										
9	414.86										
10	464.91										
11	473.32										
12	494.50										
13	554.35										
14	558.30										

数据视图　变量视图

图 4－1　数据输入结果

（2）用 SPSS 创建模型进行预测，必须先定义数据的时间序列和标记。选择【数据】→【定义日期】，如图 4－2 所示。

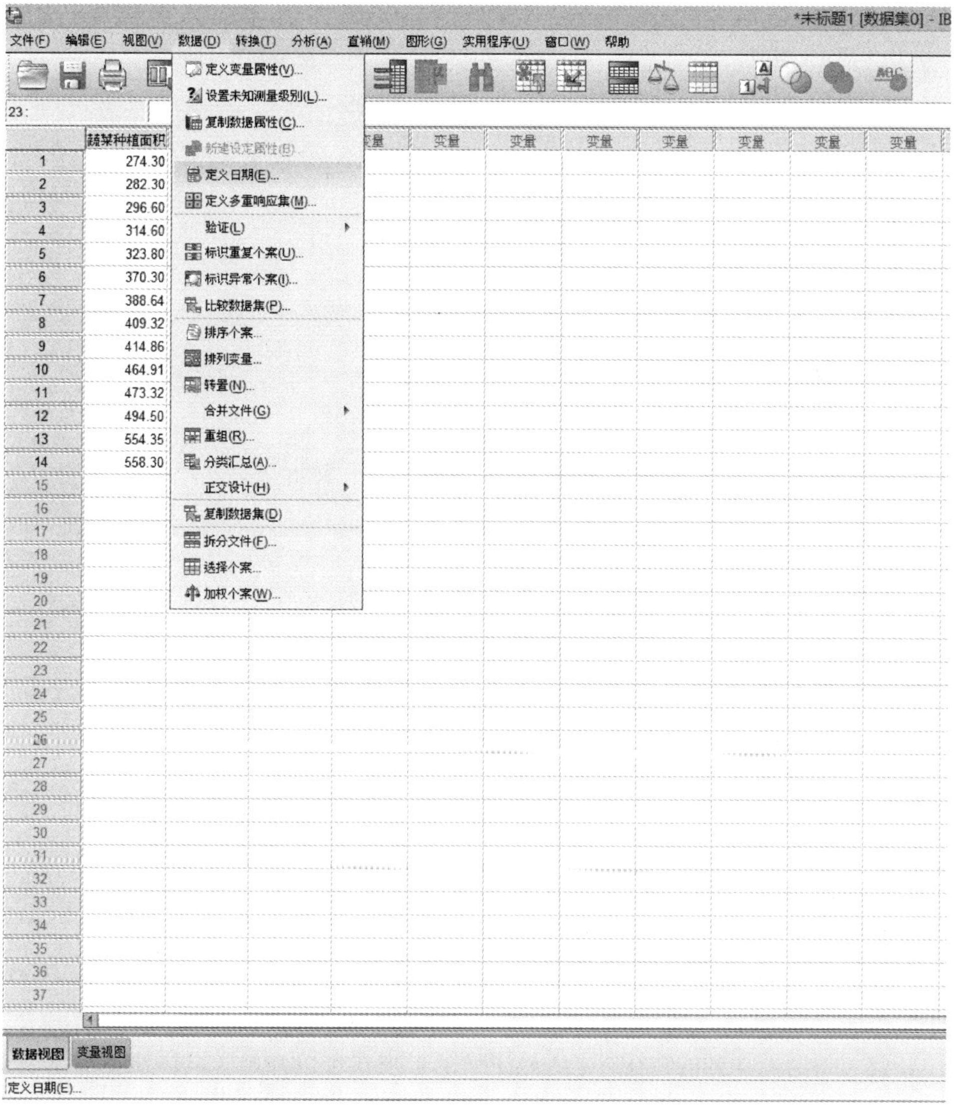

图 4－2　时间序列数据的定义

（3）在【定义日期】对话框，选择个案为“年份”格式，第一个个案为“年”，定义为 1995，如图 4－3 所示。

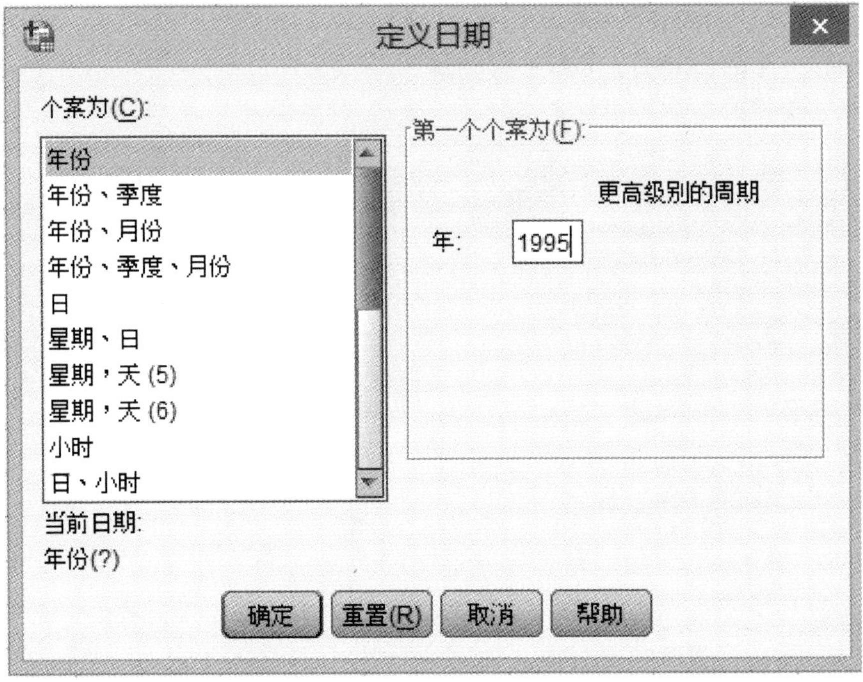

图 4 –3　时间序列数据日期的定义

(4) 定义了时间序列的时间标记后，数据集自动生成两个新的变量：YEARH 和 DATE（时间标签），如图 4 –4 所示。

(5) 为了选择适当的模型进行时间序列预测，需要先绘制时间序列图。选择【分析】→【预测】→【序列图】，如图 4 –5 所示。

(6) 在【序列图】对话框中，将“蔬菜种植面积”选入变量，将“DATE”选入时间轴标签，如图 4 –6 所示。

(7) 从时间序列图 4 –7 可以看出，此序列整体呈上升趋势，即序列值随时间而增加。且上升趋势似乎将持续下去，即为线性趋势。

(8) 对时间序列的特征有了大致了解后，现在可以开始尝试构建预测模型。选择【分析】→【预测】→【创建模型】，如图 4 –8 所示。

(9) 在【时间序列建模器】对话框中，将“蔬菜种植面积”选入因变量，先尝试选择方法“指数平滑法”，模型类型为默认的简单非季节性，如图 4 –9 所示。

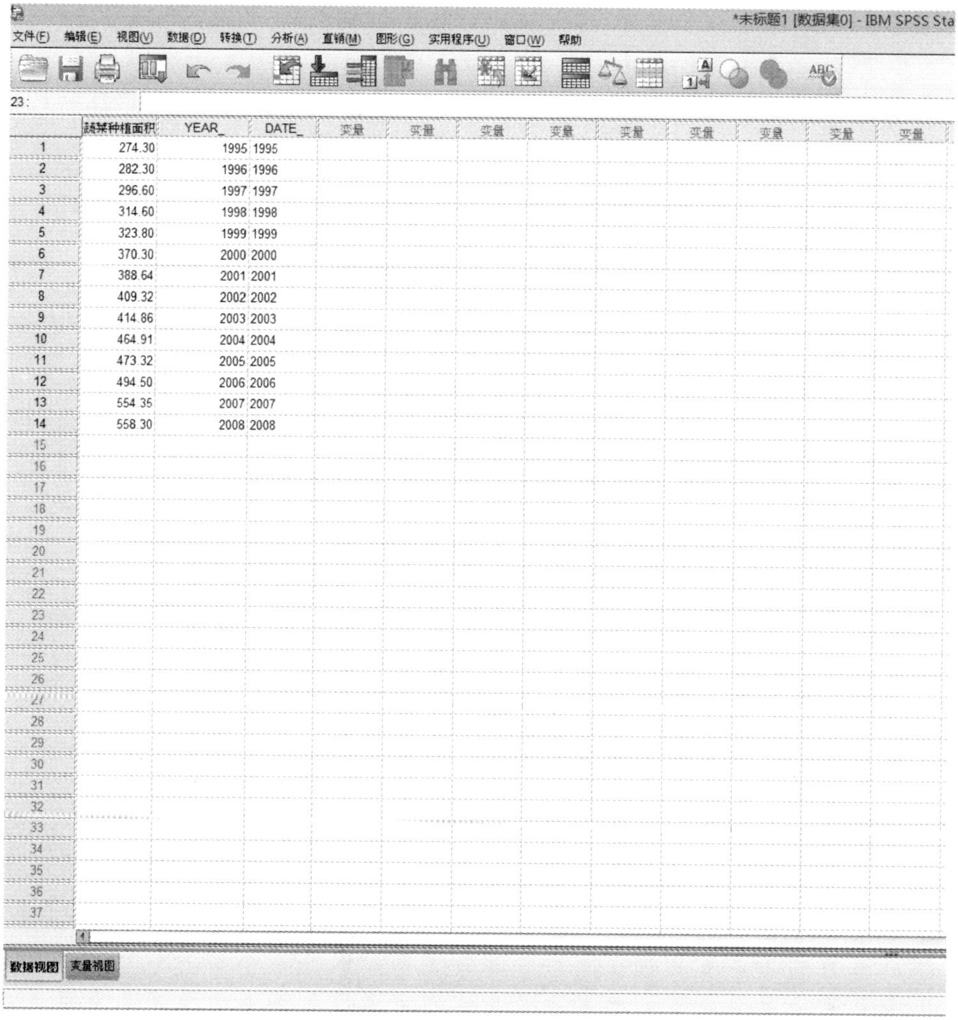

*未标题1 [数据集0] - IBM SPSS Sta

文件(F)　编辑(E)　视图(V)　数据(D)　转换(T)　分析(A)　直销(M)　图形(G)　实用程序(U)　窗口(W)　帮助

23:

	蔬某种植面积	YEAR_	DATE_	变量	变量	变量	变量	变量	变量	变量	变量	变量
1	274.30	1995	1995									
2	282.30	1996	1996									
3	296.60	1997	1997									
4	314.60	1998	1998									
5	323.80	1999	1999									
6	370.30	2000	2000									
7	388.64	2001	2001									
8	409.32	2002	2002									
9	414.86	2003	2003									
10	464.91	2004	2004									
11	473.32	2005	2005									
12	494.50	2006	2006									
13	554.35	2007	2007									
14	558.30	2008	2008									

数据视图　变量视图

图 4-4　日期定义的完成界面

图 4-5 时间序列图的创建

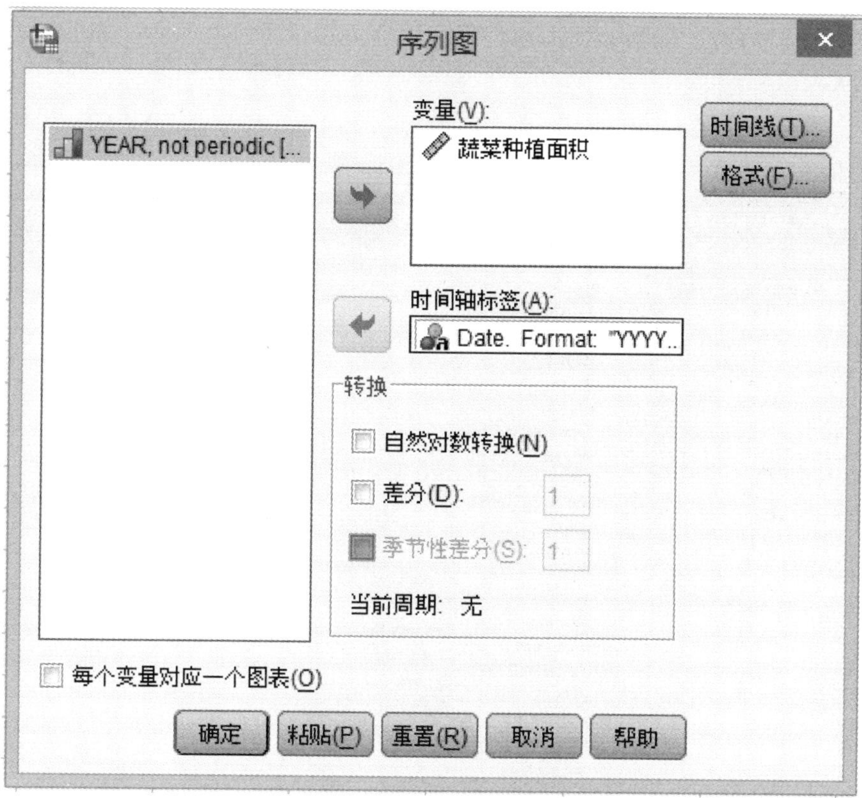

图4-6　时间序列图的变量选择

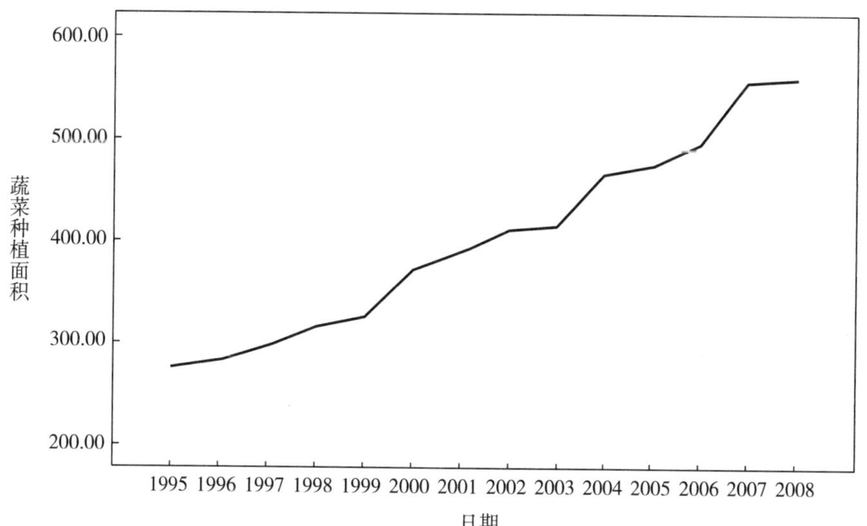

图4-7　蔬菜种植面积的时间序列图

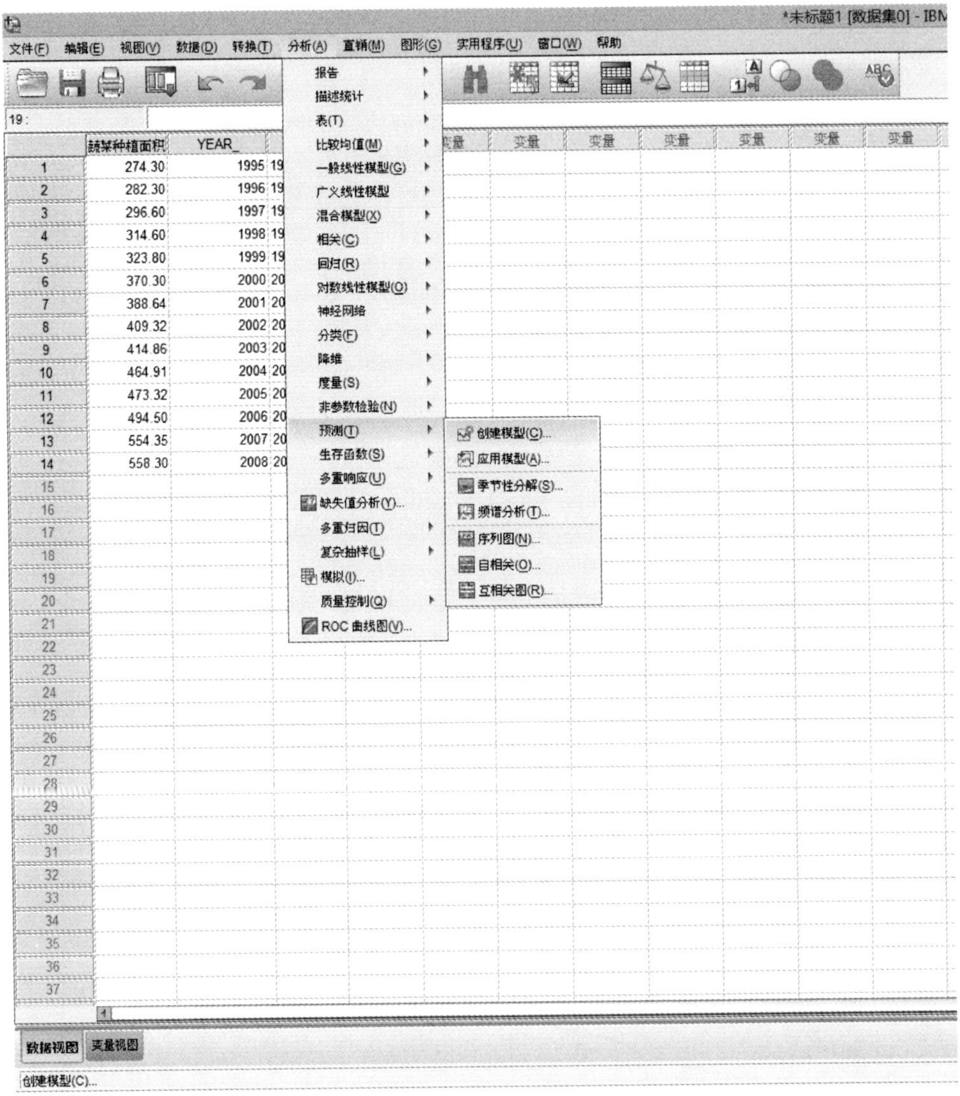

图 4－8　时间序列预测模型的创建

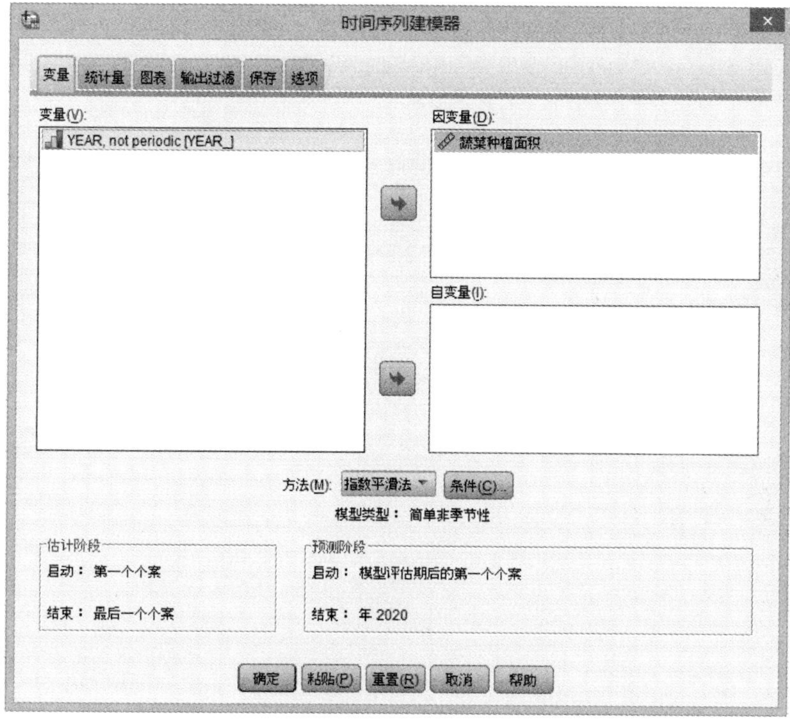

图4-9　预测模型的方法选择（指数平滑法）

（10）从输出结果图4-10可以看出，虽然简单模型确实显示了渐进的上升趋势，但预测值与拟合值的拟合情况并不理想，因此拒绝此模型。

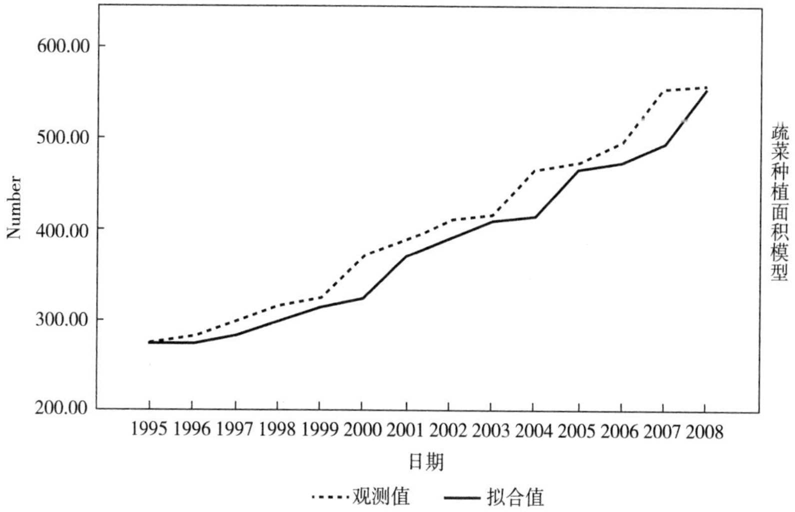

图4-10　预测值与拟合值的拟合情况（指数平滑法）

(11) 在【时间序列建模器】对话框中，将“蔬菜种植面积”选入因变量，这次尝试选择方法“专家建模器”，如图 4－11 所示。

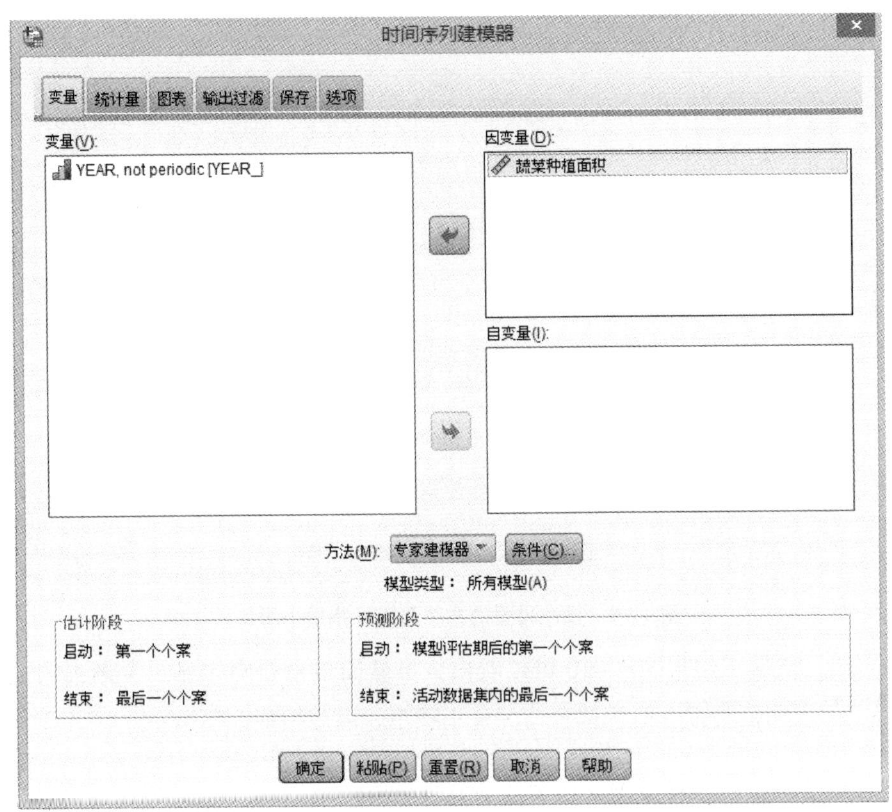

图 4－11　预测模型的方法选择（专家建模器）

(12) 点击【条件】按钮，设置模型类型为仅限 ARIMA 模型，如图 4－12 所示。

(13) 从输出结果图 4－13 可以看出，该模型不仅显示了蔬菜种植面积渐进的上升趋势，其预测值与拟合值的拟合情况也比指数平滑法模型要好很多，因此选择采取该模型进行预测。

(14) 选用 ARIMA 模型进行预测，事先需要进行自相关和偏相关函数的估计，观察其是否存在自相关。选择【分析】→【预测】→【自相关】，如图 4－14 所示。

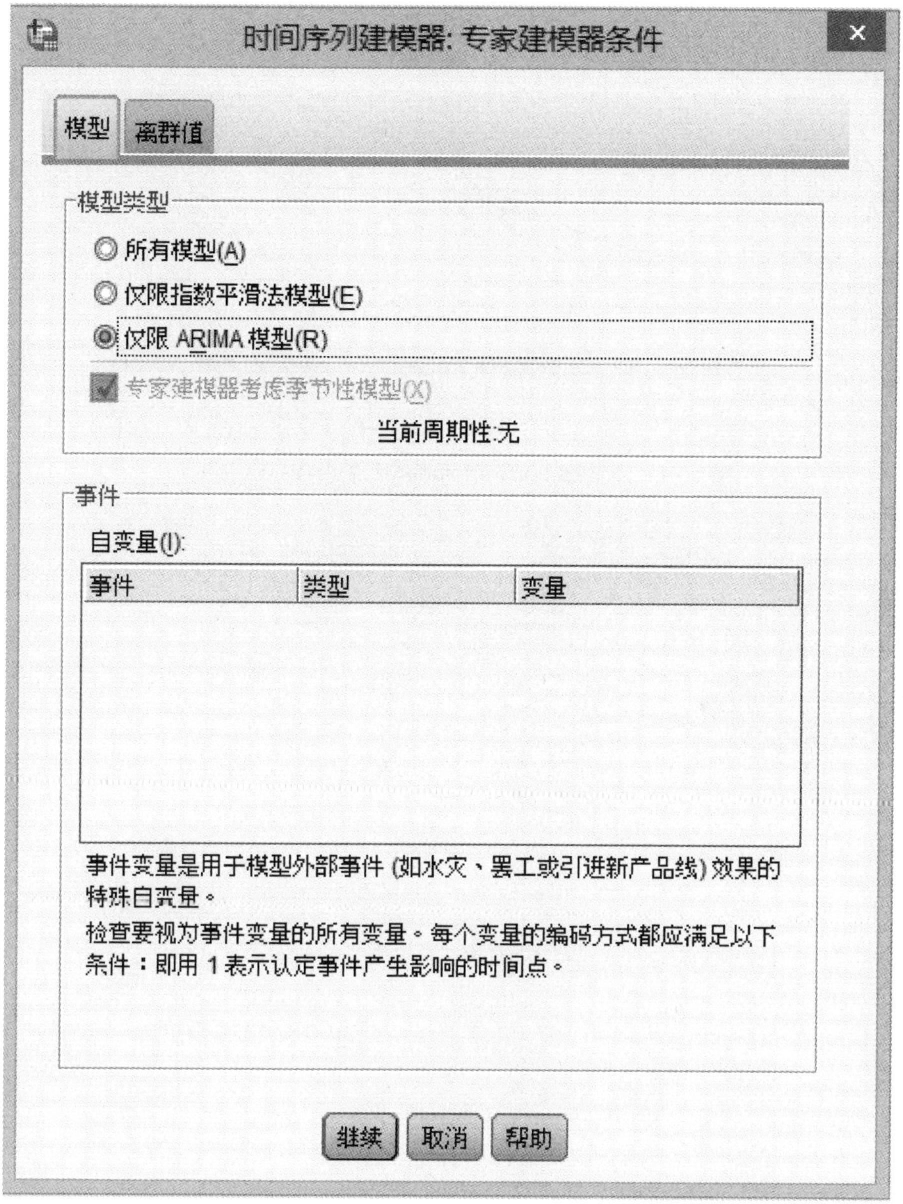

时间序列建模器: 专家建模器条件

模型　离群值

模型类型

所有模型(A)

仅限指数平滑法模型(E)

仅限 ARIMA 模型(R)

专家建模器考虑季节性模型(X)

当前周期性:无

事件

自变量(I):

事件	类型	变量

事件变量是用于模型外部事件（如水灾、罢工或引进新产品线）效果的特殊自变量。

检查要视为事件变量的所有变量。每个变量的编码方式都应满足以下条件：即用 1 表示认定事件产生影响的时间点。

继续　取消　帮助

图 4－12　专家建模器的条件定义

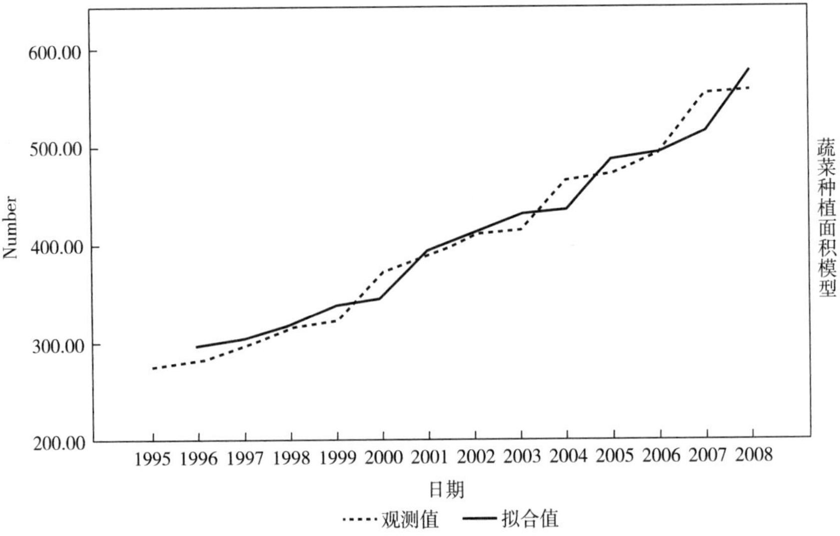

图 4－13　预测值与拟合值的拟合情况（ARIMA 模型）

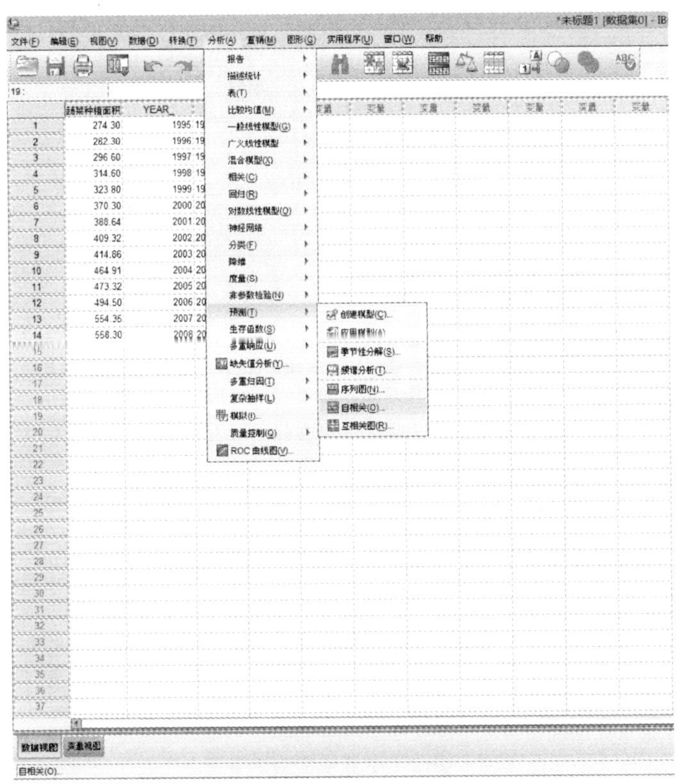

图 4－14　自相关图的创建

（15）在【自相关】对话框中，将“蔬菜种植面积”选入变量框，在输出下面勾选【自相关】和【偏自相关】，如图 4－15 所示。

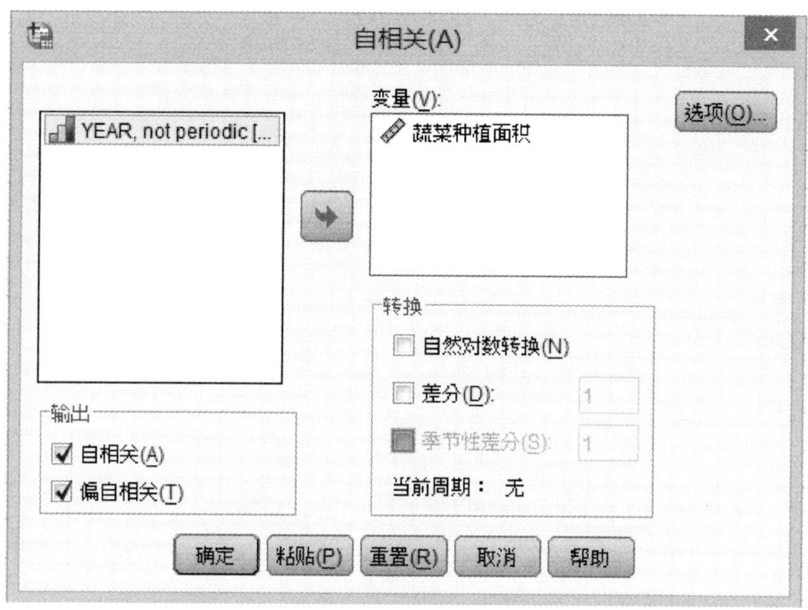

图 4－15　自相关图的变量选择

（16）从输出结果来看，表 4－2 中关于自相关的 Box－Ljung 统计量的显著性均小于 0.01，在图 4－16 中 ACF 值也都超过其上下阈值，所以此序列是存在自相关的，后面用 ARIMA 模型进行预测是合适的。

表 4－2　自相关图

序列：蔬菜种植面积

滞后	自相关	标准误差[a]	Box－Ljung 统计量		
			值	df	Sig.[b]
1	.791	.241	10.784	1	.001
2	.557	.231	16.580	2	.000
3	.374	.222	19.421	3	.000
4	.189	.211	20.218	4	.000

续表

滞后	自相关	标准误差[a]	Box - Ljung 统计量		
			值	df	Sig.[b]
5	-.013	.200	20.222	5	.001
6	-.126	.189	20.669	6	.002
7	-.241	.177	22.535	7	.002
8	-.341	.164	26.874	8	.001
9	-.424	.149	34.947	9	.000
10	-.408	.134	44.287	10	.000
11	-.381	.116	55.107	11	.000
12	-.312	.094	66.022	12	.000

注：a. 假定的基础过程是独立性（白噪音）。

b. 基于渐近卡方近似。

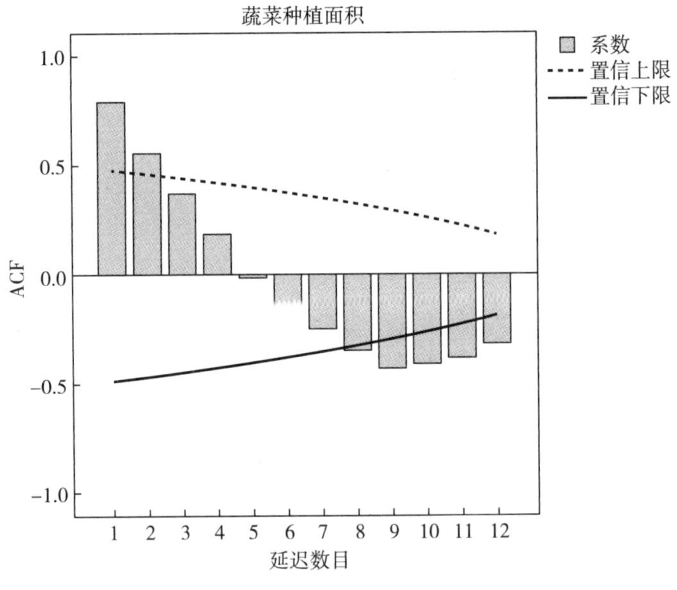

图 4-16　时间序列数据的 ACF 值

（17）在【时间序列建模器】对话框中，继续选择方法“专家模型器”，模型类型为仅限 ARIMA 模型，同时在【统计量】对话框，勾选【显示预测值】选项，如图 4-17 所示。

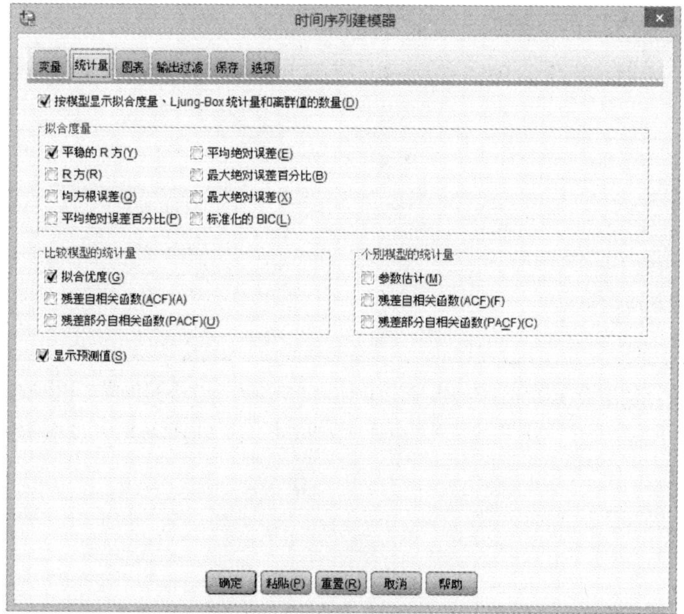

图 4－17　预测值的定义

（18）在【选项】对话框中，预测阶段选择“模型评估期后的第一个个案到指定日期之间的个案”，日期设定为 2010 年，如图 4－18 所示。

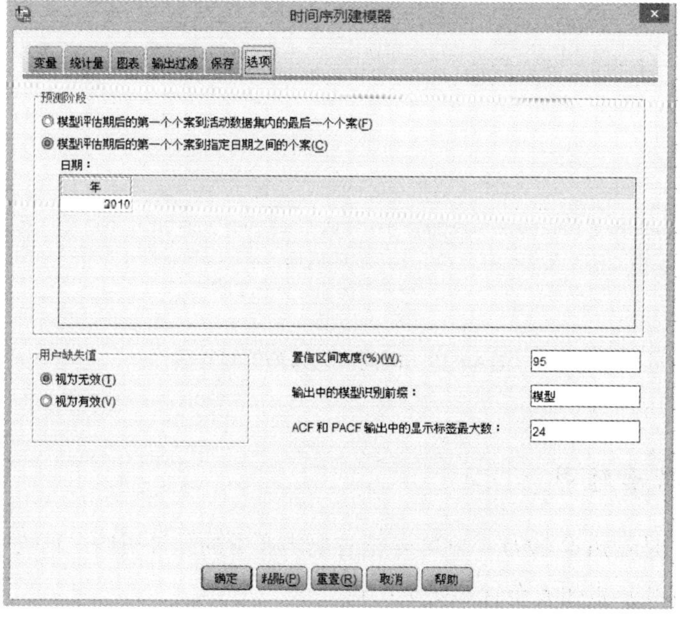

图 4－18　预测时间的定义

（19）结果与分析。根据表 4－3 的预测结果可知，贵州省 2010 年蔬菜种植面积预测值为 601.99 千公顷。从图 4－19 也可以看出未来的预测趋势情况。

表 4－3　预测

模型		2009 年	2010 年
蔬菜种植面积模型	预测	580.15	601.99
	UCL	620.18	658.61
	LCL	540.11	545.37

注：对于每个模型，预测都在请求的预测时间段范围内的最后一个非缺失值之后开始，在所有预测值的非缺失值都可用的最后一个时间段或请求预测时间段的结束日期（以较早者为准）结束。

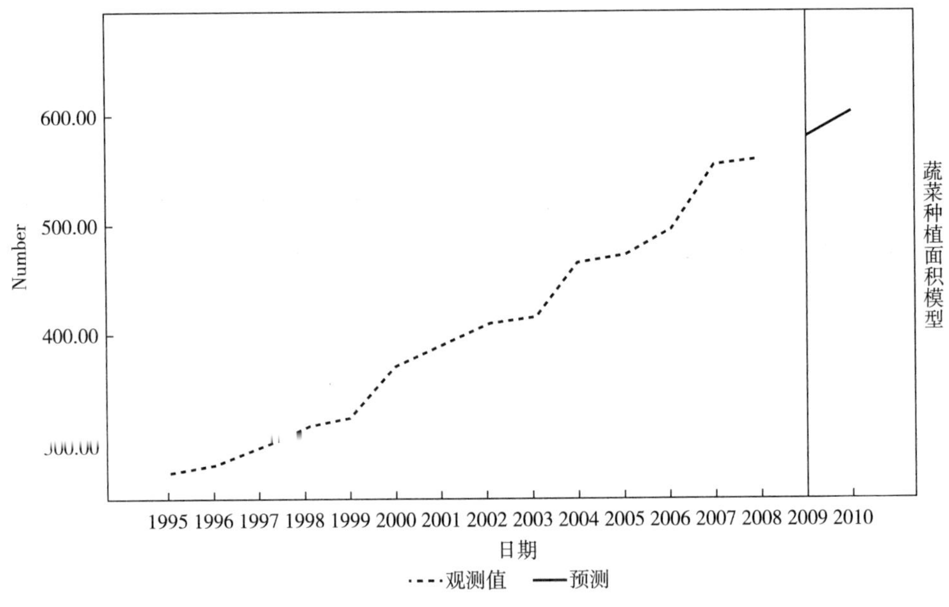

图 4－19　时间序列预测的趋势图

五、课后练习

表 4－4 是贵州省 1995～2008 年全省奶类产量的统计资料，请尝试运用 SPSS 软件预测 2010 年贵州省全省的奶类产量。

表 4-4　贵州省 1995～2008 年奶类产量数据　　单位：万吨

年份	奶类产量	年份	奶类产量
1995	1.40	2002	2.53
1996	1.60	2003	3.38
1997	1.70	2004	3.61
1998	0.60	2005	3.75
1999	1.50	2006	4.09
2000	1.70	2007	4.21
2001	2.00	2008	4.30

第二篇　基础篇

实验五　基于 EViews 的简单线性回归分析

简单线性回归是计量经济学中认识回归分析的开始，它只研究一个解释变量和一个被解释变量之间的线性关系。尝试用 EViews 软件处理简单线性回归分析可以帮助学生熟悉 EViews 软件的部分功能操作，为后面的多元线性回归打好基础。

一、实验目的

掌握简单线性回归的基本原理，学会使用 EViews 进行简单线性回归模型的参数估计、统计检验及预测分析，并能够运用简单线性回归模型解决一些实际的经济问题。

二、实验要求

熟悉使用 EViews 进行简单线性回归模型的参数估计、统计检验以及预测等操作。

三、实验内容

表 5-1 是中国 2017 年各地区居民人均消费支出和居民人均可支配收入的统计资料。

表 5-1　2017 年各地区居民消费支出与可支配收入数据　　单位：元

地区	居民人均消费支出	居民人均可支配收入	地区	居民人均消费支出	居民人均可支配收入
北京	37425.3	57229.8	湖北	16937.6	23757.2
天津	27841.4	37022.3	湖南	17160.4	23102.7
河北	15437.0	21484.1	广东	24819.6	33003.3

续表

地区	居民人均消费支出	居民人均可支配收入	地区	居民人均消费支出	居民人均可支配收入
山西	13664.4	20420.0	广西	13423.7	19904.8
内蒙古	18945.5	26212.2	海南	15402.7	22553.2
辽宁	20463.4	27835.4	重庆	17898.1	24153.0
吉林	15631.9	21368.3	四川	16179.9	20579.8
黑龙江	15577.5	21205.8	贵州	12969.6	16703.6
上海	39791.9	58988.0	云南	12658.1	18348.3
江苏	23468.6	35024.1	西藏	10320.1	15457.3
浙江	27079.1	42045.7	陕西	14899.7	20635.2
安徽	15751.7	21863.3	甘肃	13120.1	16011.0
福建	21249.3	30047.7	青海	15503.1	19001.0
江西	14459.0	22031.4	宁夏	15350.3	20561.7
山东	17280.7	26929.9	新疆	15087.3	19975.1
河南	13729.6	20170.0			

运用 EViews 软件完成以下操作：

（1）做出散点图，建立居民人均消费支出随居民人均可支配收入变化的一元线性回归方程，并解释斜率的经济意义。

（2）对所建立的回归方程进行检验。

（3）若 2018 年某地区居民人均可支配收入达到 45000 元，求该地区居民人均消费支出的预测值及预测区间。

四、实验步骤

（1）启动 EViews7.2 程序。在 EViews 中输入数据，必须先建立工作文件。单击 File/New/Workfile，在 Workfile Create 对话框的 Data specification 菜单中选择文件数据的结构类型（Frequency）。本实验中分析的是 2017 年各地区的截面数据，数据结构类型（Frequency）应选择 integer data。本次实验的数据包括 31 个省份，因此在 Start date 中输入开始顺序号“1”，在 End date 中输入最后顺序号“31”。同时，在 Workfile names 菜单下面的 WF 中输入文件名称，如“实验五”，如图 5－1 所示。

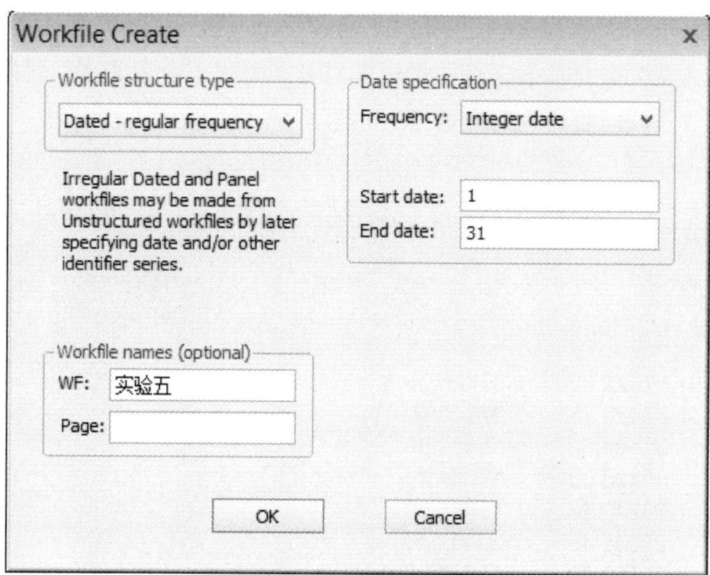

图 5-1　工作文件的建立

（2）单击“OK”按钮后，出现文件“Workfile 实验五”的工作框。其中已有对象：c 为截距项，resid 为剩余项，如图 5-2 所示。

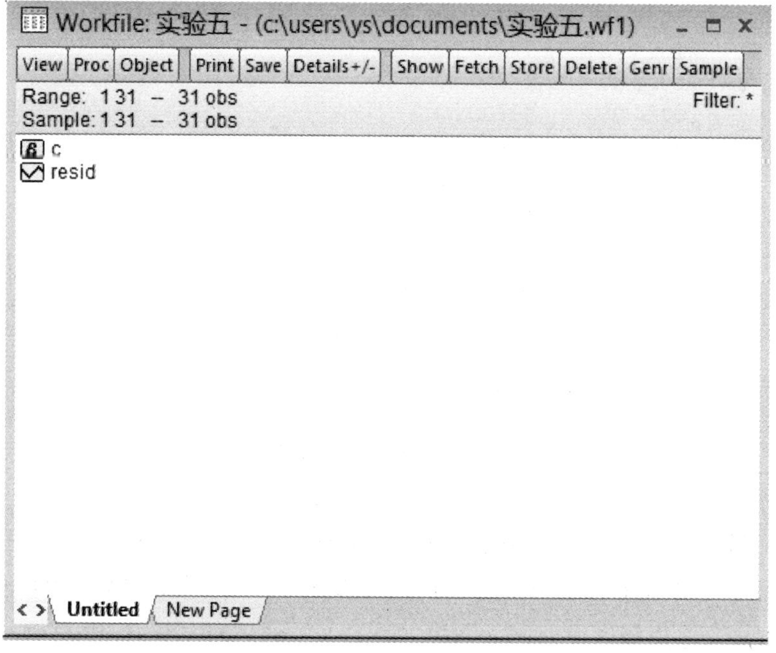

图 5-2　工作文件的完成界面

（3）在“Quick”菜单中单击“Empty Group”，出现数据编辑窗口。在“obs”格输入两列数据命名，其中居民人均可支配收入命名为 X，居民人均消费支出命名为 Y，同时将输入对应数据，如图 5－3 所示。

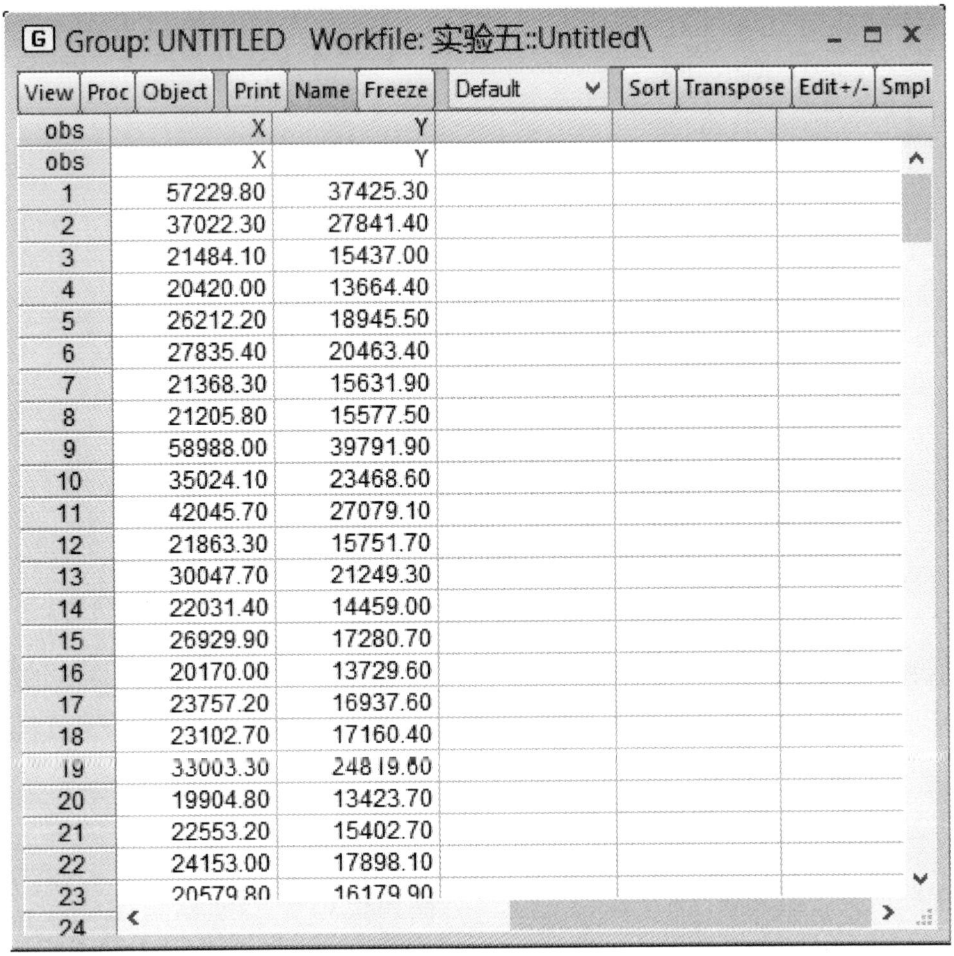

Group: UNTITLED Workfile: 实验五::Untitled\

View | Proc | Object | Print | Name | Freeze | Default | Sort | Transpose | Edit+/- | Smpl

obs	X	Y
obs	X	Y
1	57229.80	37425.30
2	37022.30	27841.40
3	21484.10	15437.00
4	20420.00	13664.40
5	26212.20	18945.50
6	27835.40	20463.40
7	21368.30	15631.90
8	21205.80	15577.50
9	58988.00	39791.90
10	35024.10	23468.60
11	42045.70	27079.10
12	21863.30	15751.70
13	30047.70	21249.30
14	22031.40	14459.00
15	26929.90	17280.70
16	20170.00	13729.60
17	23757.20	16937.60
18	23102.70	17160.40
19	33003.30	24819.60
20	19904.80	13423.70
21	22553.20	15402.70
22	24153.00	17898.10
23	20579.80	16179.90
24		

图 5－3　数据输入结果

（4）做出散点图，本实验以居民人均可支配收入 X 为横坐标，以居民人均消费支出 Y 为纵坐标。在图 5－3 的数据编辑窗口，单击“View/Graph”，在“Graph type”中选择“scatter”，可在“Details”的“Fit lines”中选择“Regression line”，单击“OK”，得到如图 5－4 所示的带回归线的散点图。

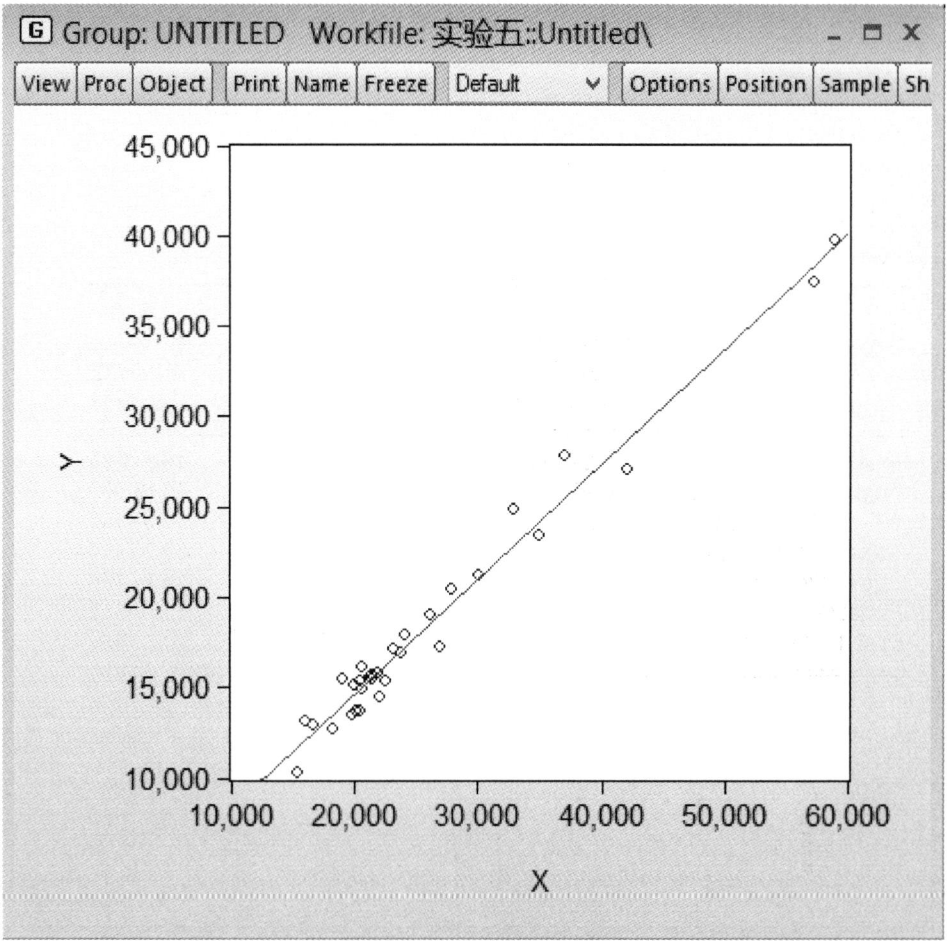

图 5 -4　带回归线的散点图

从图 5 -4 可以看出，2017 年中国各地区居民人均消费水平随着居民人均收入水平的增加而增加，近似于线性关系，可以考虑建立居民人均消费水平与居民人均可支配收入水平的简单线性回归模型，设定模型为 $Y_i = \beta_1 + \beta_2 X_i + u_i$。

（5）在“Quick”菜单中单击“Estimate Equation”，在“Method”中选择“Least Squares”，在“Equation specification”对话框中输入“Y C X”，单击“OK”，即出现回归结果，如图 5 -5 所示。

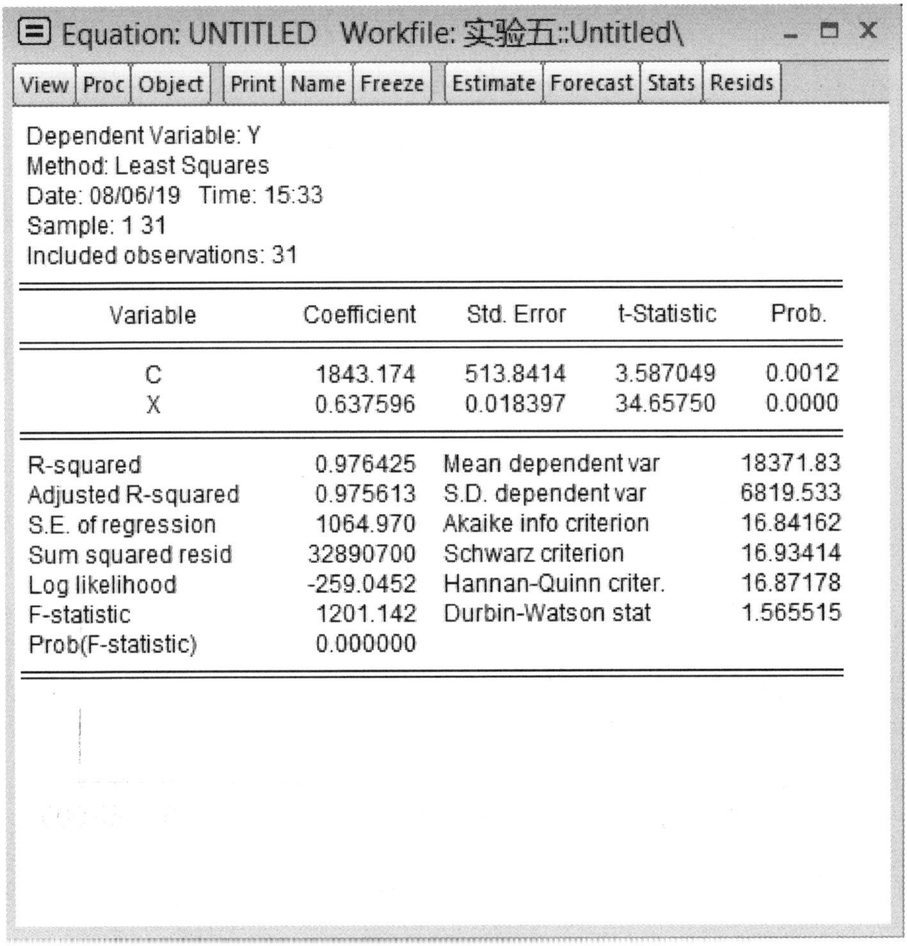

Equation: UNTITLED Workfile: 实验五::Untitled\

View | Proc | Object | Print | Name | Freeze | Estimate | Forecast | Stats | Resids

Dependent Variable: Y
Method: Least Squares
Date: 08/06/19 Time: 15:33
Sample: 1 31
Included observations: 31

Variable	Coefficient	Std. Error	t-Statistic	Prob.
C	1843.174	513.8414	3.587049	0.0012
X	0.637596	0.018397	34.65750	0.0000

R-squared	0.976425	Mean dependent var	18371.83
Adjusted R-squared	0.975613	S.D. dependent var	6819.533
S.E. of regression	1064.970	Akaike info criterion	16.84162
Sum squared resid	32890700	Schwarz criterion	16.93414
Log likelihood	-259.0452	Hannan-Quinn criter.	16.87178
F-statistic	1201.142	Durbin-Watson stat	1.565515
Prob(F-statistic)	0.000000		

图 5 -5 回归结果

根据图 5 -5 的回归结果，可得到回归分析模型如下：

$\hat{Y} = 1843.174 + 0.637596X_i$

(513.8414) (0.018397)

$t =$ (3.587049) (34.65750)

$R^2 = 0.976425$ $F = 1201.142$ $n = 31$

（6）经济意义检验。斜率 $\hat{\beta}_2 = 0.637596$ 为边际消费倾向，表明 2017 年，中国内地各省区居民人均可支配收入每增加 1 元时，则居民人均消费平均增加 0.637596 元。

（7）拟合优度检验和统计检验。拟合优度 $R^2=0.976425$，表明居民人均消费水平 97.6% 的变化可以由居民人均可支配收入的变化来解释，拟合情况较好。

对回归系数的 t 检验：在显著性水平下，自由度为 $31-2=29$ 的 t 分布临界值 $t_{0.025}$（29） =2.045。截距项的 t 检验值 $t(\hat{\beta}_1)=3.587049>t_{0.025}(29)=2.045$，截距项显然不为零；斜率项的 t 检验值 $t(\hat{\beta}_2)=34.65750>t_{0.025}(29)=2.045$，斜率项也显然不为零。在“Equation”界面点击菜单[View/Actual]，[Fitted]，[Residual/Actual]→[Fitted]→[Residual Graph]可得到图 5-6，也可以看出实际值与拟合值非常接近。

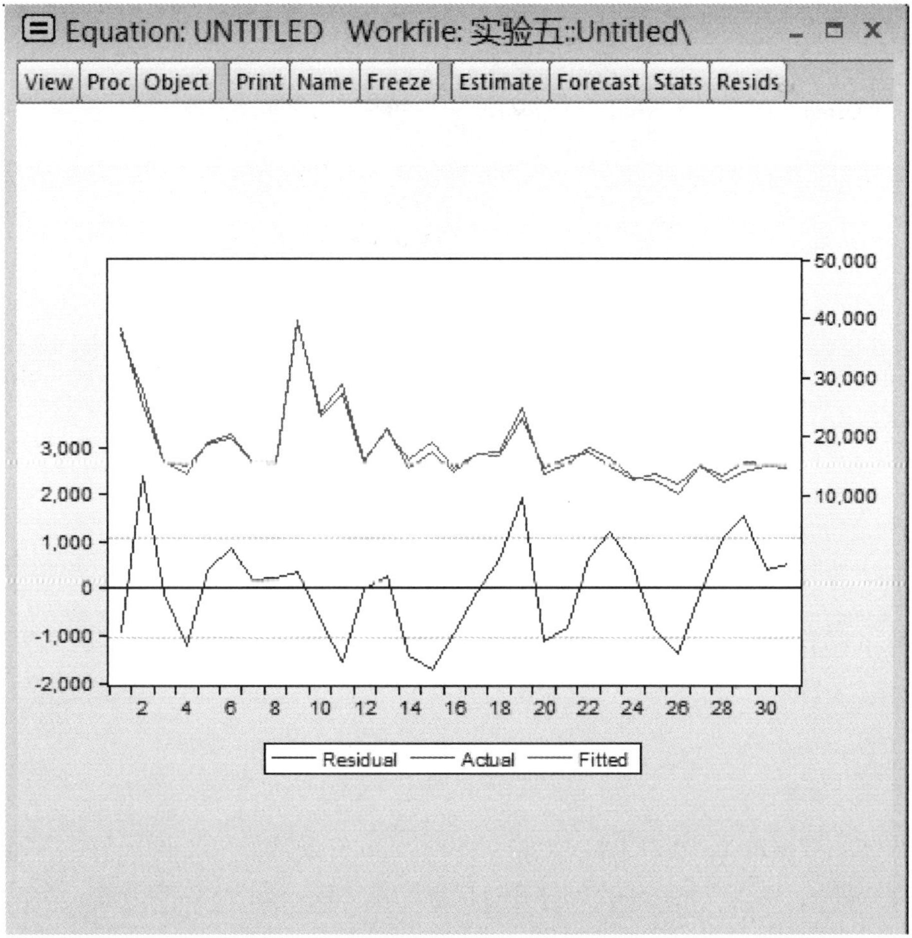

图 5-6　实际值和拟合值的拟合图

（8）居民人均消费支出的预测值。若 2018 年某地区居民人均可支配收入达到 45000 元，可利用所估计的模型预测该地区居民人均消费支出水平，即：

$\hat{Y}_f = 1843.174 + 0.637596 \times 45000 = 30534.994$（元）

也可以通过 EViews 来进行点预测，在“Workfile”窗口点击“Range”，将“End date”由 31 改为 32，单击“OK”，将“Workfile”中的“Range”扩展为 1－32，样本区间“Sample”也变成 1－32，如图 5－7 所示。

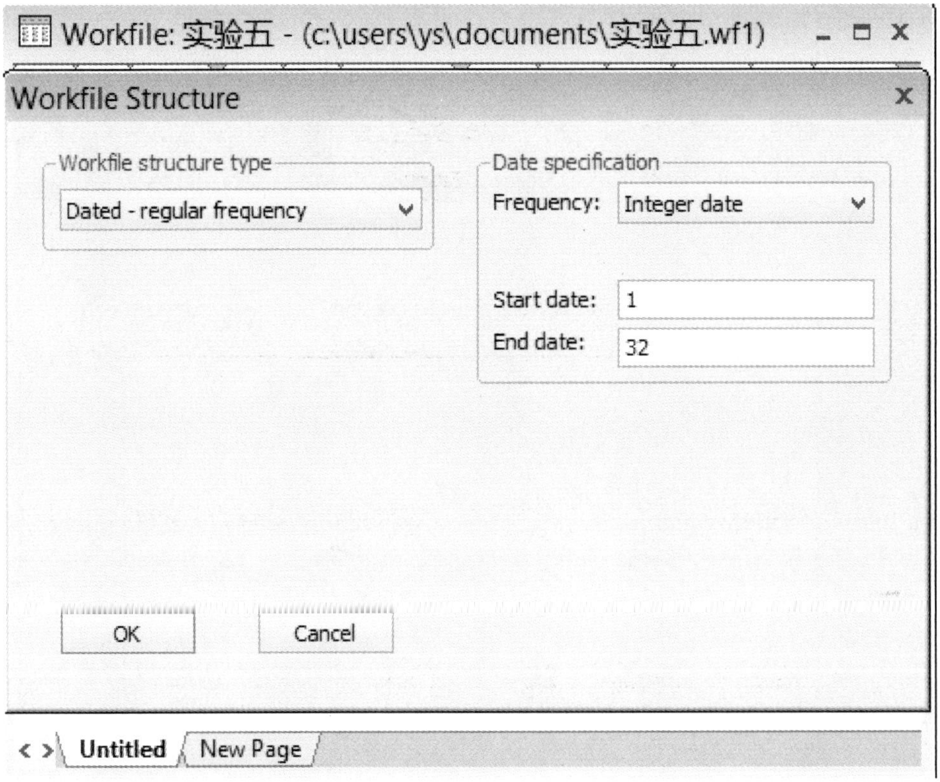

图 5－7　扩展样本区间

点击数据表 X，在最末行 32 输入 45000 元，将数据表 X 最小化。在“Equation”框中，单击“Forecast”，打开对话框。在“Forecast name”中键入 Y_f，单击“OK”，即得到模型估计值及标准误差的图形，如图 5－8 所示。双击数据表 Y_f，在 Y_f 数据表中 32 位置出现 $Y_f = 30534.99$，这就是当居民人均收入水平达到

45000 元时居民人均消费水平的点预测值。

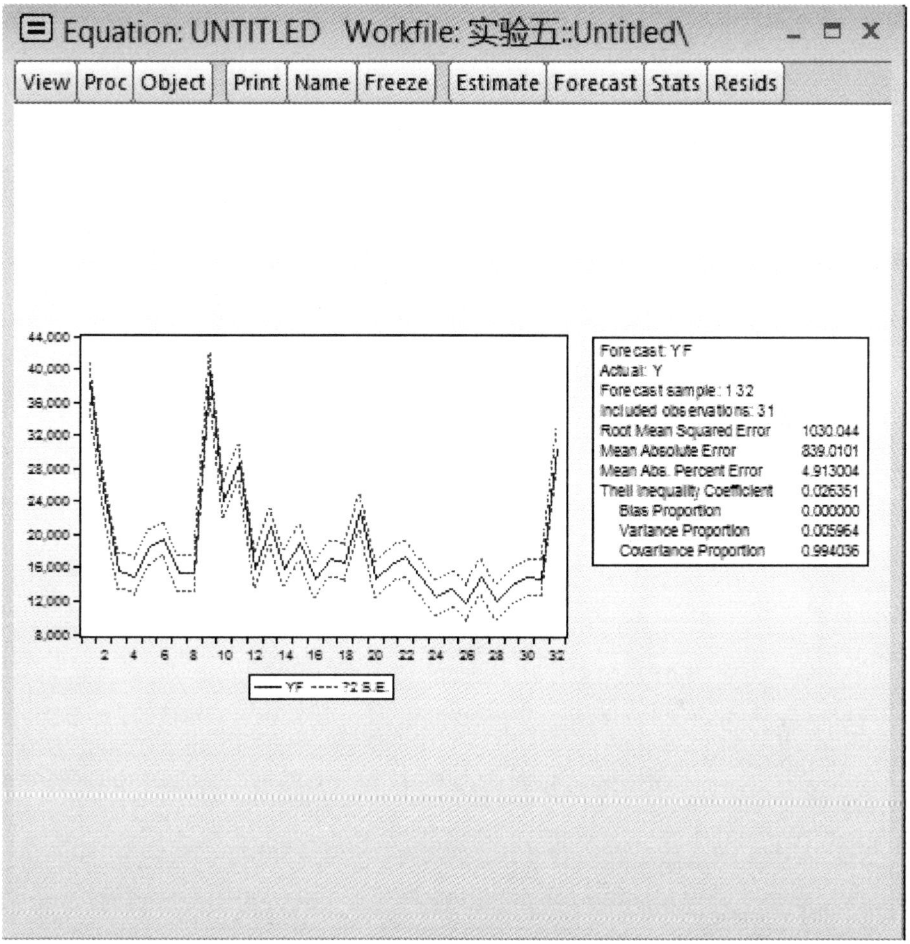

图 5－8　居民人均消费水平的点预测

（9）居民人均消费支出的预测区间。为了进行区间预测，先把平均值置信度 95% 的预测区间计算公式提出来：$\hat{Y}_f \mp t_{\alpha/2}\hat{\sigma}\sqrt{\frac{1}{n}+\frac{(X_f-\bar{X})^2}{\sum x_i^2}}$。在数据编辑窗口，单击菜单[View]→[Descriptive Stats]→[Common Sample]，可得到 X 和 Y 的描述统计结果，如图 5－9 所示。可知 $Y_f = 30534.99$，$t_{0.025}(29) = 2.045$，$\hat{\sigma} = 1064.970$，$n = 31$。可计算出：

$$\sum x_i^2 = \sum (X_i - \overline{X})^2 = \sigma_X^2(n-1) = 10568.87^2 \times (31-1)$$
$$= 3351030392.307 (X_f - \overline{X})^2 = (45000 - 25923.39)^2$$
$$= 363917049.0921$$

当 $X_f = 45000$ 元时，将以上数据带入公式得到：

$$30534.99 \mp 2.045 \times 1064.970 \times \sqrt{\frac{1}{31} + \frac{363917049.0921}{3351030392.307}} = 30534.99 \mp 306.767$$

即当某地区居民人均可支配收入达到 45000 元时，居民人均消费水平 Y_f 平均值置信度 95% 的预测区间为（30228.223，30841.757）元。

Group: UNTITLED Workfile: 实验五::Untitled\

View | Proc | Object | Print | Name | Freeze | Sample | Sheet | Stats | Spec

	Y	X
	Y	X
Mean	18371.83	25923.39
Median	15631.90	21863.30
Maximum	39791.90	58988.00
Minimum	10320.10	15457.30
Std. Dev.	6819.533	10568.87
Skewness	1.819975	1.956800
Kurtosis	5.861017	6.326584
Jarque-Bera	27.68643	34.07730
Probability	0.000001	0.000000
Sum	569526.6	803625.2
Sum Sq. Dev.	1.40E+09	3.35E+09
Observations	31	31

图 5－9　X 值和 Y 值的描述统计结果

Y_f 个别置信度 95% 的预测区间计算公式为：$\hat{Y}_f \mp t_{\alpha/2}\hat{\sigma}\sqrt{1+\frac{1}{n}+\frac{(X_f-\overline{X})^2}{\sum x_i^2}}$。当 $X_f=45000$ 元，将以上数据带入公式得到：

$$30534.99 \mp 2.045 \times 1064.970 \times \sqrt{1+\frac{1}{31}+\frac{363917049.0921}{3351030392.307}} = 30534.99 \mp 2484.630$$

即当某地区居民人均可支配收入达到 45000 元时，居民人均消费水平 Y_f 个别值置信度 95% 的预测区间为（28050.36，33019.62）元。

五、课后练习

表 5－2 是中国 2017 年各地区税收和国内生产总值 GDP 的统计资料。

表 5－2　2017 年各地区税收与 GDP 数据　　单位：亿元

地区	税收	GDP	地区	税收	GDP
北京	4676.68	28014.94	湖北	2247.82	35478.09
天津	1611.96	18549.19	湖南	1759.13	33902.96
河北	2199.35	34016.32	广东	8871.89	89705.23
山西	1397.43	15528.42	广西	1057.69	18523.26
内蒙古	1286.91	16096.21	海南	543.56	4462.54
辽宁	1812.42	23409.24	重庆	1476.33	19424.73
吉林	854.03	14944.53	四川	2430.32	36980.22
黑龙江	901.91	15902.68	贵州	1179.73	13540.83
上海	5865.51	30632.99	云南	1233.85	16376.34
江苏	6484.33	85869.76	西藏	122.7	1310.92
浙江	4940.74	51768.26	陕西	1485.58	21898.81
安徽	1970.68	27018	甘肃	547.14	7459.9
福建	1962.72	32182.09	青海	183.96	2624.83
江西	1515.01	20006.31	宁夏	270.3	3443.56
山东	4419.4	72634.15	新疆	944.38	10881.96
河南	2329.31	44552.83			

运用 EViews 软件完成以下操作：

（1）做出散点图，建立各地区税收随 GDP 变化的一元线性回归方程，并解释斜率的经济意义。

（2）对所建立的回归方程进行检验。

（3）若 2018 年某地区 GDP 达到 38000 亿元，求该地区税收的预测值及预测区间。

实验六　基于 SPSS 的简单线性回归分析

简单线性回归分析不仅是计量经济学的开始，也是统计学的重要组成部分。因此，作为社会统计软件的 SPSS 也能完成简单线性回归的任务。

一、实验目的

掌握简单线性回归的基本原理，学会使用 SPSS 进行简单线性回归模型的参数估计、统计检验以及预测分析，并能够运用简单线性回归模型解决一些实际的经济问题。

二、实验要求

熟悉使用 SPSS 进行简单线性回归模型的参数估计、统计检验以及预测分析等操作。

三、实验内容

试用 SPSS 完成与实验五相同的实验内容。

四、实验步骤

（1）首先将实验数据输入 SPSS 的数据视图界面，如图 6 -1 所示。

（2）绘制散点图。选择菜单【图形】→【旧对话框】→【散点/点状】，进入图形定义。在【散点图/点图】对话框中，选择简单分布，并点击【定义】按钮。在【简单散点图】对话框中，将“人均可支配收入”选入 X 轴，将“人均消费水平”选入 Y 轴，并点击【确定】，得到散点图，如图 6 -2 所示。从图 6 -2 可以看出，人均消费水平随着人均可支配收入的增加而增加，两者基本呈线性相关关系。

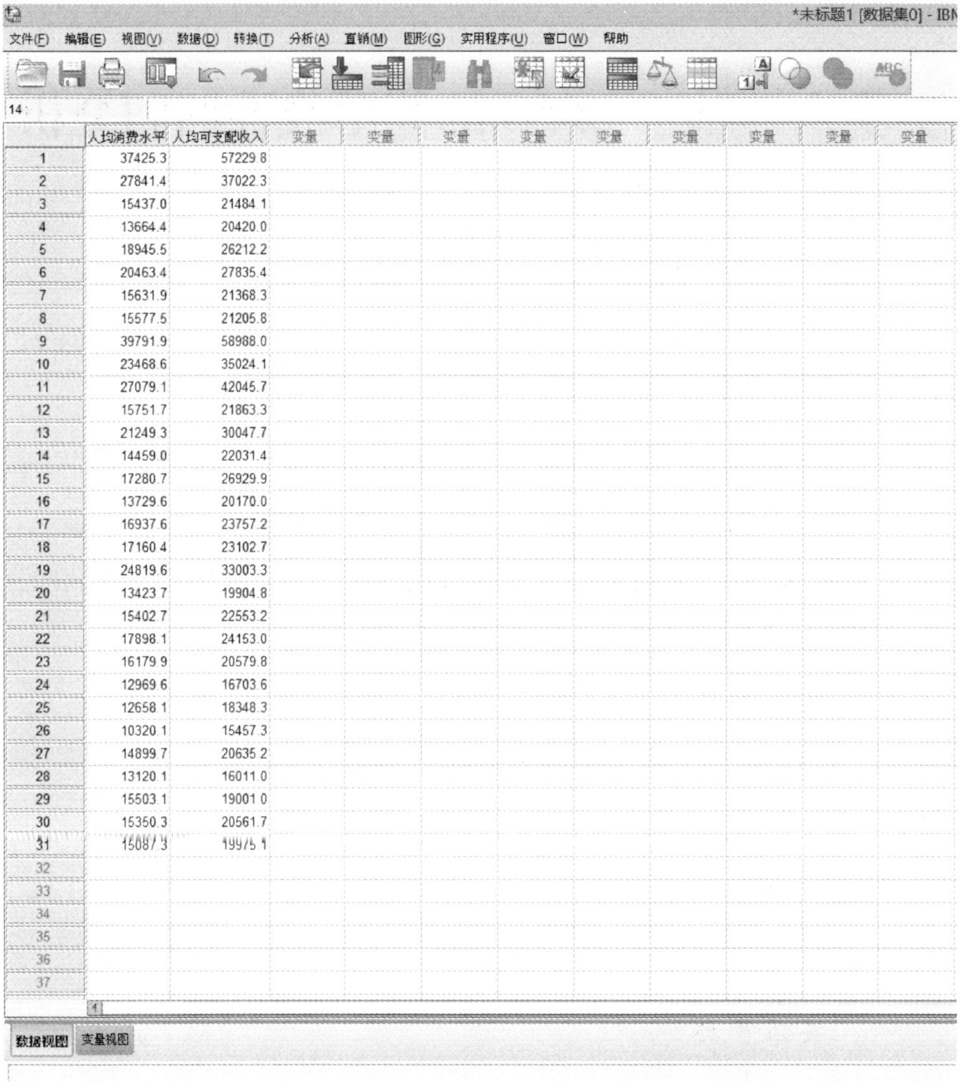

*未标题1 [数据集0] - IBM

文件(F) 编辑(E) 视图(V) 数据(D) 转换(T) 分析(A) 直销(M) 图形(G) 实用程序(U) 窗口(W) 帮助

14:

	人均消费水平	人均可支配收入	变量	变量	变量	变量	变量	变量	变量	变量	变量
1	37425.3	57229.8									
2	27841.4	37022.3									
3	15437.0	21484.1									
4	13664.4	20420.0									
5	18945.5	26212.2									
6	20463.4	27835.4									
7	15631.9	21368.3									
8	15577.5	21205.8									
9	39791.9	58988.0									
10	23468.6	35024.1									
11	27079.1	42045.7									
12	15751.7	21863.3									
13	21249.3	30047.7									
14	14459.0	22031.4									
15	17280.7	26929.9									
16	13729.6	20170.0									
17	16937.6	23757.2									
18	17160.4	23102.7									
19	24819.6	33003.3									
20	13423.7	19904.8									
21	15402.7	22553.2									
22	17898.1	24153.0									
23	16179.9	20579.8									
24	12969.6	16703.6									
25	12658.1	18348.3									
26	10320.1	15457.3									
27	14899.7	20635.2									
28	13120.1	16011.0									
29	15503.1	19001.0									
30	15350.3	20561.7									
31	15087.3	19975.1									
32											
33											
34											
35											
36											
37											

数据视图 变量视图

图 6-1 数据输入结果

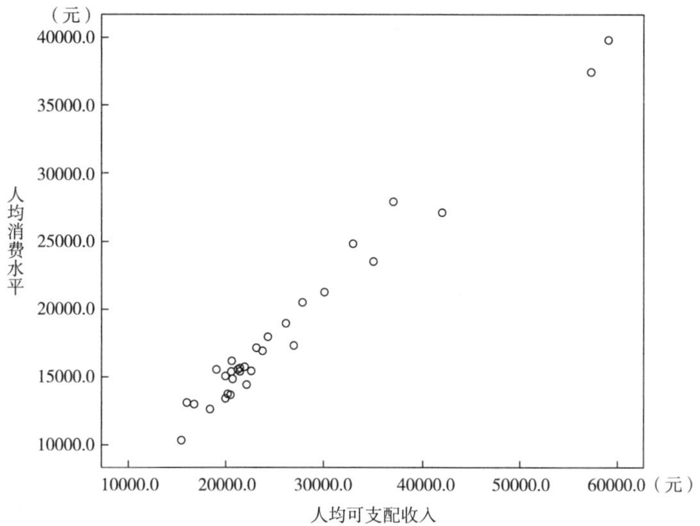

图 6－2　人均可支配收入和人均消费水平的散点图

（3）为了更好地观察中国 2017 年居民人均消费水平与居民人均可支配收入的相关性，可以在散点图的基础上加入回归拟合线。在 SPSS 中双击输出图形，出现图表编辑器，选择菜单【元素】下面的【总体拟合线】，即在原来散点图的基础上加入拟合线，如图 6－3 所示。可以看到，拟合线与真实值之间拟合较好，且其线性回归的拟合优度系数 $R^2=0.976$。可以考虑尝试建立居民人均消费水平与居民人均可支配收入水平的简单线性回归模型，设定模型为 $Y_i = \beta_1 + \beta_2 X_i + u_i$。

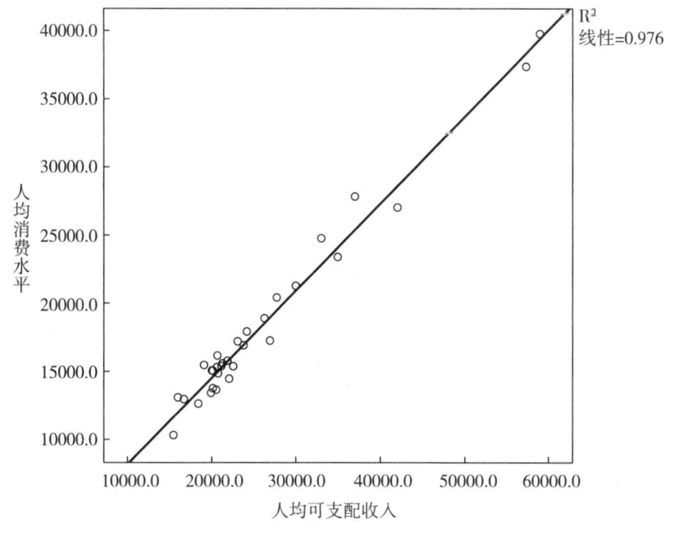

图 6－3　带拟合线的散点图

（4）进行回归分析，选择菜单【分析】→【回归】→【线性】，如图 6－4 所示。

	人均消费水平	人均可支配收入
1	37425.3	57229.8
2	27841.4	37022.3
3	15437.0	21484.1
4	13664.4	20420.0
5	18945.5	26212.2
6	20463.4	27835.4
7	15631.9	21368.3
8	15577.5	21205.8
9	39791.9	58988.0
10	23468.6	35024.1
11	27079.1	42045.7
12	15751.7	21863.3
13	21249.3	30047.7
14	14459.0	22031.4
15	17280.7	26929.9
16	13729.6	20170.0
17	16937.6	23757.2
18	17160.4	23102.7
19	24819.6	33003.3
20	13423.7	19904.8
21	15402.7	22553.2
22	17898.1	24153.0
23	16179.9	20579.8
24	12969.6	16703.6
25	12658.1	18348.3
26	10320.1	15457.3
27	14899.7	20635.2
28	13120.1	16011.0
29	15503.1	19001.0
30	15350.3	20561.7
31	15087.3	19975.1

图 6－4　回归类型的选择（一元线性回归）

（5）在线性回归对话框中，将“人均消费水平”选入因变量，将“人均可支配收入”选入自变量，本实验是一元线性回归，方法选择默认方式“进入”，如图 6－5 所示。

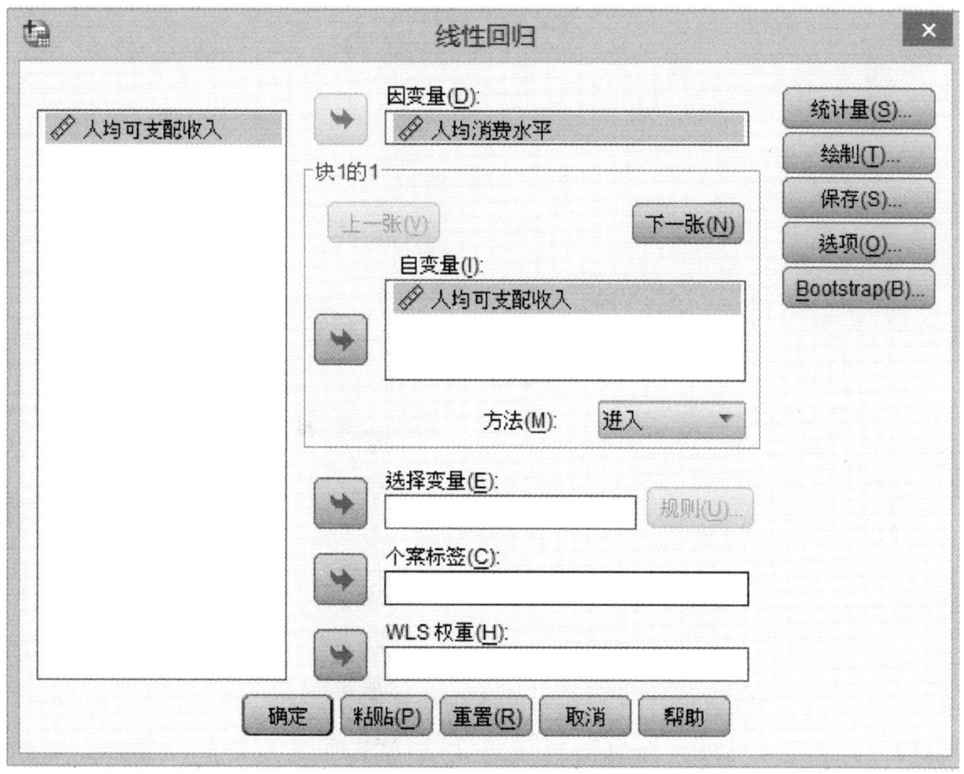

图 6-5　一元线性回归的变量选择

（6）点击【确定】，可以得到一元线性回归结果。其中表 6-1 为模型汇总，表 6-2 为方差分析表，表 6-3 为系数表。根据表 6-2 和表 6-3 的数据，可得到回归分析模型如下：

$\hat{Y} = 1843.174 + 0.638X_i$

(513.841) (0.018)

$t =$ (3.587) (34.658)

$R^2 = 0.976 \qquad F = 1201.142 \qquad n = 31$

表 6-1　模型汇总[b]

模型	R	R 方	调整 R 方	标准估计的误差
1	.988[a]	.976	.976	1064.9705

注：a. 预测变量：（常量），人均可支配收入。

b. 因变量：人均消费水平。

表 6－2 Anova[a]

模型		平方和	df	均方	F	Sig.
1	回归	1362290109.784	1	1362290109.784	1201.142	.000[b]
	残差	32890699.915	29	1134162.066		
	总计	1395180809.699	30			

注：a. 因变量：人均消费水平。

b. 预测变量：（常量），人均可支配收入。

表 6－3 系数[a]

模型		非标准化系数		标准系数	t	Sig.
		B	标准误差	试用版		
1	（常量）	1843.174	513.841		3.587	.001
	人均可支配收入	.638	.018	.988	34.658	.000

注：a. 因变量：人均消费水平。

（7）经济意义检验。斜率 $\hat{\beta}_2=0.638$ 为边际消费倾向，表明 2017 年中国内地各省区居民人均可支配收入每增加 1 元时，则居民人均消费平均增加 0.638 元。

（8）拟合优度检验和统计检验。从表 6－1 可以看出该回归模型的拟合优度系数为 $R^2=0.976$，表明居民人均消费水平接近 97.6% 的变化可以由居民人均可支配收入的变化来解释，拟合情况较好。对回归系数的 t 检验：在显著性水平下，自由度为 31－2＝29 的 t 分布临界值 $t_{0.025}$（29）＝2.045。由表 6－3 可知，截距项的 t 检验值 t（$\hat{\beta}_1$）＝3.587＞$t_{0.025}$（29）＝2.045，截距项显然不为零；斜率项的 t 检验值 t（$\hat{\beta}_2$）＝34.658＞$t_{0.025}$（29）＝2.045，斜率项也显然不为零。从图 6－3 也可以看出实际值与拟合值非常接近。

（9）居民人均消费支出的预测值。若 2018 年某地区居民人均可支配收入达到 45000 元，可利用所估计的模型预测该地区居民人均消费支出水平，即：

$\hat{Y}_f=1843.174+0.638\times45000=30553.174$（元）

（10）居民人均消费支出的预测区间。为了进行区间预测，先把平均值置信度 95% 的预测区间计算公式提出来，如下：$\hat{Y}_f \mp t_{\alpha/2}\hat{\sigma}\sqrt{\frac{1}{n}+\frac{(X_f-\bar{X})^2}{\sum x_i^2}}$。根据前

面的预测结果可知，点预测值 $Y_f = 30553.174$，$t_{0.025}$（29） $=2.045$，标准估计的误差 $\hat{\sigma} = 1064.970$，$n = 31$。在线性回归对话框中，单击【统计量】，勾选描述性选项，可得到 X 和 Y 的描述统计结果，如表 6－4 所示。可计算出：

$$\sum x_i^2 = \sum (X_i - \bar{X})^2 = \sigma_X^2 (n-1) = 10548.871^2 \times (31-1)$$

$$= 3351031026.439 (X_f - \bar{X})^2 = (45000 - 25923.394)^2$$

$$= 363916896.479$$

当 $X_f = 45000$ 元时，将以上数据带入公式得到，如下：

$$30553.174 \mp 2.045 \times 1064.970 \times \sqrt{\frac{1}{31} + \frac{363916896.479}{3351031026.439}} = 30553.174 \mp 306.766$$

即当某地区居民人均可支配收入达到 45000 元时，居民人均消费水平 Y_f 平均值置信度 95% 的预测区间为（30246.408，30859.94）元。

表 6－4 描述性统计量

	均值	标准偏差	N
人均消费水平	18371.826	6819.5328	31
人均可支配收入	25923.394	10568.8710	31

Y_f 个别置信度 95% 的预测区间计算公式为：$\hat{Y}_f \mp t_{a/2} \upsilon \sqrt{1 + \frac{1}{n} + \frac{(X_f - \bar{X})^2}{\sum x_i^2}}$。

当 $X_f = 45000$ 元，将以上数据带入公式得到：

$$30553.174 \mp 2.045 \times 1064.970 \times \sqrt{1 + \frac{1}{31} + \frac{363916896.479}{3351031026.439}} = 30553.174 \mp 2484.630$$

即当某地区居民人均可支配收入达到 45000 元时，居民人均消费水平 Y_f 个别值置信度 95% 的预测区间为（28068.544，33037.804）元。

五、课后练习

请用 SPSS 完成与实验五课后练习相同的实验内容。

实验七　基于 EViews 的多元线性回归分析

多元线性回归是在简单线性回归的基础上增加自变量，从一元变成多元的过程。这就需要在简单线性回归的基础上，进一步分析因变量的影响因素。其实大部分经济变量的影响因素都不只有一个变量，因此多元线性回归分析拥有更广泛的应用空间。

一、实验目的

掌握多元线性回归的基本原理，学会使用 EViews 进行多元线性回归模型的参数估计、统计检验以及置信区间的构建，并能够运用多元线性回归模型解决一些实际的经济问题。

二、实验要求

熟悉使用 EViews 进行多元线性回归模型的参数估计、统计检验以及置信区间的构建等操作。

三、实验内容

表 7－1 是 1999～2018 年中国货币供应量（M2）年底余额、国内生产总值（GDP）、居民消费价格指数（以 1978 年为 100 的定基指数）的统计数据。

表 7－1　1999～2018 年中国货币供应量等数据

年份	中国货币供应量 Y（亿元）	国内生产总值 X1（当年价格/亿元）	居民消费价格指数 X2（1978 年＝100）
1999	119897.9	90564.4	432.2

续表

年份	中国货币供应量 Y（亿元）	国内生产总值 X1（当年价格/亿元）	居民消费价格指数 X2（1978 年 = 100）
2000	134610.3	100280.1	434.0
2001	158301.9	110863.1	437.0
2002	185007.0	121717.4	433.5
2003	221222.8	137422.0	438.7
2004	254107.0	161840.2	455.8
2005	298755.7	187318.9	464.0
2006	345577.9	219438.5	471.0
2007	403442.2	270092.3	493.6
2008	475166.6	319244.6	522.7
2009	610224.5	348517.7	519.0
2010	725851.8	412119.3	536.1
2011	851590.9	487940.2	565.0
2012	974148.8	538580.0	579.7
2013	1106525.0	592963.2	594.8
2014	1228374.8	641280.6	606.7
2015	1392278.1	685992.9	615.2
2016	1550066.7	740060.8	627.5
2017	1690235.3	820754.3	637.5
2018	1826744.2	900309.5	650.9

运用 EViews 完成以下操作：

（1）估计回归方程的参数。

（2）对方程进行拟合优度检验、F 检验和 t 检验，并构造参数 95% 的置信区间。

四、实验步骤

（1）建立工作文件，单击“File/New/Workfile”，在“Workfile Create”对话框的“Data specification”菜单中选择文件数据的结构类型（Frequency）。本实验中分析的是中国近 20 年的年度数据，数据结构类型（Frequency）应选择“Annual”。本次实验的数据包括 1999 ~ 2018 年，因此在“Start date”中输入开始顺序号“1999”，在“End date”中输入最后顺序号“2018”。同时，在“Workfile names”菜单下面的“WF”中输入文件名称，如“实验七”，如图 7 - 1 所示。

Workfile Create
Workfile structure type
Dated - regular frequency
Irregular Dated and Panel workfiles may be made from Unstructured workfiles by later specifying date and/or other identifier series.
Date specification
Frequency: Annual
Start date: 1999
End date: 2018
Workfile names (optional)
WF: 实验七
Page:
OK
Cancel

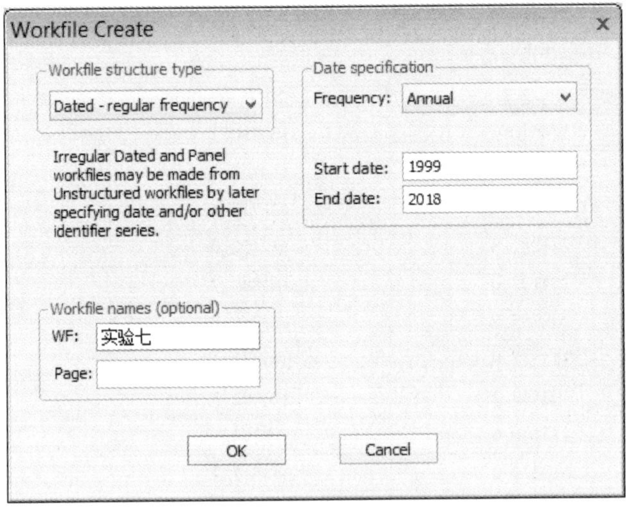

图 7-1　工作文件的建立

（2）在"Quick"菜单中单击"Empty Group"，出现数据编辑窗口。在"obs"格输入三列数据命名，其中中国货币供应量命名为 Y，国内生产总值命名为 X1，居民消费价格指数命名为 X2，同时输入对应数据，如图 7-2 所示。

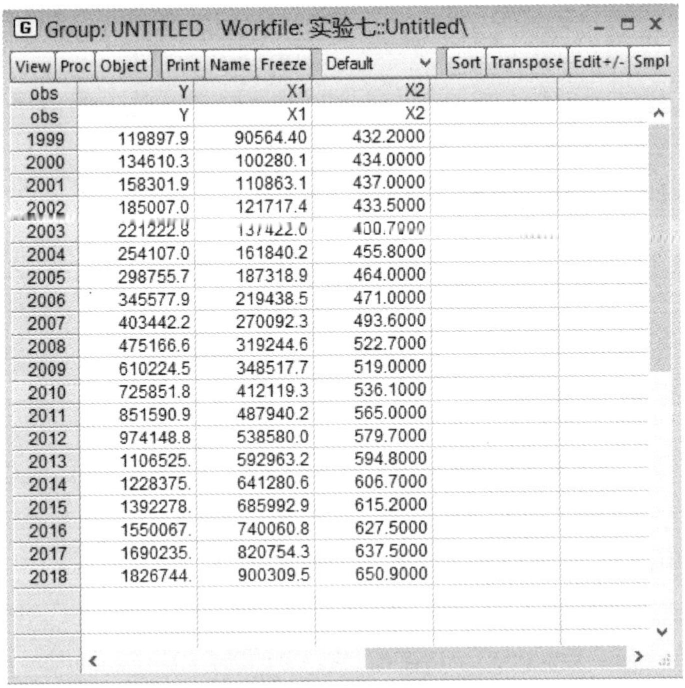

Group: UNTITLED　Workfile: 实验七::Untitled\
View Proc Object Print Name Freeze Default Sort Transpose Edit+/- Smpl

obs	Y	X1	X2
obs	Y	X1	X2
1999	119897.9	90564.40	432.2000
2000	134610.3	100280.1	434.0000
2001	158301.9	110863.1	437.0000
2002	185007.0	121717.4	433.5000
2003	221222.8	137422.0	400.7000
2004	254107.0	161840.2	455.8000
2005	298755.7	187318.9	464.0000
2006	345577.9	219438.5	471.0000
2007	403442.2	270092.3	493.6000
2008	475166.6	319244.6	522.7000
2009	610224.5	348517.7	519.0000
2010	725851.8	412119.3	536.1000
2011	851590.9	487940.2	565.0000
2012	974148.8	538580.0	579.7000
2013	1106525.	592963.2	594.8000
2014	1228375.	641280.6	606.7000
2015	1392278.	685992.9	615.2000
2016	1550067.	740060.8	627.5000
2017	1690235.	820754.3	637.5000
2018	1826744.	900309.5	650.9000

图 7-2　数据输入结果

（3）在“Quick”菜单中单击“Estimate Equation”，在“Method”中选择“Least Squares”，在“Equation specification”对话框中输入“Y C X1 X2”，如图 7－3 所示。

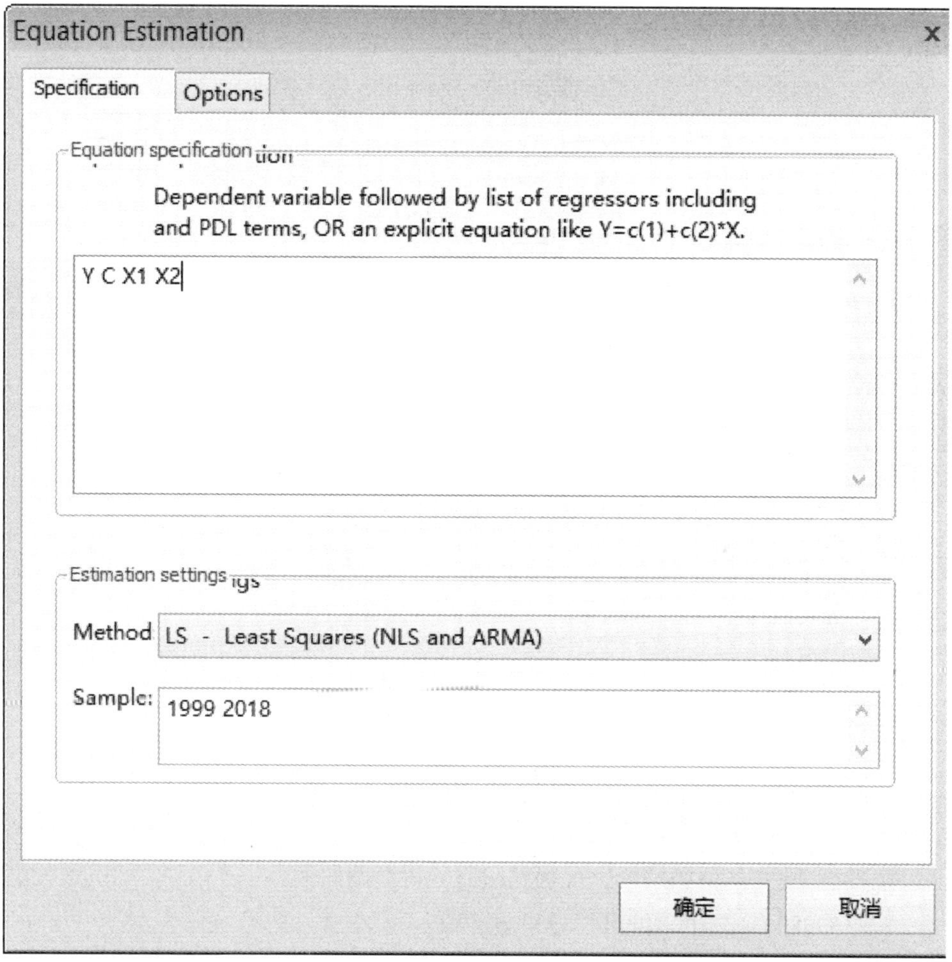

图 7－3　回归命令的输入

（4）单击“OK”，即出现回归结果，如图 7－4 所示。

Equation: UNTITLED Workfile: 实验七::Untitled\

View | Proc | Object | Print | Name | Freeze | Estimate | Forecast | Stats | Resids

Dependent Variable: Y
Method: Least Squares
Date: 08/14/19 Time: 16:48
Sample: 1999 2018
Included observations: 20

Variable	Coefficient	Std. Error	t-Statistic	Prob.
C	1333895.	320435.7	4.162754	0.0007
X1	3.169044	0.231604	13.68302	0.0000
X2	-3530.321	781.0758	-4.519818	0.0003

R-squared	0.996520	Mean dependent var	727606.5
Adjusted R-squared	0.996111	S.D. dependent var	564569.8
S.E. of regression	35207.22	Akaike info criterion	23.91337
Sum squared resid	2.11E+10	Schwarz criterion	24.06273
Log likelihood	-236.1337	Hannan-Quinn criter.	23.94253
F-statistic	2434.342	Durbin-Watson stat	0.924771
Prob(F-statistic)	0.000000		

图 7-4 回归结果

根据图 7-4 的回归结果，可得到回归分析模型如下：

$$\hat{Y} = 1333895 + 3.169044X1 - 3530.321X2$$

$$(4.142754)\ (13.68302)\ (-4.519818)$$

$$R^2 = 0.996520 \qquad \bar{R}^2 = 0.996111 \qquad F = 2434.342$$

（5）拟合优度检验。由图 7-4 得知，$R^2 = 0.996520$，修正的可决系数 $\bar{R}^2 = 0.996111$，这说明该模型对样本的拟合很好。

（6）F 检验。由图 7-4 的回归结果可知，回归模型的 F 值为 2434.342，在

5%的显著性水平下，F 统计量的临界值为 $F_{0.05}$（2，17）=3.59，所以有 $F=2434.342>F_{0.05}$（2，17）=3.59，所以回归方程通过 F 检验，方程显著成立。

（7）t 检验。由图 7-4 的估计结果可知，常数项、$X1$ 和 $X2$ 系数的参数估计的 t 值分别为：$t_0=4.162754$，$t_1=13.68302$，$t_2=-4.519818$。在 5%的显著性水平下，t 统计量的临界值为：$t_{0.025}$（17）=2.110，显然有 $|t_i|>t_{0.025}$（17），$i=0$，1，2。所以拒绝原假设，即回归方程的三个估计参数均显著，通过 t 检验。

（8）参数 95%的置信区间。由图 7-4 的结果可以看出 $S_{\hat{\beta}_0}=320435.7$，$S_{\hat{\beta}_1}=0.231604$，$S_{\hat{\beta}_2}=781.0758$。因为参数 95%的区间估计公式为：

$[\hat{\beta}_i-t_{\alpha/2}\times S_{\hat{\beta}_i},\ \hat{\beta}_i+t_{\alpha/2}\times S_{\hat{\beta}_i}]$，$i=0$，1，2

又因为在 $\alpha=0.05$ 的显著性水平下，$t_{0.025}$（17）=2.110，所以得到常数项的置信区间为：[133895-2.110×320435.7，1333895+2.110×320435.7]

于是，常数项 95%的置信区间为：[657775.673，2010014.327]

同样有：[3.169044-2.110×0.231604，3.169044+2.110×0.231604]

于是，X1 项系数 95%的置信区间为：[2.68035956，3.6578044]

同样有：[-3530.321-2.110×781.0758，-3530.321+2.110×781.0758]

于是，X2 项系数 95%的置信区间为：[-5178.390938，-1882.251062]

五、课后练习

表 7-2 是 1999~2018 年中国税收收入、国内生产总值（GDP）、商品零售价格指数（以 1978 年为 100 的定基指数）的统计数据。

表 7-2　1999~2018 年中国税收收入等数据

年份	中国税收收入 Y（亿元）	国内生产总值 X1（当年价格/亿元）	商品零售价格指数 X2（1978 年=100）
1999	10682.58	90564.4	359.8
2000	12581.51	100280.1	354.4
2001	15301.38	110863.1	351.6
2002	17636.45	121717.4	347.0
2003	20017.31	137422.0	346.7
2004	24165.68	161840.2	356.4
2005	28778.54	187318.9	359.3

续表

年份	中国税收收入 Y（亿元）	国内生产总值 X1（当年价格/亿元）	商品零售价格指数 X2（1978 年 = 100）
2006	34804.35	219438.5	362.9
2007	45621.97	270092.3	376.7
2008	54223.79	319244.6	398.9
2009	59521.59	348517.7	394.1
2010	73210.79	412119.3	406.3
2011	89738.39	487940.2	426.2
2012	100614.28	538580.0	434.7
2013	110530.70	592963.2	440.8
2014	119175.31	641280.6	445.2
2015	124922.20	685992.9	445.6
2016	130360.73	740060.8	448.7
2017	144369.87	820754.3	453.6
2018	156400.52	900309.5	462.2

运用 EViews 完成以下操作：

（1）估计回归方程的参数。

（2）对方程进行拟合优度检验、F 检验和 t 检验，并构造参数 95% 的置信区间。

实验八　基于 SPSS 的多元线性回归分析

多元线性回归分析在 SPSS 中的应用也是在一元线性回归操作的基础上进一步挖掘的结果，能解决多个自变量与一个因变量之间的线性回归关系问题。

一、实验目的

掌握多元线性回归的基本原理，学会使用 SPSS 进行多元线性回归模型的参数估计、统计检验以及置信区间的构建并能够运用多元线性回归模型解决一些实际的经济问题。

二、实验要求

熟悉使用 SPSS 进行多元线性回归模型的参数估计、统计检验和置信区间的建立等操作。

三、实验内容

试用 SPSS 完成与实验七相同的实验内容。

四、实验步骤

（1）首先将实验数据输入 SPSS 的数据视图界面，如图 8－1 所示。

（2）进行回归分析，选择菜单【分析】→【回归】→【线性】，如图 8－2 所示。

（3）在线性回归对话框中，将“货币供应量”选入因变量，将“国内生产总值”和“居民消费价格指数”选入自变量，方法选择默认方式“进入”，如图 8－3 所示。

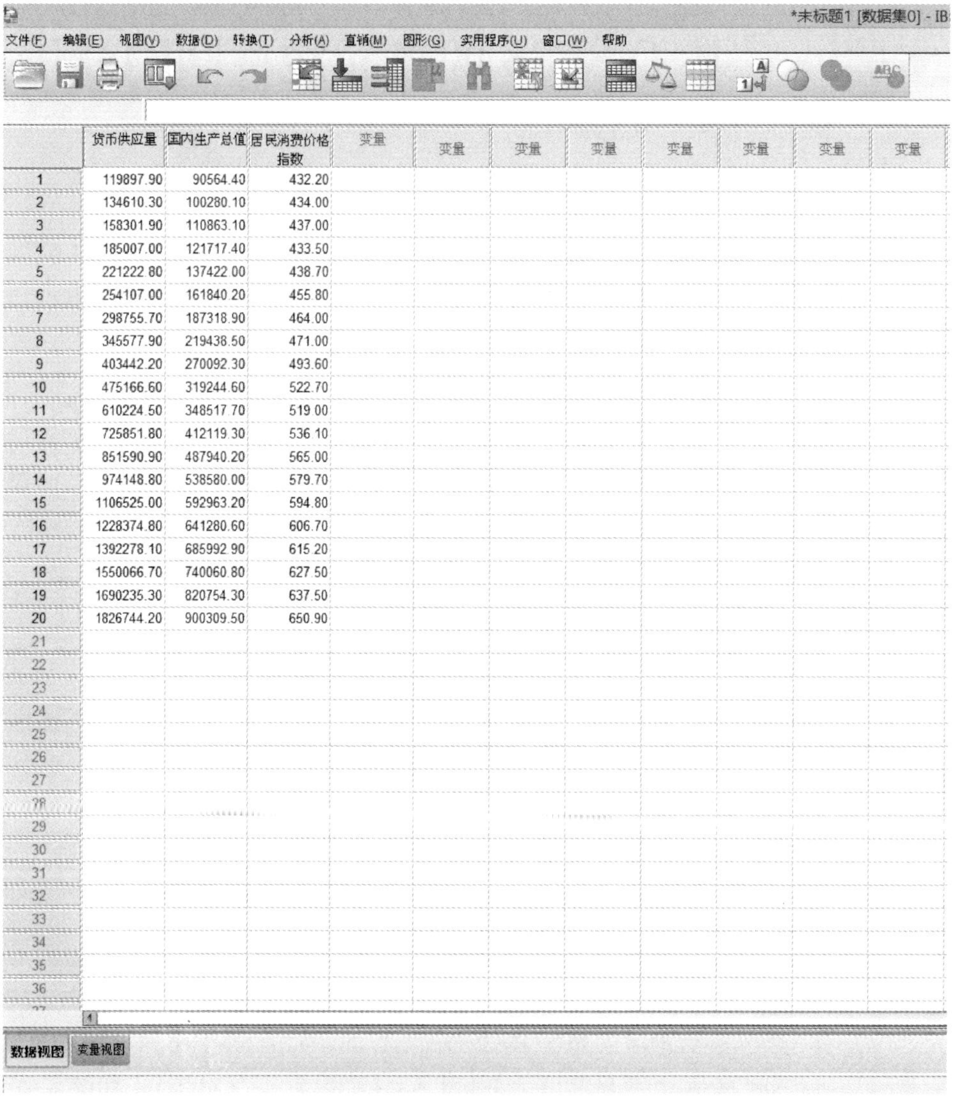

	货币供应量	国内生产总值	居民消费价格指数
1	119897.90	90564.40	432.20
2	134610.30	100280.10	434.00
3	158301.90	110863.10	437.00
4	185007.00	121717.40	433.50
5	221222.80	137422.00	438.70
6	254107.00	161840.20	455.80
7	298755.70	187318.90	464.00
8	345577.90	219438.50	471.00
9	403442.20	270092.30	493.60
10	475166.60	319244.60	522.70
11	610224.50	348517.70	519.00
12	725851.80	412119.30	536.10
13	851590.90	487940.20	565.00
14	974148.80	538580.00	579.70
15	1106525.00	592963.20	594.80
16	1228374.80	641280.60	606.70
17	1392278.10	685992.90	615.20
18	1550066.70	740060.80	627.50
19	1690235.30	820754.30	637.50
20	1826744.20	900309.50	650.90

图 8－1　数据输入结果

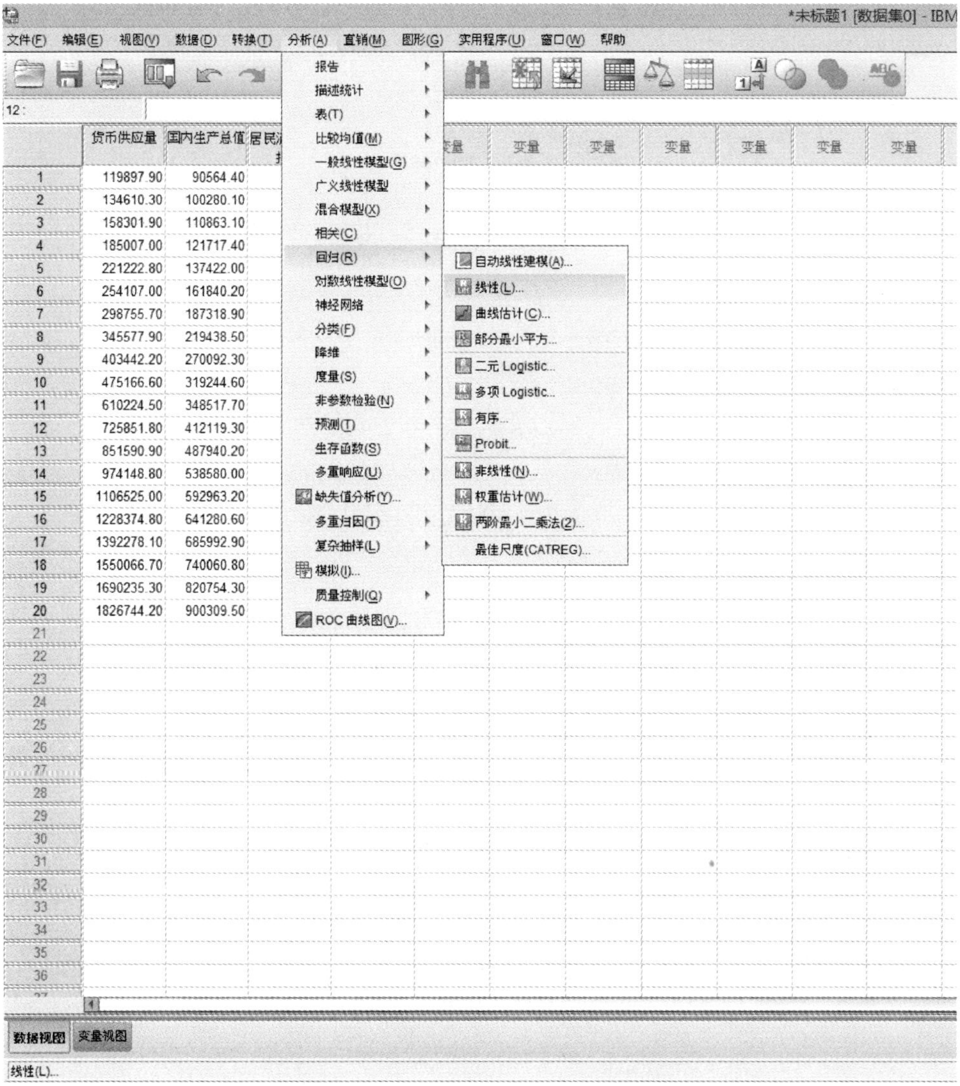
*未标题1 [数据集0] - IBM
文件(F) 编辑(E) 视图(V) 数据(D) 转换(T) 分析(A) 直销(M) 图形(G) 实用程序(U) 窗口(W) 帮助
报告
描述统计
表(T)
比较均值(M)
一般线性模型(G)
广义线性模型
混合模型(X)
相关(C)
回归(R)
对数线性模型(O)
神经网络
分类(F)
降维
度量(S)
非参数检验(N)
预测(T)
生存函数(S)
多重响应(U)
缺失值分析(Y)...
多重归因(T)
复杂抽样(L)
模拟(I)...
质量控制(Q)
ROC 曲线图(V)...
自动线性建模(A)...
线性(L)...
曲线估计(C)...
部分最小平方...
二元 Logistic...
多项 Logistic...
有序...
Probit...
非线性(N)...
权重估计(W)...
两阶最小二乘法(2)...
最佳尺度(CATREG)...
货币供应量
国内生产总值
居民
变量
1 119897.90 90564.40
2 134610.30 100280.10
3 158301.90 110863.10
4 185007.00 121717.40
5 221222.80 137422.00
6 254107.00 161840.20
7 298755.70 187318.90
8 345577.90 219438.50
9 403442.20 270092.30
10 475166.60 319244.60
11 610224.50 348517.70
12 725851.80 412119.30
13 851590.90 487940.20
14 974148.80 538580.00
15 1106525.00 592963.20
16 1228374.80 641280.60
17 1392278.10 685992.90
18 1550066.70 740060.80
19 1690235.30 820754.30
20 1826744.20 900309.50
数据视图 变量视图
线性(L)...

图 8-2 回归类型的选择（多元线性回归）

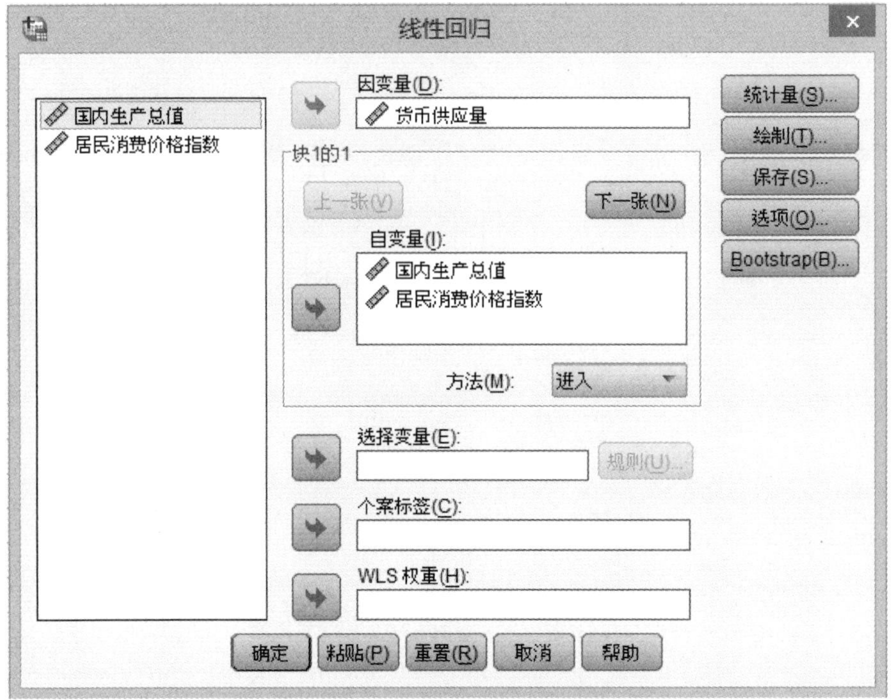

图 8 – 3　多元线性回归的变量选择

（4）点击【确定】，可以得到一元线性回归结果。其中表 8 – 1 为模型汇总，表 8 – 2 为方差分析表，表 8 – 3 为系数表。根据表 8 – 2 和表 8 – 3 的数据，可得到回归分析模型如下：

$$\hat{Y}_i = 1333894.945 + 3.169X1 - 3530.321X2$$
$$(4.163) \qquad (13.683) \qquad (-4.520)$$

$$R^2 = 0.997 \qquad \bar{R}^2 = 0.996 \qquad F = 2434.342$$

表 8 – 1　模型汇总

模型	R	R 方	调整 R 方	标准估计的误差
1	.998[a]	.997	.996	35207.21759

注：a. 预测变量：（常量），居民消费价格指数，国内生产总值。

表 8－2 Anova[a]

模型		平方和	df	均方	F	Sig.
1	回归	6034969322861.484	2	3017484661430.742	2434.342	.000[b]
	残差	21072318896.557	17	1239548170.386		
	总计	6056041641758.042	19			

注：a. 因变量：货币供应量。

b. 预测变量：（常量），居民消费价格指数，国内生产总值。

表 8－3 系数[a]

模型		非标准化系数		标准系数	t	Sig.
		B	标准误差	试用版		
1	（常量）	1333894.945	320435.689		4.163	.001
	国内生产总值	3.169	.232	1.481	13.683	.000
	居民消费价格指数	－3530.321	781.076	－.489	－4.520	.000

注：a. 因变量：货币供应量。

（5）拟合优度检验。由表 8－1 得知，$R^2=0.997$，修正的可决系数 $\bar{R}^2=0.996$，这说明该模型对样本的拟合很好。

（6）F 检验。由表 8－2 的回归结果可知，回归模型的 F 值为 2434.342，在 5% 的显著性水平下，F 统计量的临界值为 $F_{0.05}(2, 17)=3.59$，所以有 $F=2434.342>F_{0.05}(2, 17)=3.59$，因此回归方程通过 F 检验，方程显著成立。

（7）t 检验。由表 8－3 的估计结果可知，常数项、$X1$ 和 $X2$ 系数的参数估计的 t 值分别为：$t_0=4.163$，$t_1=13.683$，$t_2=-4.520$。在 5% 的显著性水平下，t 统计量的临界值为：$t_{0.025}(17)=2.110$，显然有 $|t_i|>t_{0.025}(17)$，$i=0, 1, 2$。所以拒绝原假设，即回归方程的三个估计参数均显著，通过 t 检验。

（8）参数 95% 的置信区间。由表 8－3 的结果可以看出 $S_{\hat{\beta}_0}=320435.689$，$S_{\hat{\beta}_1}=0.232$，$S_{\hat{\beta}_2}=781.076$。因为参数 95% 的区间估计公式为：

$$[\hat{\beta}_i-t_{\alpha/2}\times S_{\hat{\beta}_i},\ \hat{\beta}_i+t_{\alpha/2}\times S_{\hat{\beta}_i}],\ i=0, 1, 2$$

又因为在 $\alpha=0.05$ 的显著性水平下，$t_{0.025}(17)=2.110$，所以得到常数项的置信区间为：$[1333894.945-2.110\times320435.689, 1333894.945+2.110\times320435.689]$

于是，常数项 95% 的置信区间为：[657775. 64121，2010014. 24879]

同样有：[1333894. 945 - 2. 110 × 320435. 689，1333894. 945 + 2. 110 × 320435. 689]

于是，常数项的 95% 的置信区间为：[657775. 64121，2010014. 24879]

同样有：[3. 169 - 2. 110 × 0. 232，3. 169 + 2. 110 × 0. 232]

X1 项系数 95% 的置信区间为：[2. 67948，3. 65852]

同样有：[- 3530. 321 - 2. 110 × 781. 076，- 3530. 321 + 2. 110 × 781. 076]

X2 项系数 95% 的置信区间为：[- 5178. 39136，- 1882. 25064]

五、课后练习

请使用 SPSS 完成与实验七课后练习相同的实验内容。

实验九　基于 EViews 的多重共线性分析

回归分析是基于因变量与自变量之间的相关关系而进一步开展的数量关系研究，但如果自变量之间出现相关关系就会严重影响回归分析的效果。本实验能帮助我们解决在回归分析中遇到的多重共线的检验和补救问题。

一、实验目的

掌握线性回归模型中多重共线性的检验方法和补救措施，学会使用 EViews 解决回归分析出现的多重共线性问题。

二、实验要求

熟悉使用 EViews 进行线性回归模型中多重共线性的检验和补救操作。

三、实验内容

表 9－1 是 2008～2017 年贵州省城镇居民人均消费支出 Y、城镇居民人均可支配收入 X1、地区生产总值 X2、零售商品价格指数 X3 以及人口自然增长率 X4 的统计数据。

表 9－1　2008～2017 年贵州省城镇居民人均消费支出及其影响因素数据

年份	城镇居民人均消费支出 Y（元）	城镇居民人均可支配收入 X1（元）	地区生产总值 X2（亿元）	零售商品价格指数 X3（%）	人口自然增长率 X4（‰）
2008	8349	11759	3561.56	107.2	6.72
2009	9048	12863	3912.68	97.6	6.96
2010	10058.29	14142.74	4602.16	103	7.41
2011	11353	16495	5701.84	105.5	6.38

续表

年份	城镇居民人均消费支出 Y（元）	城镇居民人均可支配收入 X1（元）	地区生产总值 X2（亿元）	零售商品价格指数 X3（%）	人口自然增长率 X4（‰）
2012	12585.7	18700.51	6852.2	102	6.31
2013	13702.87	20667	8116.34	101.5	5.9
2014	15255	22548	9300.52	101.2	5.8
2015	16914	24580	10541	100.1	5.8
2016	19202	26743	11792.35	100.2	6.5
2017	20348	29080	13540.83	100.9	7.1

（1）用 OLS 估计线性回归模型，并采用适当的方法检验多重共线性。

（2）用逐步回归法确定一个较好的回归模型。

四、实验步骤

（1）建立工作文件并录入数据，文件命名为“实验九”，如图 9－1 所示。

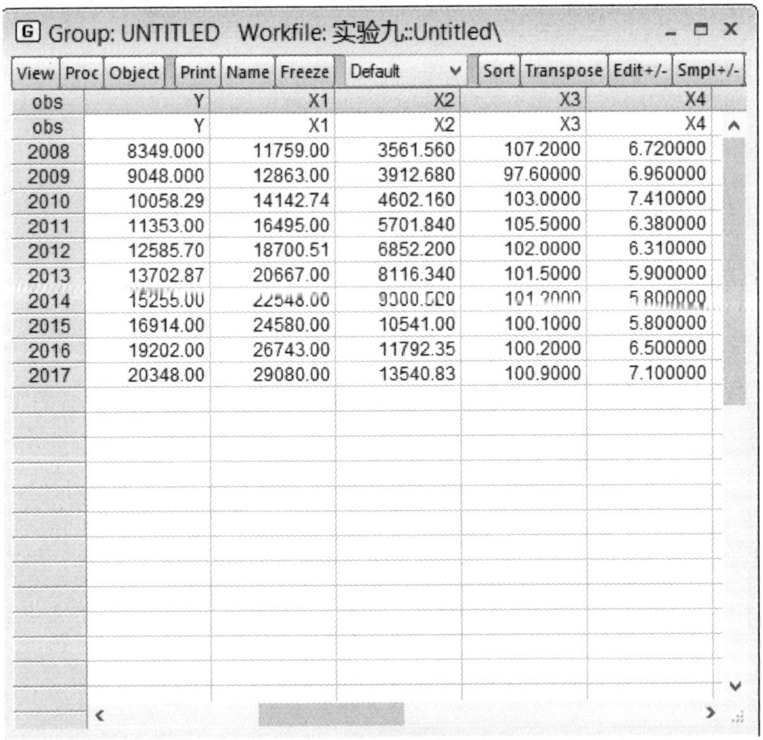

G Group: UNTITLED Workfile: 实验九::Untitled\

View | Proc | Object | Print | Name | Freeze | Default | Sort | Transpose | Edit+/- | Smpl+/-

obs	Y	X1	X2	X3	X4
obs	Y	X1	X2	X3	X4
2008	8349.000	11759.00	3561.560	107.2000	6.720000
2009	9048.000	12863.00	3912.680	97.60000	6.960000
2010	10058.29	14142.74	4602.160	103.0000	7.410000
2011	11353.00	16495.00	5701.840	105.5000	6.380000
2012	12585.70	18700.51	6852.200	102.0000	6.310000
2013	13702.87	20667.00	8116.340	101.5000	5.900000
2014	15255.00	22548.00	9300.520	101.2000	5.800000
2015	16914.00	24580.00	10541.00	100.1000	5.800000
2016	19202.00	26743.00	11792.35	100.2000	6.500000
2017	20348.00	29080.00	13540.83	100.9000	7.100000

图 9－1 数据输入结果

（2）在“Quick”菜单中单击“Estimate Equation”，在“Method”中选择“Least Squares”，在“Equation specification”对话框中输入“Y C X1 X2 X3 X4”，单击“OK”，即出现回归结果，如图 9 - 2 所示。

Equation: UNTITLED　Workfile: 实验九::Untitled\

View | Proc | Object | Print | Name | Freeze | Estimate | Forecast | Stats | Resids

Dependent Variable: Y
Method: Least Squares
Date: 08/16/19　Time: 11:00
Sample: 2008 2017
Included observations: 10

Variable	Coefficient	Std. Error	t-Statistic	Prob.
C	-1844.563	6959.617	-0.265038	0.8016
X1	0.501095	0.371623	1.348396	0.2354
X2	0.360629	0.631684	0.570900	0.5928
X3	1.722090	47.38117	0.036345	0.9724
X4	406.9067	278.4536	1.461309	0.2038

R-squared	0.996196	Mean dependent var	13681.59
Adjusted R-squared	0.993153	S.D. dependent var	4183.284
S.E. of regression	346.1430	Akaike info criterion	14.83843
Sum squared resid	599074.9	Schwarz criterion	14.98973
Log likelihood	-69.19217	Hannan-Quinn criter.	14.67247
F-statistic	327.3791	Durbin-Watson stat	2.060255
Prob(F-statistic)	0.000003		

图 9 - 2　回归结果

根据图 9 - 2 的回归结果，可得到以下模型：

$$\hat{Y}_i = -1844.563 + 0.501095X1 + 0.360629X2 + 1.722090X3 + 406.9067X4$$

（-0.265038）　（1.348396）　（0.570900）　（0.036345）　（1.461309）

$R^2 = 0.996196$　$\bar{R}^2$　0.993153　$F = 327.3791$

（3）多重共线性的检验。

1）直观判断法。该模型的拟合优度很高，$R^2 = 0.996196$，其中 $F = 327.3791$，方程整体也通过显著性检验。但模型中各个参数均不通过检验，即使是在 10% 的显著性水平下，也没有系数通过检验，故认为该模型自变量之间可能存在严重的多重共线性问题。

2）简单相关系数检验法。为进一步检验该模型是否存在多重共线性问题，可计算出自变量 X1、X2、X3、X4 的简单相关系数矩阵。选中 X1、X2、X3、X4，产生一个组，然后点击"View \ Covariance Analysis"，在"Statistics"菜单下选中"Correlation"，即得到相关系数矩阵，如图 9－3 所示。

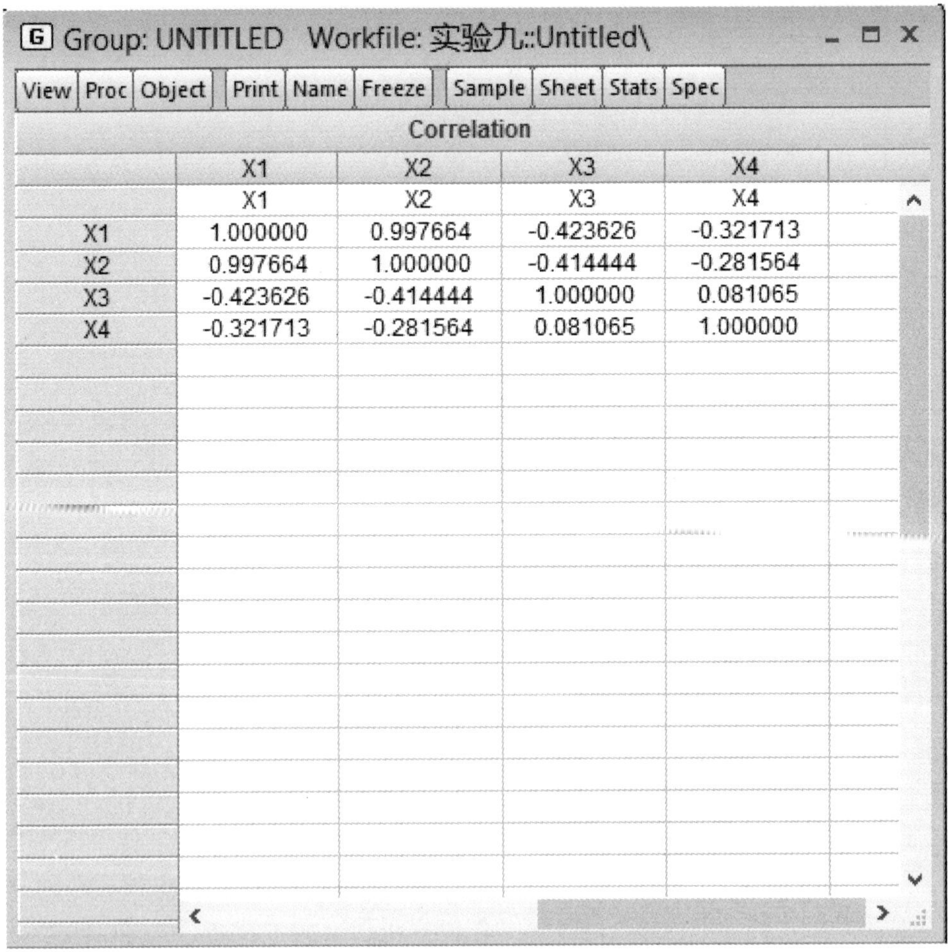

Group: UNTITLED　Workfile: 实验九::Untitled\

View | Proc | Object | Print | Name | Freeze | Sample | Sheet | Stats | Spec

Correlation

	X1	X2	X3	X4
	X1	X2	X3	X4
X1	1.000000	0.997664	-0.423626	-0.321713
X2	0.997664	1.000000	-0.414444	-0.281564
X3	-0.423626	-0.414444	1.000000	0.081065
X4	-0.321713	-0.281564	0.081065	1.000000

图 9－3　相关系数矩阵

从图 9－3 的相关系数矩阵可以看出，各自变量之间存在一定的相关关系，特别是 X1 和 X2 之间高度相关，证明该模型自变量之间存在多重共线性问题。

3）方差膨胀因子法。EViews 软件还提供专门的方差膨胀因子计算功能。在“Equation”回归结果中单击“View \ Coefficient \ Diagnostics \ Variance Inflation Factors”，即可得到图 9－4 的计算结果，其中“Centered VIF”为方差膨胀因子（VIF）。

Equation: UNTITLED　Workfile: 实验九::Untitled\

View | Proc | Object | Print | Name | Freeze | Estimate | Forecast | Stats | Resids

Variance Inflation Factors
Date: 08/16/19　Time: 11:33
Sample: 2008 2017
Included observations: 10

Variable	Coefficient Variance	Uncentered VIF	Centered VIF
C	48436273	4042.589	NA
X1	0.138104	4871.167	371.5812
X2	0.399025	2379.658	357.5540
X3	2244.976	1947.627	1.284160
X4	77536.38	274.2417	1.836023

图 9－4　方差膨胀因子的计算结果

一般方差膨胀因子 $VIF_j \geq 10$，通常认为该自变量与其他自变量之间有严重的多重共线性，图 9 - 4 中 X1 和 X2 的方差膨胀因子远大于 10，表明存在严重的多重共线性问题。

（4）多重共线性的补救。本实验选用逐步回归法来解决多重共线性问题。

第一步，运用 OLS 方法分别进行 Y 对各解析变量 X1、X2、X3、X4 的一元回归。四个方程的回归结果详见图 9 - 5 至图 9 - 8，再结合统计检验选出拟合效果好的一元线性回归方程。

按照逐步回归法的步骤，通过一元回归结果图 9 - 5 至图 9 - 8 进行对比分析，依据调整可决系数最大原则，X1 和 X2 的可决系数都大于 0.99。但根据西方经济中消费模型的构建，这里优先选择 X1，即城镇居民可支配收入进入回归模型的第一个解析变量，形成一元回归模型。

第二步，将剩余自变量分别加入模型，得到如图 9 - 9 至图 9 - 11 所示的二元回归结果。

Equation: UNTITLED Workfile: 实验九::Untitled\

View | Proc | Object | Print | Name | Freeze | Estimate | Forecast | Stats | Resids

Dependent Variable: Y
Method: Least Squares
Date: 08/16/19 Time: 11:43
Sample: 2008 2017
Included observations: 10

Variable	Coefficient	Std. Error	t-Statistic	Prob.
C	-72.00503	459.2571	-0.156786	0.8793
X1	0.696109	0.022340	31.15950	0.0000

R-squared	0.991828	Mean dependent var	13081.59
Adjusted R-squared	0.990806	S.D. dependent var	4183.284
S.E. of regression	401.1125	Akaike info criterion	15.00322
Sum squared resid	1287130.	Schwarz criterion	15.06373
Log likelihood	-73.01609	Hannan-Quinn criter.	14.93683
F-statistic	970.9145	Durbin-Watson stat	0.973775
Prob(F-statistic)	0.000000		

图 9 - 5　X1 与 Y 的一元回归结果

Equation: UNTITLED　Workfile: 实验九::Untitled\

View | Proc | Object | Print | Name | Freeze | Estimate | Forecast | Stats | Resids

Dependent Variable: Y
Method: Least Squares
Date: 08/16/19　Time: 11:44
Sample: 2008 2017
Included observations: 10

Variable	Coefficient	Std. Error	t-Statistic	Prob.
C	4270.905	274.0695	15.58329	0.0000
X2	1.207713	0.032423	37.24911	0.0000

R-squared	0.994267	Mean dependent var	13681.59
Adjusted R-squared	0.993551	S.D. dependent var	4183.284
S.E. of regression	335.9497	Akaike info criterion	14.64866
Sum squared resid	902897.7	Schwarz criterion	14.70917
Log likelihood	-71.24328	Hannan-Quinn criter.	14.58227
F-statistic	1387.496	Durbin-Watson stat	2.078941
Prob(F-statistic)	0.000000		

图 9-6　X2 与 Y 的一元回归结果

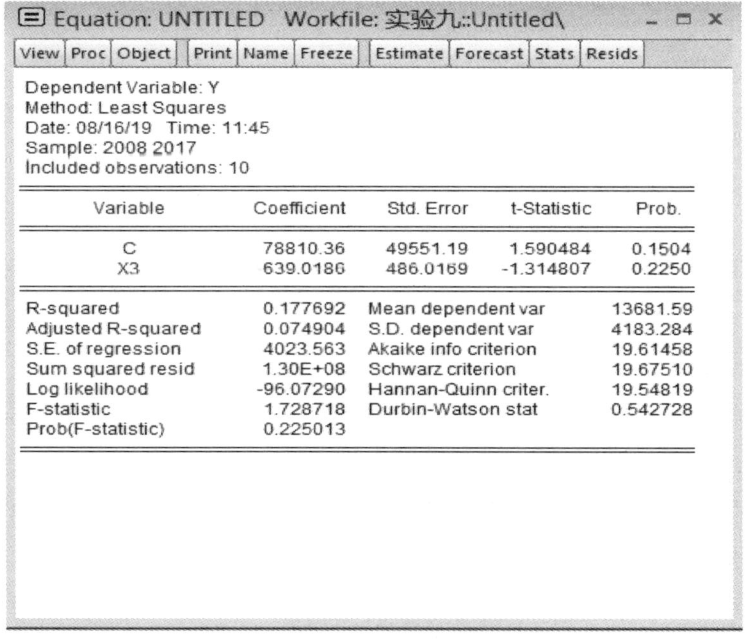

Equation: UNTITLED　Workfile: 实验九::Untitled\

View | Proc | Object | Print | Name | Freeze | Estimate | Forecast | Stats | Resids

Dependent Variable: Y
Method: Least Squares
Date: 08/16/19　Time: 11:45
Sample: 2008 2017
Included observations: 10

Variable	Coefficient	Std. Error	t-Statistic	Prob.
C	78810.36	49551.19	1.590484	0.1504
X3	639.0186	486.0169	-1.314807	0.2250

R-squared	0.177692	Mean dependent var	13681.59
Adjusted R-squared	0.074904	S.D. dependent var	4183.284
S.E. of regression	4023.563	Akaike info criterion	19.61458
Sum squared resid	1.30E+08	Schwarz criterion	19.67510
Log likelihood	-96.07290	Hannan-Quinn criter.	19.54819
F-statistic	1.728718	Durbin-Watson stat	0.542728
Prob(F-statistic)	0.225013		

图 9-7　X3 与 Y 的一元回归结果

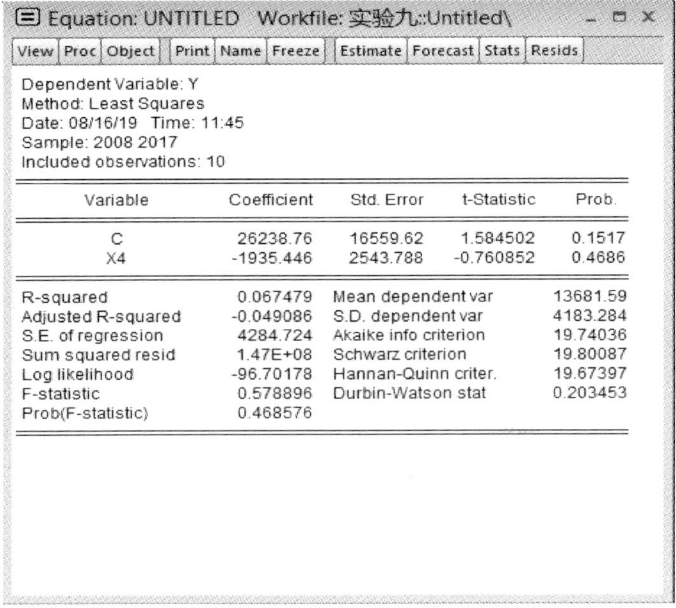

Equation: UNTITLED Workfile: 实验九::Untitled\

View | Proc | Object | Print | Name | Freeze | Estimate | Forecast | Stats | Resids

Dependent Variable: Y
Method: Least Squares
Date: 08/16/19 Time: 11:45
Sample: 2008 2017
Included observations: 10

Variable	Coefficient	Std. Error	t-Statistic	Prob.
C	26238.76	16559.62	1.584502	0.1517
X4	-1935.446	2543.788	-0.760852	0.4686

R-squared	0.067479	Mean dependent var	13681.59
Adjusted R-squared	-0.049086	S.D. dependent var	4183.284
S.E. of regression	4284.724	Akaike info criterion	19.74036
Sum squared resid	1.47E+08	Schwarz criterion	19.80087
Log likelihood	-96.70178	Hannan-Quinn criter.	19.67397
F-statistic	0.578896	Durbin-Watson stat	0.203453
Prob(F-statistic)	0.468576		

图 9-8 X4 与 Y 的一元回归结果

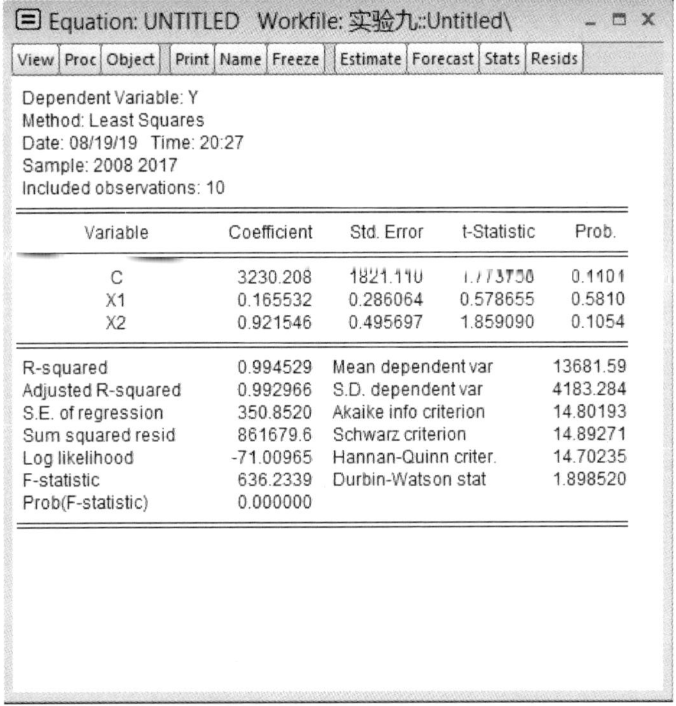

Equation: UNTITLED Workfile: 实验九::Untitled\

View | Proc | Object | Print | Name | Freeze | Estimate | Forecast | Stats | Resids

Dependent Variable: Y
Method: Least Squares
Date: 08/19/19 Time: 20:27
Sample: 2008 2017
Included observations: 10

Variable	Coefficient	Std. Error	t-Statistic	Prob.
C	3230.208	1821.110	1.773750	0.1101
X1	0.165532	0.286064	0.578655	0.5810
X2	0.921546	0.495697	1.859090	0.1054

R-squared	0.994529	Mean dependent var	13681.59
Adjusted R-squared	0.992966	S.D. dependent var	4183.284
S.E. of regression	350.8520	Akaike info criterion	14.80193
Sum squared resid	861679.6	Schwarz criterion	14.89271
Log likelihood	-71.00965	Hannan-Quinn criter.	14.70235
F-statistic	636.2339	Durbin-Watson stat	1.898520
Prob(F-statistic)	0.000000		

图 9-9 X1、X2 与 Y 的二元回归结果

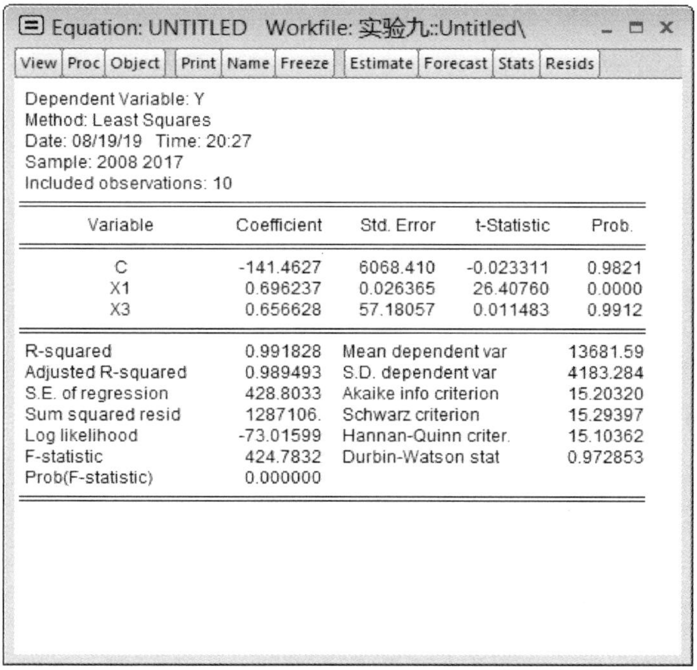

Equation: UNTITLED　Workfile: 实验九::Untitled\

View | Proc | Object | Print | Name | Freeze | Estimate | Forecast | Stats | Resids

Dependent Variable: Y
Method: Least Squares
Date: 08/19/19　Time: 20:27
Sample: 2008 2017
Included observations: 10

Variable	Coefficient	Std. Error	t-Statistic	Prob.
C	-141.4627	6068.410	-0.023311	0.9821
X1	0.696237	0.026365	26.40760	0.0000
X3	0.656628	57.18057	0.011483	0.9912

R-squared	0.991828	Mean dependent var	13681.59
Adjusted R-squared	0.989493	S.D. dependent var	4183.284
S.E. of regression	428.8033	Akaike info criterion	15.20320
Sum squared resid	1287106.	Schwarz criterion	15.29397
Log likelihood	-73.01599	Hannan-Quinn criter.	15.10362
F-statistic	424.7832	Durbin-Watson stat	0.972853
Prob(F-statistic)	0.000000		

图 9－10　X1、X3 与 Y 的二元回归结果

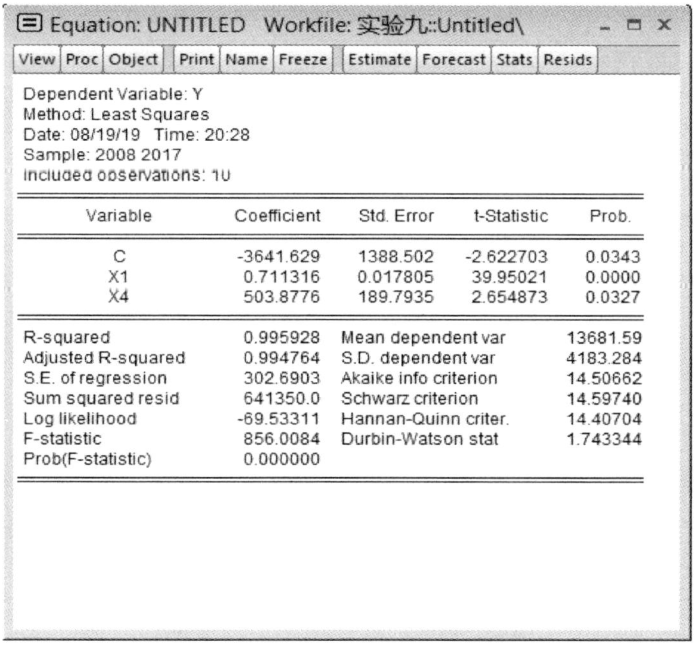

Equation: UNTITLED　Workfile: 实验九::Untitled\

View | Proc | Object | Print | Name | Freeze | Estimate | Forecast | Stats | Resids

Dependent Variable: Y
Method: Least Squares
Date: 08/19/19　Time: 20:28
Sample: 2008 2017
Included observations: 10

Variable	Coefficient	Std. Error	t-Statistic	Prob.
C	-3641.629	1388.502	-2.622703	0.0343
X1	0.711316	0.017805	39.95021	0.0000
X4	503.8776	189.7935	2.654873	0.0327

R-squared	0.995928	Mean dependent var	13681.59
Adjusted R-squared	0.994764	S.D. dependent var	4183.284
S.E. of regression	302.6903	Akaike info criterion	14.50662
Sum squared resid	641350.0	Schwarz criterion	14.59740
Log likelihood	-69.53311	Hannan-Quinn criter.	14.40704
F-statistic	856.0084	Durbin-Watson stat	1.743344
Prob(F-statistic)	0.000000		

图 9－11　X1、X4 与 Y 的二元回归结果

通过观察比较图 9－9 至图 9－11 所示结果，并根据逐步回归的思想，可以看到新加入变量 X4 的二元回归方程可决系数 0.995928 最大，并且各参数的 T 检验结果显著，因此保留变量 X4。

第三步，在保留变量 X1 和 X4 的基础上，继续进行逐步回归，分别得到图 9－12 至图 9－13 所示的三元回归结果。

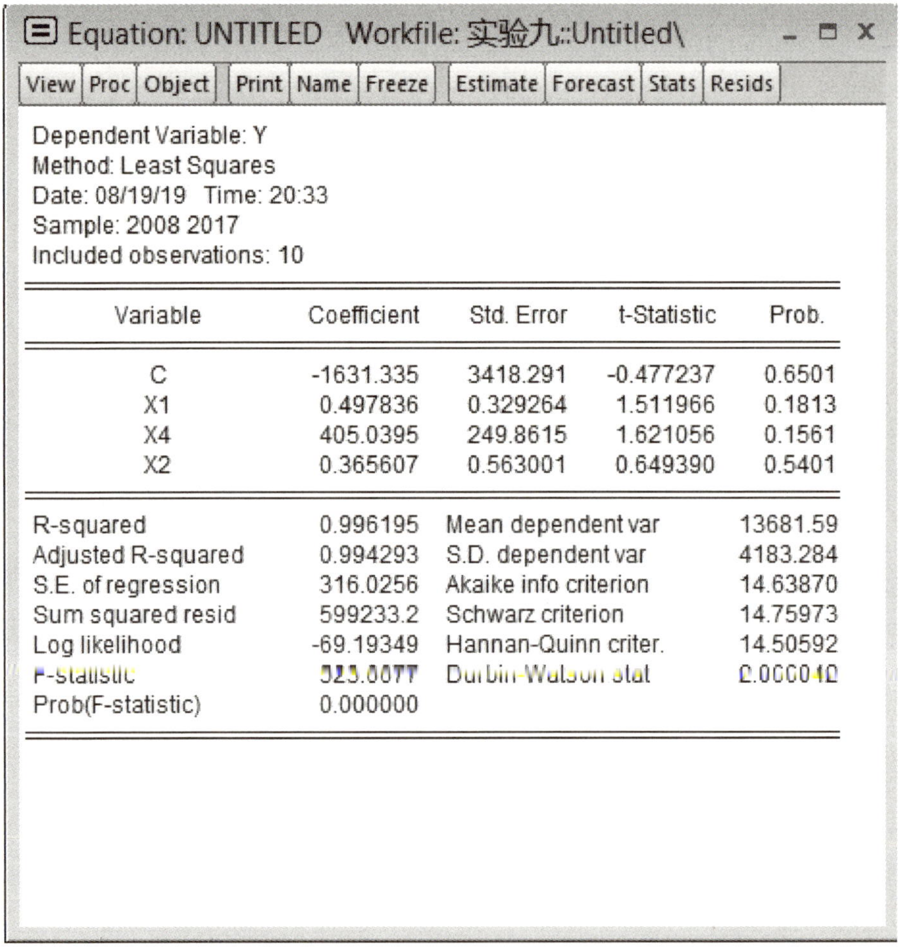

Equation: UNTITLED　Workfile: 实验九::Untitled\

View | Proc | Object | Print | Name | Freeze | Estimate | Forecast | Stats | Resids

Dependent Variable: Y
Method: Least Squares
Date: 08/19/19 Time: 20:33
Sample: 2008 2017
Included observations: 10

Variable	Coefficient	Std. Error	t-Statistic	Prob.
C	-1631.335	3418.291	-0.477237	0.6501
X1	0.497836	0.329264	1.511966	0.1813
X4	405.0395	249.8615	1.621056	0.1561
X2	0.365607	0.563001	0.649390	0.5401

R-squared	0.996195	Mean dependent var	13681.59
Adjusted R-squared	0.994293	S.D. dependent var	4183.284
S.E. of regression	316.0256	Akaike info criterion	14.63870
Sum squared resid	599233.2	Schwarz criterion	14.75973
Log likelihood	-69.19349	Hannan-Quinn criter.	14.50592
F-statistic	523.6077	Durbin-Watson stat	[illegible]
Prob(F-statistic)	0.000000		

图 9－12　X1、X4、X2 与 Y 的三元回归结果

Equation: UNTITLED　Workfile: 实验九::Untitled\

View | Proc | Object | Print | Name | Freeze | Estimate | Forecast | Stats | Resids

Dependent Variable: Y
Method: Least Squares
Date: 08/19/19　Time: 20:34
Sample: 2008 2017
Included observations: 10

Variable	Coefficient	Std. Error	t-Statistic	Prob.
C	-4460.507	4935.329	-0.903791	0.4009
X1	0.712867	0.021152	33.70281	0.0000
X4	506.1747	204.9096	2.470234	0.0484
X3	7.587542	43.57827	0.174113	0.8675

R-squared	0.995948	Mean dependent var	13681.59
Adjusted R-squared	0.993923	S.D. dependent var	4183.284
S.E. of regression	326.1201	Akaike info criterion	14.70158
Sum squared resid	638125.8	Schwarz criterion	14.82262
Log likelihood	-69.50791	Hannan-Quinn criter.	14.56881
F-statistic	491.6292	Durbin-Watson stat	1.727596
Prob(F-statistic)	0.000000		

图 9－13　X1、X4、X3 与 Y 的三元回归结果

由图 9－12 可以看出，在 X1 和 X4 的基础上加入 X2 后可决系数略有改进，但是 X2 的参数 T 检验不显著。由图 9－13 可以看出，在 X1 和 X4 的基础上加入 X3 后可决系数基本没有变化，而且 X3 参数的 T 检验结果不显著。这说明 X2 和 X3 引起多重共线性，应当予以剔除。因此，本案例最后应保留的变量是 X1 和 X4，相应的回归结果为：

$$\hat{Y}_i = -3641.629 + 0.711316X1 + 503.8776X4$$

$$(-2.622703) \qquad (39.95021) \qquad (2.654873)$$

$$R^2 = 0.995928 \quad \bar{R}^2 = 0.994764 \quad F = 856.0084$$

由综合判断法知，上述回归结果基本上消除了多重共线性。

五、课后练习

表 9 – 2 是 2000 ~ 2018 年中国一般公共预算收入 Y、国内生产总值 X1、税收总额 X2、工业增加值 X3 的统计数据。

表 9 – 2　2000 ~ 2018 年中国一般公共预算收入及其影响因素数据

单位：亿元

年份	一般公共预算收入	国内生产总值	税收总额	工业增加值
2000	13395. 23	100280. 1	12581. 51	40259. 7
2001	16386. 04	110863. 1	15301. 38	43855. 6
2002	18903. 64	121717. 4	17636. 45	47776. 6
2003	21715. 25	137422. 0	20017. 31	55363. 8
2004	26396. 47	161840. 2	24165. 68	65776. 8
2005	31649. 29	187318. 9	28778. 54	77960. 5
2006	38760. 20	219438. 5	34804. 35	92238. 4
2007	51321. 78	270232. 3	45621. 97	111693. 9
2008	61330. 35	319515. 5	54223. 79	131727. 6
2009	68518. 30	349081. 4	59521. 59	138095. 5
2010	83101. 51	413030. 3	73210. 79	165126. 4
2011	103874. 43	489300. 6	89738. 39	195142. 8
2012	117253. 00	540367. 4	100614. 28	208905. 6
2013	129209. 64	595244. 4	110530. 70	222337. 6
2014	140370. 03	643974. 0	119175. 31	233856. 4
2015	152269. 23	689052. 1	124922. 20	236506. 3
2016	159604. 97	744127. 2	130360. 73	247860. 1
2017	172567	820754. 3	144369. 87	279997
2018	183352	900309. 5	156400. 52	305160

（1）用 OLS 估计线性回归模型，并采用适当的方法检验多重共线性。

（2）用逐步回归法确定一个较好的回归模型。

实验十　基于 SPSS 的多重共线性分析

回归分析中出现的多重共线性问题，需要得到检验和补救才能使回归模型的效果更好。本实验尝试使用 SPSS 来解决以上问题。

一、实验目的

掌握线性回归模型中多重共线性的检验方法与补救措施，学会使用 SPSS 解决回归分析中出现的多重共线性问题。

二、实验要求

熟悉使用 SPSS 进行线性回归模型中多重共线性的检验和补救操作。

三、实验内容

试用 SPSS 软件完成与实验九相同的实验内容。

四、实验步骤

（1）首先将实验数据输入 SPSS 的数据视图界面，如图 10－1 所示。由于本实验变量较多，便于后面自变量的筛选，也为了更好地识别各个变量，在每个变量标签上表明“城镇居民人均消费支出”为 Y，“城镇居民人均可支配收入”为 X1，“地区生产总值”为 X2，“零售商品指数”为 X3，“人口自然增长率”为 X4。

*未标题1 [数据集

文件(F) 编辑(E) 视图(V) 数据(D) 转换(T) 分析(A) 直销(M) 图形(G) 实用程序(U) 窗口(W) 帮助

	城镇居民人均消费支出	城镇居民人均可支配收入	地区生产总值	零售商品指数	人口自然增长率
1	8349.00	11759.00	3561.56	107.20	6.72
2	9048.00	12863.00	3912.68	97.60	6.96
3	10058.29	14142.74	4602.16	103.00	7.41
4	11353.00	16495.00	5701.84	105.50	6.38
5	12585.70	18700.51	6852.20	102.00	6.31
6	13702.87	20667.00	8116.34	101.50	5.90
7	15255.00	22548.00	9300.52	101.20	5.80
8	16914.00	24580.00	10541.00	100.10	5.80
9	19202.00	26743.00	11792.35	100.20	6.50
10	20348.00	29080.00	13540.83	100.90	7.10

数据视图 变量视图

图 10－1 数据输入结果

（2）进行回归分析，选择菜单【分析】→【回归】→【线性】。在线性回归对话框中，将 Y 选入因变量，将 X1、X2、X3、X4 选入自变量，方法选择默认方式“进入”，如图 10－2 所示。

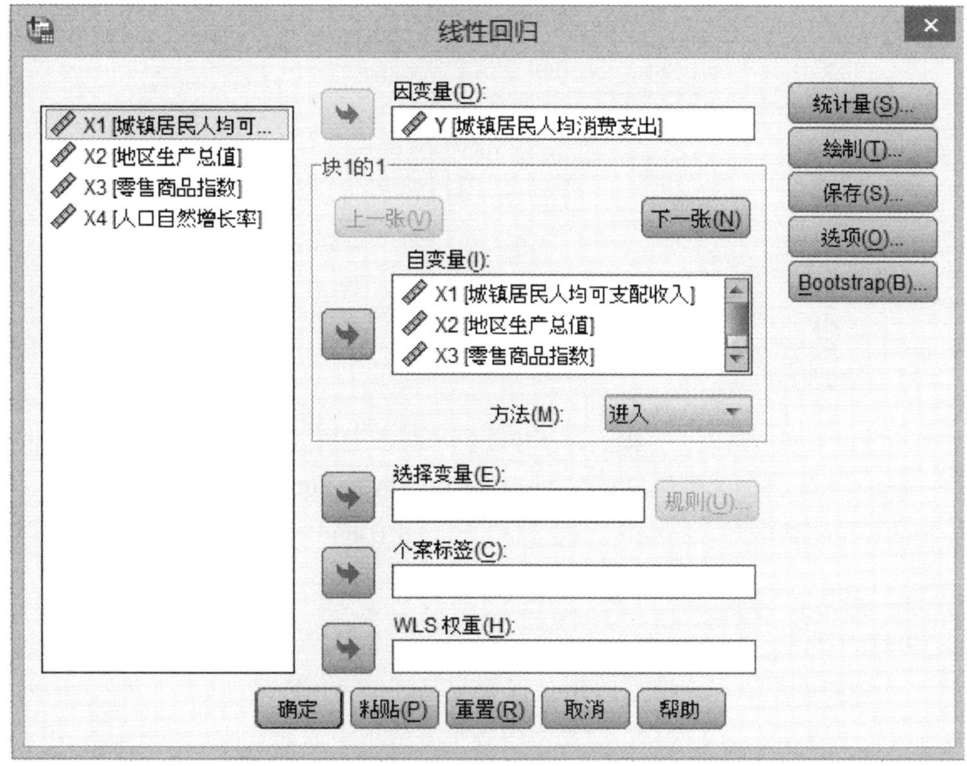

图 10－2 线性回归的变量选择（四元线性回归）

（3）得到回归结果如表 10－1 至表 10－3 所示。

表 10－1 模型汇总

模型	R	R 方	调整 R 方	标准估计的误差
1	.998[a]	.996	.993	346.14302

注：a. 预测变量：(常量)，X4，X3，X2，X1。

表 10－2 Anova[a]

模型		平方和	df	均方	F	Sig.
1	回归	156899701.763	4	39224925.441	327.379	.000[b]
	残差	599074.934	5	119814.987		
	总计	157498776.697	9			

注：a. 因变量：Y。

b. 预测变量：(常量)，X4，X3，X2，X1。

表 10－3　系数[a]

模型		非标准化系数		标准系数	t	Sig.
		B	标准误差	试用版		
1	（常量）	－1844. 563	6959. 617		－. 265	. 802
	X1	. 501	. 372	. 717	1. 348	. 235
	X2	. 361	. 632	. 298	. 571	. 593
	X3	1. 722	47. 381	. 001	. 036	. 972
	X4	406. 907	278. 454	. 055	1. 461	. 204

注：a. 因变量：Y。

根据以上回归结果，可得到以下模型：

$$\hat{Y}_i = -1844.563 + 0.501X1 + 0.361X2 + 1.722X3 + 406.907X4$$

$$(-0.265)\qquad(1.348)\qquad(0.571)\qquad(0.036)\qquad(1.461)$$

$$R^2 = 0.996 \quad \bar{R}^2 = 0.993 \quad F = 327.379$$

（4）多重共线性的检验。

1）直观判断法。该模型的拟合优度很高，$R^2 = 0.996$，其中 F = 327. 379，方程整体也通过显著性检验。但模型中各个参数均不通过检验，即使是在 10% 的显著性水平下，也没有系数通过检验，故认为该模型自变量之间可能存在严重的多重共线性问题。

2）简单相关系数检验法。为进一步检验该模型是否存在多重共线性问题，可计算出各自变量的简单相关系数矩阵。选择菜单【分析】→【相关】→【双变量】，计算简单相关系数。在“双变量相关”对话框中，将 X1、X2、X3、X4 选入变量框，选择相关系数为 Pearson 相关系数，显著性检验中选择双侧检验，并单击“确定”，结果如表 10－4 所示。

表 10－4　相关性

		X1	X2	X3	X4
X1	Pearson 相关性	1	. 998 **	－. 424	－. 322
	显著性（双侧）		. 000	. 222	. 365
	N	10	10	10	10
X2	Pearson 相关性	. 998 **	1	－. 414	－. 282
	显著性（双侧）	. 000		. 234	. 431
	N	10	10	10	10

续表

		X1	X2	X3	X4
X3	Pearson 相关性	-.424	-.414	1	.081
	显著性（双侧）	.222	.234		.824
	N	10	10	10	10
X4	Pearson 相关性	-.322	-.282	.081	1
	显著性（双侧）	.365	.431	.824	
	N	10	10	10	10

注：＊＊在 0.01 水平（双侧）上显著相关。

从表 10－4 的相关系数矩阵可以看出，各自变量之间存在一定的相关关系，特别是 X1 和 X2 之间高度相关，证明该模型自变量之间存在多重共线性问题。

3）方差膨胀因子法。SPSS 软件也提供方差膨胀因子的计算功能。在图 10－2 的线性回归对话框中选择“统计量”选项，在统计量对话框中勾选“共线性诊断”选项，可得到共线性诊断结果，如表 10－5 所示。

表 10－5　系数[a]

模型		非标准化系数		标准系数	t	Sig.	共线性统计量	
		B	标准误差	试用版			容差	VIF
1	（常量）	-1844.563	6959.617		-.265	.802		
	X1	.301	.372	.717	1.348	.235	.003	371.581
	X2	.361	.632	.298	.571	.593	.003	357.554
	X3	1.722	47.381	.001	.036	.972	.779	1.284
	X4	406.907	278.454	.055	1.461	.204	.545	1.836

注：a. 因变量：Y。

一般方差膨胀因子 $VIF_j \geq 10$，通常认为该自变量与其他自变量之间有严重的多重共线性，在表 10－5 中 X1 和 X2 的方差膨胀因子远大于 10，表明存在严重的多重共线性问题。

（5）多重共线性的补救。本实验选用逐步回归法来解决多重共线性问题。第一步，分别求 Y 对各自变量 X1、X2、X3、X4 的一元回归，再结合统计检验选出拟合效果好的一元线性回归方程。Y 对各自变量 X1 的回归结果如表 10－6

至表 10－8 所示，Y 对各自变量 X2 的回归结果如表 10－9 至表 10－11 所示，Y 对各自变量 X3 的回归结果如表 10－12 至表 10－14 所示，Y 对各自变量 X4 的回归结果如表 10－15 至表 10－17 所示。

表 10－6　模型汇总

模型	R	R 方	调整 R 方	标准估计的误差
1	.996[a]	.992	.991	401.11251

注：a. 预测变量：（常量），X1。

表 10－7　Anova[a]

模型		平方和	df	均方	F	Sig.
1	回归	156211646.758	1	156211646.758	970.915	.000[b]
	残差	1287129.939	8	160891.242		
	总计	157498776.697	9			

注：a. 因变量：Y。

b. 预测变量：（常量），X1。

表 10－8　系数[a]

模型		非标准化系数		标准系数	t	Sig.
		B	标准误差	试用版		
1	（常量）	－72.005	459.257		－.157	.879
	X1	.696	.022	.996	31.160	.000

注：a. 因变量：Y。

表 10－9　模型汇总

模型	R	R 方	调整 R 方	标准估计的误差
1	.997[a]	.994	.994	335.94971

注：a. 预测变量：（常量），X2。

表 10－10　Anova[a]

模型		平方和	df	均方	F	Sig.
1	回归	156595879.042	1	156595879.042	1387.496	.000[b]
	残差	902897.655	8	112862.207		
	总计	157498776.697	9			

注：a. 因变量：Y。

b. 预测变量：（常量），X2。

表 10－11　系数[a]

模型		非标准化系数		标准系数	t	Sig.
		B	标准误差	试用版		
1	（常量）	4270. 905	274. 069		15. 583	. 000
	X2	1. 208	. 032	. 997	37. 249	. 000

注：a. 因变量：Y。

表 10－12　模型汇总

模型	R	R 方	调整 R 方	标准估计的误差
1	. 422[a]	. 178	. 075	4023. 56283

注：a. 预测变量：（常量），X3。

表 10－13　Anova[a]

模型		平方和	df	均方	F	Sig.
1	回归	27986313. 951	1	27986313. 951	1. 729	. 225[b]
	残差	129512462. 746	8	16189057. 843		
	总计	157498776. 697	9			

注：a. 因变量：Y。

b. 预测变量：（常量），X3。

表 10－14　系数[a]

模型		非标准化系数		标准系数	t	Sig.
		B	标准误差	试用版		
1	（常量）	78810. 358	49551. 185		1. 590	. 150
	X3	－639. 019	486. 017	－. 422	－1. 315	. 225

注：a. 因变量：Y。

表 10－15　模型汇总

模型	R	R 方	调整 R 方	标准估计的误差
1	. 260[a]	. 067	－. 049	4284. 72448

注：a. 预测变量：（常量），X4。

表 10－16　Anova[a]

模型		平方和	df	均方	F	Sig.
1	回归	10627866. 083	1	10627866. 083	. 579	. 469[b]
	残差	146870910. 614	8	18358863. 827		
	总计	157498776. 697	9			

注：a. 因变量：Y。

b. 预测变量：（常量），X4。

表 10－17　系数[a]

模型		非标准化系数		标准系数	t	Sig.
		B	标准误差	试用版		
1	（常量）	26238.761	16559.625		1.585	.152
	X4	－1935.446	2543.788	－.260	－.761	.469

注：a. 因变量：Y。

按照逐步回归法的步骤，第一步，通过一元回归结果进行对比分析，依据调整可决系数最大原则，X1 和 X2 的可决系数都大于 0.99。但根据西方经济中消费模型的构建，这里优先选择 X1，即城镇居民可支配收入进入回归模型的第一个解析变量，形成一元回归模型。

第二步，将剩余自变量分别加入模型，得到三个二元回归模型的结果。表 10－18 至表 10－20 为 X1 和 X2 的二元回归结果，表 10－21 至表 10－23 为 X1 和 X3 的二元回归结果，表 10－24 至表 10－26 为 X1 和 X4 的二元回归结果。

表 10－18　模型汇总

模型	R	R 方	调整 R 方	标准估计的误差
1	.997[a]	.995	.993	350.85195

注：a. 预测变量：（常量），X2，X1。

表 10－19　Anova[a]

模型		平方和	df	均方	F	Sig.
1	回归	156637097.055	2	78318548.527	636.234	.000[b]
	残差	861679.643	7	123097.092		
	总计	157498776.697	9			

注：a. 因变量：Y。

b. 预测变量：（常量），X2，X1。

表 10－20　系数[a]

模型		非标准化系数		标准系数	t	Sig.
		B	标准误差	试用版		
1	（常量）	3230.208	1821.110		1.774	.119
	X1	.166	.286	.237	.579	.581
	X2	.922	.496	.761	1.859	.105

注：a. 因变量：Y。

表 10-21　模型汇总

模型	R	R方	调整R方	标准估计的误差
1	.996[a]	.992	.989	428.80327

注：a. 预测变量：（常量），X3，X1。

表 10-22　Anova[a]

模型		平方和	df	均方	F	Sig.
1	回归	156211671.005	2	78105835.503	424.783	.000[b]
	残差	1287105.692	7	183872.242		
	总计	157498776.697	9			

注：a. 因变量：Y。

b. 预测变量：（常量），X3，X1。

表 10-23　系数[a]

模型		非标准化系数		标准系数	t	Sig.
		B	标准误差	试用版		
1	（常量）	-141.463	6068.410		-.023	.982
	X1	.696	.026	.996	26.408	.000
	X3	.657	57.181	.000	.011	.991

注：a. 因变量：Y。

表 10-24　模型汇总

模型	R	R方	调整R方	标准估计的误差
1	.998[a]	.996	.995	302.69032

注：a. 预测变量：（常量），X4，X1。

表 10-25　Anova[a]

模型		平方和	df	均方	F	Sig.
1	回归	156857426.692	2	78428713.346	856.008	.000[b]
	残差	641350.005	7	91621.429		
	总计	157498776.697	9			

注：a. 因变量：Y。

b. 预测变量：（常量），X4，X1。

表 10－26 系数[a]

模型		非标准化系数		标准系数	t	Sig.
		B	标准误差	试用版		
1	（常量）	－3641. 629	1388. 502		－2. 623	. 034
	X1	. 711	. 018	1. 018	39. 950	. 000
	X4	503. 878	189. 794	. 068	2. 655	. 033

注：a. 因变量：Y。

通过观察比较回归结果，并根据逐步回归的思想，可以看到新加入变量 X4 的二元回归方程可决系数 0. 996 最大，并且各参数的 T 检验结果显著，因此保留变量 X4。

第三步，在保留变量 X1 和 X4 的基础上，继续进行逐步回归，分别得到两个三元回归模型的结果。表 10－27 至表 10－29 为 X1、X4 和 X2 的回归结果，表 10－30 至表 10－32 为 X1、X4 和 X3 的回归结果。

表 10－27 模型汇总

模型	R	R 方	调整 R 方	标准估计的误差
1	. 998[a]	. 996	. 994	316. 02563

注：a. 预测变量：（常量），X2，X4，X1。

表 10－28 Anova[a]

模型		平方和	df	均方	F	Sig.
1	回归	156899543. 488	3	52299847. 829	523. 668	. 000[b]
	残差	[illegible]	6	99872. 201		
	总计	157498776. 697	9			

注：a. 因变量：Y。

b. 预测变量：（常量），X2，X4，X1。

表 10－29 系数[a]

模型		非标准化系数		标准系数	t	Sig.
		B	标准误差	试用版		
1	（常量）	－1631. 335	3418. 291		－. 477	. 650
	X1	. 498	. 329	. 712	1. 512	. 181
	X4	405. 039	249. 861	. 054	1. 621	. 156
	X2	. 366	. 563	. 302	. 649	. 540

注：a. 因变量：Y。

表 10－30　模型汇总

模型	R	R 方	调整 R 方	标准估计的误差
1	.998[a]	.996	.994	326.12008

注：a. 预测变量：(常量)，X3，X4，X1。

表 10－31　Anova[a]

模型		平方和	df	均方	F	Sig.
1	回归	156860650.858	3	52286883.619	491.629	.000[b]
	残差	638125.839	6	106354.306		
	总计	157498776.697	9			

注：a. 因变量：Y。
b. 预测变量：(常量)，X3，X4，X1。

表 10－32　系数[a]

模型		非标准化系数		标准系数	t	Sig.
		B	标准误差	试用版		
1	(常量)	−4460.507	4935.329		−.904	.401
	X1	.713	.021	1.020	33.703	.000
	X4	506.175	204.910	.068	2.470	.048
	X3	7.588	43.578	.005	.174	.868

注：a. 因变量：Y。

由表 10－27 至表 10－29 可以看出，在 X1 和 X4 的基础上加入 X2 后可决系数基本没有变化，但是 X2 的参数 T 检验不显著。由表 10－30 至表 10－32 可以看出，在 X1 和 X4 的基础上加入 X3 后可决系数基本没有变化，而且 X3 参数的 T 检验结果不显著。这说明 X2 和 X3 引起多重共线性，应当予以剔除。因此，本案例最后应保留的变量是 X1 和 X4，相应的回归结果为：

$$\hat{Y}_i = -3641.629 + 0.711X1 + 503.878X4$$

$$(-2.623) \qquad (39.950) \qquad (2.655)$$

$$R^2 = 0.996 \quad \bar{R}^2 = 0.995 \quad F = 856.008$$

由综合判断法知，上述回归结果基本上消除了多重共线性。

五、课后练习

请用 SPSS 完成与实验九课后练习相同的实验内容。

实验十一　基于 EViews 的异方差分析

异方差的出现会严重影响回归分析的效果，本实验能帮助我们解决在回归分析中遇到的异方差的检验和补救问题。

一、实验目的

掌握线性回归模型中异方差的检验方法和补救措施，学会使用 EViews 解决回归分析中出现的异方差问题。

二、实验要求

熟悉使用 EViews 进行线性回归模型中异方差的检验和补救操作。

三、实验内容

表 11 - 1 是 1978 ~ 2017 年贵州省城镇居民人均消费支出 Y、城镇居民人均可支配收入 X 的统计数据。

表 11 - 1　1978 ~ 2017 年贵州省城镇居民人均消费支出和可支配收入数据

单位：元

年份	城镇居民人均可支配收入 X	城镇居民人均消费支出 Y	年份	城镇居民人均可支配收入 X	城镇居民人均消费支出 Y
1978	261. 26	246. 53	1998	4566. 17	3799. 38
1979	279. 66	273. 6	1999	4935. 47	3964. 35
1980	343. 83	334. 32	2000	5121. 22	4278. 28

续表

年份	城镇居民人均可支配收入 X	城镇居民人均消费支出 Y	年份	城镇居民人均可支配收入 X	城镇居民人均消费支出 Y
1981	434.1	393.24	2001	5451.91	4492.25
1982	459.73	403.92	2002	5944.02	4598.3
1983	483.33	426.36	2003	6568.91	4947.62
1984	558	480.36	2004	7322.04	5494.43
1985	682.27	617.52	2005	8147.13	6156.27
1986	824.4	722.28	2006	9116.61	6848.39
1987	912.26	788.76	2007	10678.4	7758.69
1988	1101.84	1050.24	2008	11758.76	8349.21
1989	1275.45	1102.56	2009	12862.53	9048.29
1990	1399.36	1163.25	2010	14142.74	10058.29
1991	1593.54	1338.86	2011	16495.01	11352.88
1992	1887.51	1564.34	2012	18700.51	12585.7
1993	2300.38	1876.24	2013	20667.07	13702.87
1994	3196.06	2531.78	2014	22548.21	15254.64
1995	3916.25	3250.55	2015	24579.64	16914.2
1996	4210.74	3572.78	2016	26742.62	19201.68
1997	4438.05	3555.69	2017	29079.84	20347.79

（1）使用普通最小二乘法建立贵州省城镇居民人均消费支出与城镇可支配收入的线性模型。

（2）检验模型是否存在异方差性。

（3）如果存在异方差性，试采用适当的方法估计模型参数。

四、实验步骤

（1）建立工作文件并录入数据，文件命名为“实验十一”，如图 11－1 所示。

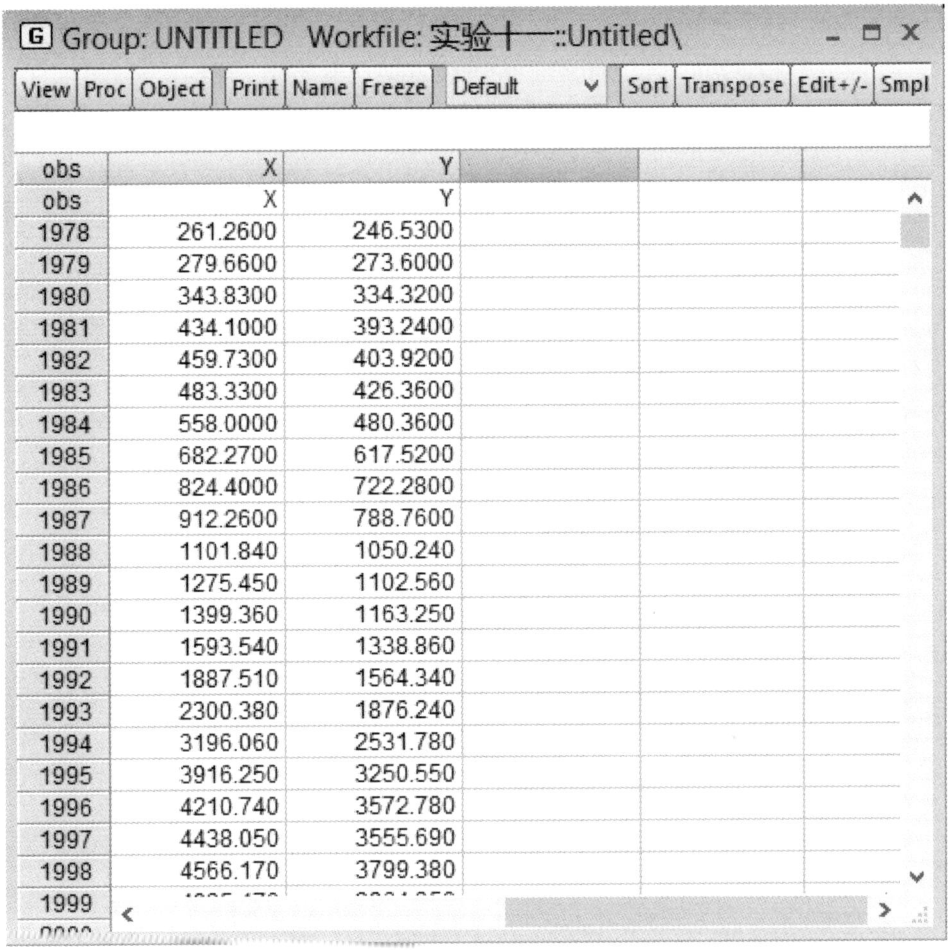

Group: UNTITLED Workfile: 实验十一::Untitled\

View | Proc | Object | Print | Name | Freeze | Default | Sort | Transpose | Edit+/- | Smpl

obs	X	Y
obs	X	Y
1978	261.2600	246.5300
1979	279.6600	273.6000
1980	343.8300	334.3200
1981	434.1000	393.2400
1982	459.7300	403.9200
1983	483.3300	426.3600
1984	558.0000	480.3600
1985	682.2700	617.5200
1986	824.4000	722.2800
1987	912.2600	788.7600
1988	1101.840	1050.240
1989	1275.450	1102.560
1990	1399.360	1163.250
1991	1593.540	1338.860
1992	1887.510	1564.340
1993	2300.380	1876.240
1994	3196.060	2531.780
1995	3916.250	3250.550
1996	4210.740	3572.780
1997	4438.050	3555.690
1998	4566.170	3799.380
1999	[illegible]	[illegible]

图 11－1 数据输入结果

（2）在"Quick"菜单中单击"Estimate Equation"，在"Method"中选择"Least Squares"，在"Equation specification"对话框中输入"Y C X"，单击"OK"，即出现回归结果，如图 11－2 所示。

根据图 11－2 的回归结果，可得到以下模型：

$\hat{Y}_i = 321.0752 + 0.682475X$

（5.205628）（121.2767）

$R^2 = 0.997423$ $\bar{R}^2 = 0.997355$ $F = 14708.05$

Equation: UNTITLED　Workfile: 实验十一::Untitled\

View | Proc | Object | Print | Name | Freeze | Estimate | Forecast | Stats | Resids

Dependent Variable: Y
Method: Least Squares
Date: 08/28/19　Time: 17:45
Sample: 1978 2017
Included observations: 40

Variable	Coefficient	Std. Error	t-Statistic	Prob.
C	321.0752	61.67847	5.205628	0.0000
X	0.682475	0.005627	121.2767	0.0000

R-squared	0.997423	Mean dependent var	5371.167
Adjusted R-squared	0.997355	S.D. dependent var	5595.610
S.E. of regression	287.7676	Akaike info criterion	14.21089
Sum squared resid	3146788.	Schwarz criterion	14.29533
Log likelihood	-282.2178	Hannan-Quinn criter.	14.24142
F-statistic	14708.05	Durbin-Watson stat	0.495654
Prob(F-statistic)	0.000000		

图 11－2　回归结果

（3）检验模型的异方差。

1）图形检验法。首先生成残差序列。在“Equation”回归结果中单击“Quick \ Generate Series”，进入“Generate Series by Equation”，在“Enter equation”窗口键入“e2 = （resid）^2”即可生成残差序列 e_i^2，如图 11－3 所示。

其次绘制 e_i^2 对 X_i 的散点图。依次选择变量名 X 与 e^2，以组对象方式打开，进入数据列表，再按路径“View/Graph/Scatter”，得到散点图，如图 11－4 所示。

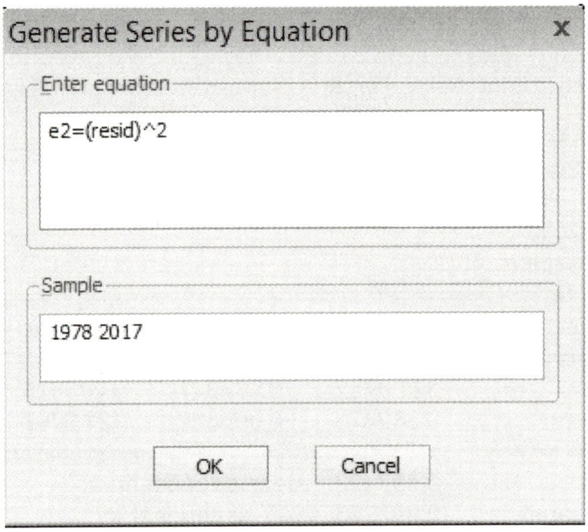

Generate Series by Equation

Enter equation

e2=(resid)^2

Sample

1978 2017

OK Cancel

图 11－3　残差序列的定义

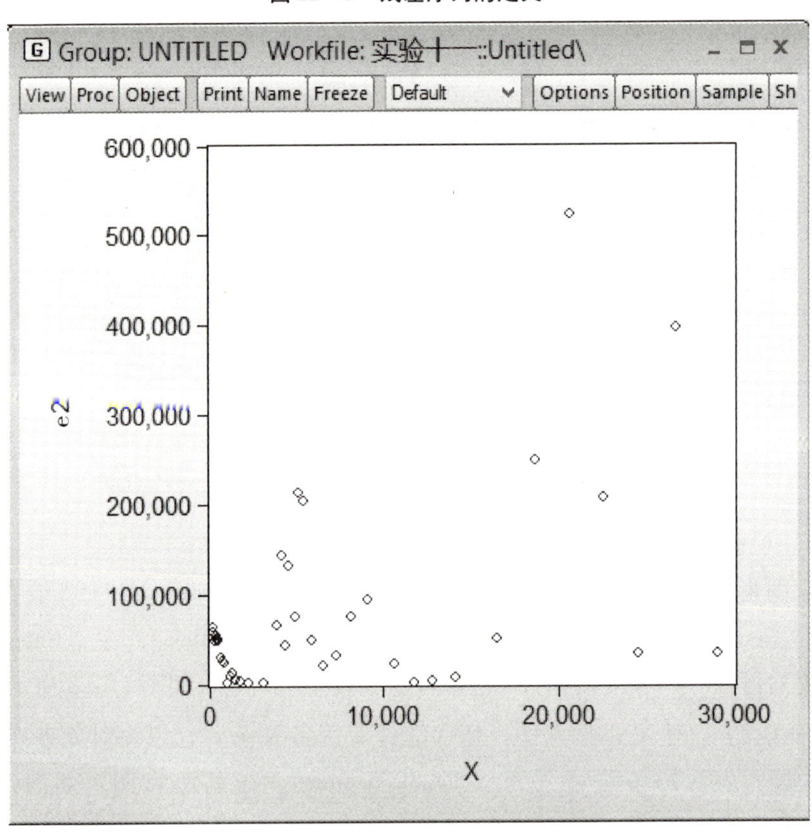

图 11－4　残差序列 e_i^2 对 X_i 的散点图

由图 11 -4 可以看出，残差平方和 e_i^2 对解释变量 X 的散点图主要分布在图形中的下三角部分，且能看出残差平方 e_i^2 和 X_i 随的变化大致呈逐渐递增的趋势，表明图 11 -2 估计的模型可能存在异方差。下面将用异方差的检验方法对其进行更进一步的检验。

2）Goldfeld - Quandt 检验。首先对变量取值排序（按递增或递减）。依次选择变量 X 与 Y，以组对象方式打开。在数据列表中，选中变量 X，右键单击，在弹出菜单中选择 Sort。在出现的排序选项中，如果以递增型排序，选“Ascending”；如果以递减型排序，选“Descending”，单击“OK”。本实验选递增型排序，变量 X 和 Y 将以 X 按递增型排序，如图 11 -5 所示。

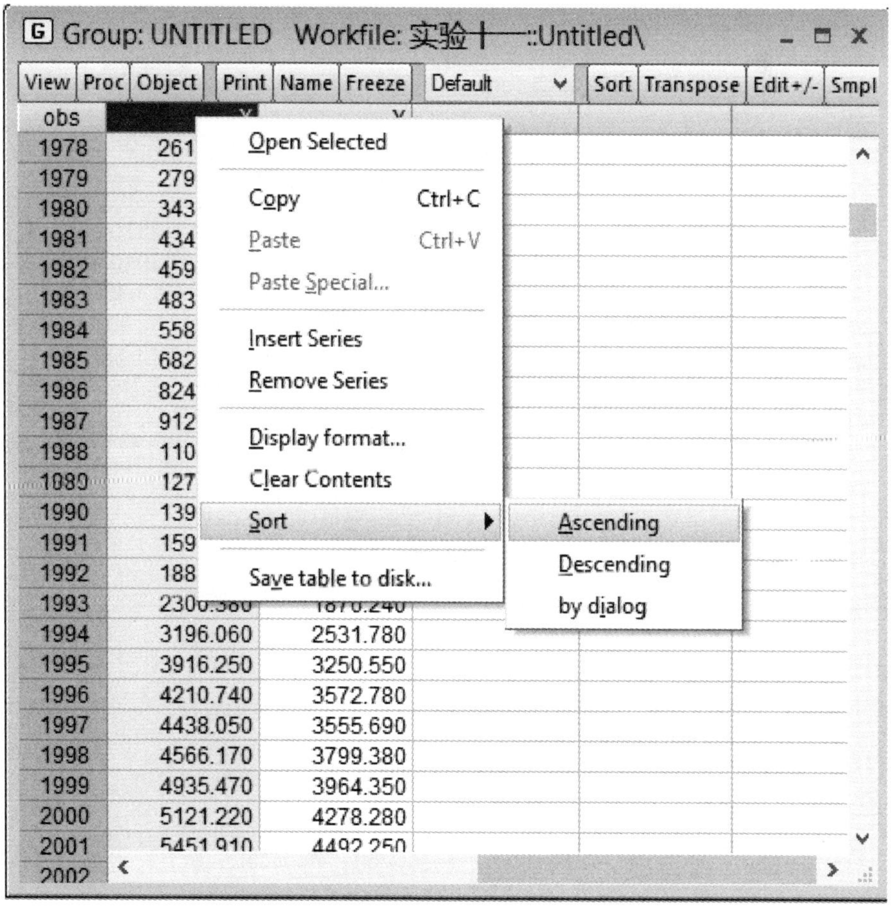

图 11 -5　对变量 X 与 Y 进行递增型排序

其次构建子样本区间，建立回归模型。在本例中，样本容量 n = 40，删除中间 1/4 的观测值，即大约 10 个观测值，余下部分平分得两个样本区间：1 ~ 15 和 26 ~ 40，他们的样本个数均是 15，即 $n_1 = n_2 = 15$。在“sample”菜单中，将区间定义为 1 ~ 15，然后用 OLS 方法求得如图 11 - 6 所示的结果。

Equation: UNTITLED   Workfile: 实验十一::Untitled\

View | Proc | Object | Print | Name | Freeze | Estimate | Forecast | Stats | Resids

Dependent Variable: Y
Method: Least Squares
Date: 08/29/19   Time: 10:39
Sample: 2001 2015
Included observations: 15

Variable	Coefficient	Std. Error	t-Statistic	Prob.
C	890.1441	108.1943	8.227275	0.0000
X	0.637028	0.007538	84.51376	0.0000

R-squared	0.998183	Mean dependent var	9170.802
Adjusted R-squared	0.998043	S.D. dependent var	4018.140
S.E. of regression	177.7325	Akaike info criterion	13.32200
Sum squared resid	410654.7	Schwarz criterion	13.41641
Log likelihood	-97.91501	Hannan-Quinn criter.	13.32100
F-statistic	7142.576	Durbin-Watson stat	1.160653
Prob(F-statistic)	0.000000		

图 11 - 6　前 15 个子样本的回归结果

在“sample”菜单中，将区间定义为 26 ~ 40，再用 OLS 方法求得如图 11 - 7 所示的结果。

Equation: UNTITLED　Workfile: 实验十一::Untitled\

View | Proc | Object | Print | Name | Freeze | Estimate | Forecast | Stats | Resids

Dependent Variable: Y
Method: Least Squares
Date: 08/29/19　Time: 10:43
Sample: 2003 2017
Included observations: 15

Variable	Coefficient	Std. Error	t-Statistic	Prob.
C	479.8560	225.4080	2.128833	0.0530
X	0.671748	0.012891	52.11027	0.0000

R-squared	0.995235	Mean dependent var	11201.40
Adjusted R-squared	0.994869	S.D. dependent var	4978.048
S.E. of regression	356.5847	Akaike info criterion	14.71459
Sum squared resid	1652985.	Schwarz criterion	14.80899
Log likelihood	-108.3594	Hannan-Quinn criter.	14.71358
F-statistic	2715.480	Durbin-Watson stat	0.791197
Prob(F-statistic)	0.000000		

图 11 -7　后 15 个子样本的回归结果

最后求 F 统计量值，判断模型是否存在异方差。基于图 11 -6 和图 11 -7 中残差平方和的数据，即 Sum squared resid 的值，可知 $\sum e_{1i}^2 = 410654.7$，$\sum e_{2i}^2 = 1652985$，根据 Goldfeld - Quandt 检验，F 统计量为：$\frac{\sum e_{2i}^2}{\sum e_{1i}^2} = \frac{1652985}{410654.7} = 4.0252$。

在 α =0.05 的水平下，前面两个子样本构建的回归模型自由度为 13，查 F 分布表得临界值 $F_{0.05}$（13，13） =2.576927。由前面计算得到 F =4.0252 > $F_{0.05}$

（13，13）=2.576927，因此拒绝原假设，表明图 11－2 估计的模型存在异方差。

3）White 检验。在图 11－2 的 Equation 估计结果对话框中，选择路径“View/Residual Diagnostics/Heteroskedasticity Tests…”，在弹出的“Specification”对话框中检验类型“Test type”选择“White”检验，检验结果如图 11－8 所示。

Equation: UNTITLED Workfile: 实验十一::Untitled\

View | Proc | Object | Print | Name | Freeze | Estimate | Forecast | Stats | Resids

Heteroskedasticity Test: White

F-statistic	5.690943	Prob. F(2,37)	0.0070
Obs*R-squared	9.410039	Prob. Chi-Square(2)	0.0090
Scaled explained SS	8.044832	Prob. Chi-Square(2)	0.0179

Test Equation:
Dependent Variable: RESID^2
Method: Least Squares
Date: 08/29/19 Time: 11:16
Sample: 1978 2017
Included observations: 40

Variable	Coefficient	Std. Error	t-Statistic	Prob.
C	31145.23	26638.09	1.169199	0.2498
X	6.286014	6.599719	0.952467	0.3470
X^2	8.41E-06	0.000254	0.033165	0.9737

R-squared	0.235251	Mean dependent var	78669.71
Adjusted R-squared	0.193913	S.D. dependent var	109662.8
S.E. of regression	98457.84	Akaike info criterion	25.90468
Sum squared resid	3.59E+11	Schwarz criterion	26.03135
Log likelihood	-515.0937	Hannan-Quinn criter.	25.95048
F-statistic	5.690943	Durbin-Watson stat	1.664170
Prob(F-statistic)	0.007000		

图 11－8　White 检验的结果（修正前）

从图 11－8 可以看出，$nR^2=9.410039$，由 White 检验可知，在 $\alpha=0.05$ 下，查 χ^2 分布表，可得临界值 $\chi^2_{0.005}$（2）=5.9915。比较计算的 χ^2 统计量与临界值，因为 $nR^2=9.410039>\chi^2_{0.05}=5.9915$，所以拒绝原假设，不拒绝备择假设，表明

图 11－2 估计的模型存在异方差。

4）Glejser 检验。根据 Glejser 检验原理和 Glejser 提出的若干假设函数形式，经过反复测试，并综合考虑检验和加权修正效果，最终采用如下函数形式：$|e_i| = \beta X_i^2 + \nu_i$。在图 11－2 的 Equation 估计结果对话框中，选择路径“View/Residual Diagnostics/Heteroskedasticity Tests…”，在弹出的“Specification”对话框中检验类型“Test type”选择“Glejser”检验，在解释变量框“Regressors”中写入“c x^2”，单击“OK”，可得到检验结果如图 11－9 所示。

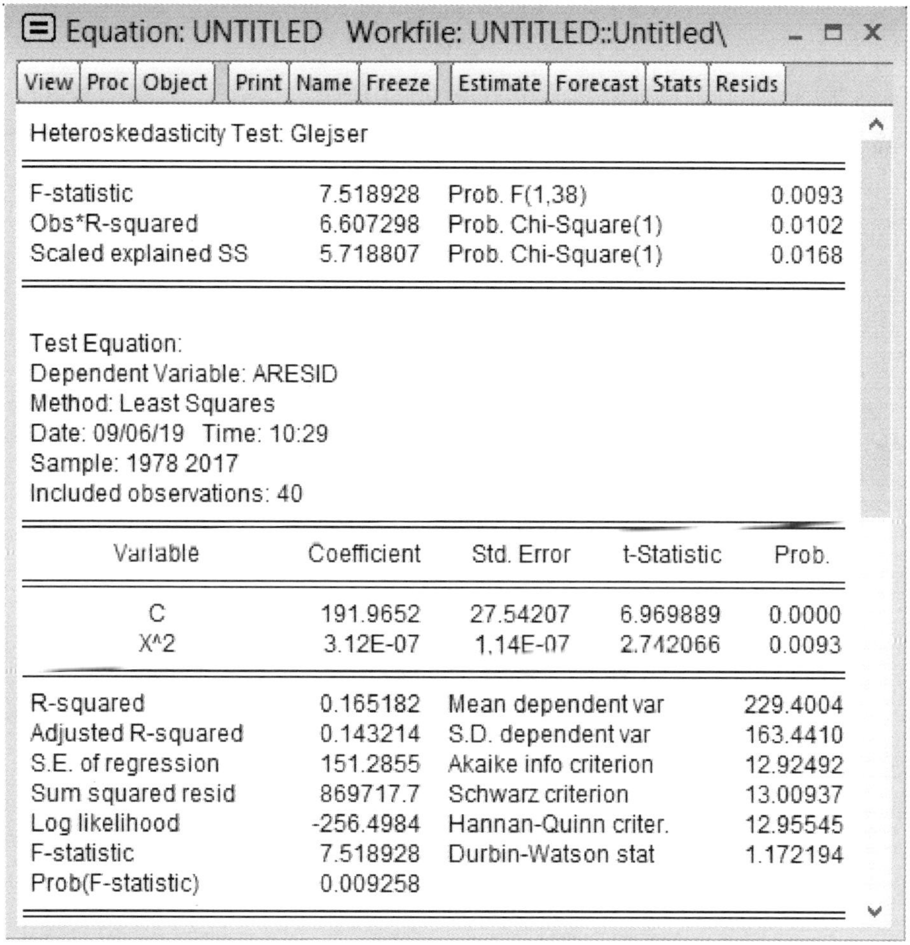

Equation: UNTITLED　Workfile: UNTITLED::Untitled\

View | Proc | Object | Print | Name | Freeze | Estimate | Forecast | Stats | Resids

Heteroskedasticity Test: Glejser

F-statistic	7.518928	Prob. F(1,38)	0.0093
Obs*R-squared	6.607298	Prob. Chi-Square(1)	0.0102
Scaled explained SS	5.718807	Prob. Chi-Square(1)	0.0168

Test Equation:
Dependent Variable: ARESID
Method: Least Squares
Date: 09/06/19　Time: 10:29
Sample: 1978 2017
Included observations: 40

Variable	Coefficient	Std. Error	t-Statistic	Prob.
C	191.9652	27.54207	6.969889	0.0000
X^2	3.12E-07	1.14E-07	2.742066	0.0093

R-squared	0.165182	Mean dependent var	229.4004
Adjusted R-squared	0.143214	S.D. dependent var	163.4410
S.E. of regression	151.2855	Akaike info criterion	12.92492
Sum squared resid	869717.7	Schwarz criterion	13.00937
Log likelihood	-256.4984	Hannan-Quinn criter.	12.95545
F-statistic	7.518928	Durbin-Watson stat	1.172194
Prob(F-statistic)	0.009258		

图 11－9　Glejser 检验的结果

从图 11－9 可知，异方差检验的结果中 nR^2 为 6.607298，查 χ^2 分布表，可得临界值 $\chi^2_{0.05}(1)=3.8416$，$nR^2=6.607298>\chi^2_{0.05}(1)=3.8416$，所以拒绝原假设，这表明图 11－2 估计的模型存在异方差。

（4）异方差的修正。运用 Glejser 检验结果进行加权最小二乘法进行回归估计。从 Glejser 检验结果的辅助回归可以看出，解释变量的二次项对残差绝对值有解释能力，因此我们选择权重 $w=1/X\hat{}2$。在"Quick/Estimate equation"中输入"Y C X"，单击"Option"，在对话框"Weight"中选择加权类型"Inverse variance"，加权序列为"1/X^2"，单击"OK"，即得到以下回归结果如图 11－10 所示。

Equation: UNTITLED Workfile: UNTITLED::Untitled\

View | Proc | Object | Print | Name | Freeze | Estimate | Forecast | Stats | Resids

Dependent Variable: Y
Method: Least Squares
Date: 09/06/19 Time: 10:35
Sample: 1978 2017
Included observations: 40
Weighting series: 1/X^2
Weight type: Inverse variance (average scaling)

Variable	Coefficient	Std. Error	t-Statistic	Prob.
C	69.09195	8.532767	8.097250	0.0000
X	0.754126	0.010591	71.20122	0.0000

Weighted Statistics

R-squared	0.992560	Mean dependent var	[illegible]
Adjusted R-squared	0.992364	S.D. dependent var	70.61560
S.E. of regression	43.33368	Akaike info criterion	10.42444
Sum squared resid	71356.68	Schwarz criterion	10.50889
Log likelihood	-206.4889	Hannan-Quinn criter.	10.45498
F-statistic	5069.614	Durbin-Watson stat	0.376879
Prob(F-statistic)	0.000000	Weighted mean dep.	431.1901

Unweighted Statistics

R-squared	0.983894	Mean dependent var	5371.167
Adjusted R-squared	0.983470	S.D. dependent var	5595.610
S.E. of regression	719.4258	Sum squared resid	19667790
Durbin-Watson stat	0.091075		

图 11－10 加权最小二乘法的回归结果

可以看出，常数项和斜率项的 t 统计量值都得到了显著改进，F 检验也更加显著。再用 White 检验对已经进行了异方差补救的模型进行检验，结果如图 11－11 所示。

Equation: UNTITLED　Workfile: UNTITLED::Untitled\

View | Proc | Object | Print | Name | Freeze | Estimate | Forecast | Stats | Resids

Heteroskedasticity Test: White

F-statistic	0.506490	Prob. F(2,37)	0.6067
Obs*R-squared	1.065931	Prob. Chi-Square(2)	0.5869
Scaled explained SS	0.726300	Prob. Chi-Square(2)	0.6955

Test Equation:
Dependent Variable: WGT_RESID^2
Method: Least Squares
Date: 09/06/19　Time: 10:37
Sample: 1978 2017
Included observations: 40
Collinear test regressors dropped from specification

Variable	Coefficient	Std. Error	t-Statistic	Prob.
C	2165.761	525.1349	4.124200	0.0002
WGT^2	316.5592	535.7061	0.590919	0.5582
X*WGT^2	-1.454535	1.790156	-0.812519	0.4217

R-squared	0.026648	Mean dependent var	1783.917
Adjusted R-squared	-0.025965	S.D. dependent var	2220.022
S.E. of regression	2248.659	Akaike info criterion	18.34609
Sum squared resid	1.87E+08	Schwarz criterion	18.47276
Log likelihood	-363.9219	Hannan-Quinn criter.	18.39189
F-statistic	0.506490	Durbin-Watson stat	1.576329
Prob(F-statistic)	0.606724		

图 11－11　White 检验的结果（修正后）

从图 11－11 可以看出，White 检验统计量 $nR^2=1.065931$，它的伴随概率 $P=0.5869$，说明已经无异方差。因此模型的最终结果为：

$$\hat{Y}_i = 69.09195 + 0.754126X$$
$$(8.097250)\quad(71.20122)$$
$$R^2 = 0.992560 \quad \bar{R}^2 = 0.992364 \quad F = 5069.614$$

五、课后练习

表 11 - 2 是 1978 ~ 2017 年贵州省农村居民人均消费支出 Y、农村居民人均可支配收入 X 的统计数据。

表 11 - 2　1978 - 2017 年贵州省农村居民人均消费支出和可支配收入数据

单位：元

年份	农村居民人均可支配收入 X	农村居民人均消费支出 Y	年份	农村居民人均可支配收入 X	农村居民人均消费支出 Y
1978	109.3	104.52	1998	1334.46	1094.39
1979	131.09	116.23	1999	1363.07	1069.81
1980	161.5	139.24	2000	1374.16	1096.59
1981	208.87	162.51	2001	1411.73	1098.39
1982	223.13	187.02	2002	1489.91	1137.56
1983	224.87	185.2	2003	1564.66	1185.17
1984	262.81	208.87	2004	1721.55	1296.34
1985	302.14	254.58	2005	1876.96	1552.39
1986	303.57	271.6	2006	1984.62	1627.07
1987	341.84	304.22	2007	2373.99	1913.5
1988	397.74	359.73	2008	2796.93	2165.7
1989	430.34	407.28	2009	3005.41	2421.95
1990	435.14	403.28	2010	3471.93	2852.48
1991	465.53	420.44	2011	4145.35	3455.76
1992	506.13	454.47	2012	4753	3901.71
1993	579.67	550.11	2013	5434	4740.18
1994	786.84	684.27	2014	6671.22	5970.25

续表

年份	农村居民人均可支配收入 X	农村居民人均消费支出 Y	年份	农村居民人均可支配收入 X	农村居民人均消费支出 Y
1995	1086.62	930.59	2015	7386.87	6644.93
1996	1276.67	1068.09	2016	8090.28	7533.29
1997	1298.54	1065.7	2017	8869.1	8298.98

（1）使用普通最小二乘法建立贵州省农村居民人均消费支出与农村居民可支配收入的线性模型。

（2）检验模型是否存在异方差性。

（3）如果存在异方差性，试采用适当的方法估计模型参数。

实验十二　基于 SPSS 的异方差分析

回归分析中出现的异方差问题，会影响回归模型的效果，需要进一步检验和补救。本实验尝试用 SPSS 来解决异方差问题。

一、实验目的

掌握线性回归模型中异方差的检验方法和补救措施，学会使用 SPSS 解决回归分析中出现的异方差问题。

二、实验要求

熟悉使用 SPSS 进行线性回归模型中异方差的检验和补救操作。

三、实验内容

试用 SPSS 软件完成与实验十一相同的实验内容。

四、实验步骤

（1）首先将实验数据输入 SPSS 的数据视图界面，如图 12－1 所示。

（2）拟合线性回归模型，并绘制残差散点图。选择菜单【分析】→【回归】→【线性】，在线性回归对话框中，将 Y 选入因变量，将 X 选入自变量。点击“绘制”选项，进入图形对话框。以“标准化残差”ZRESID 作为 Y 轴，“标准化预测值”ZPRED 作为 X 轴，点击“继续”，再点击“确定”，可得到表 12－1 至表 12－3 的回归结果。

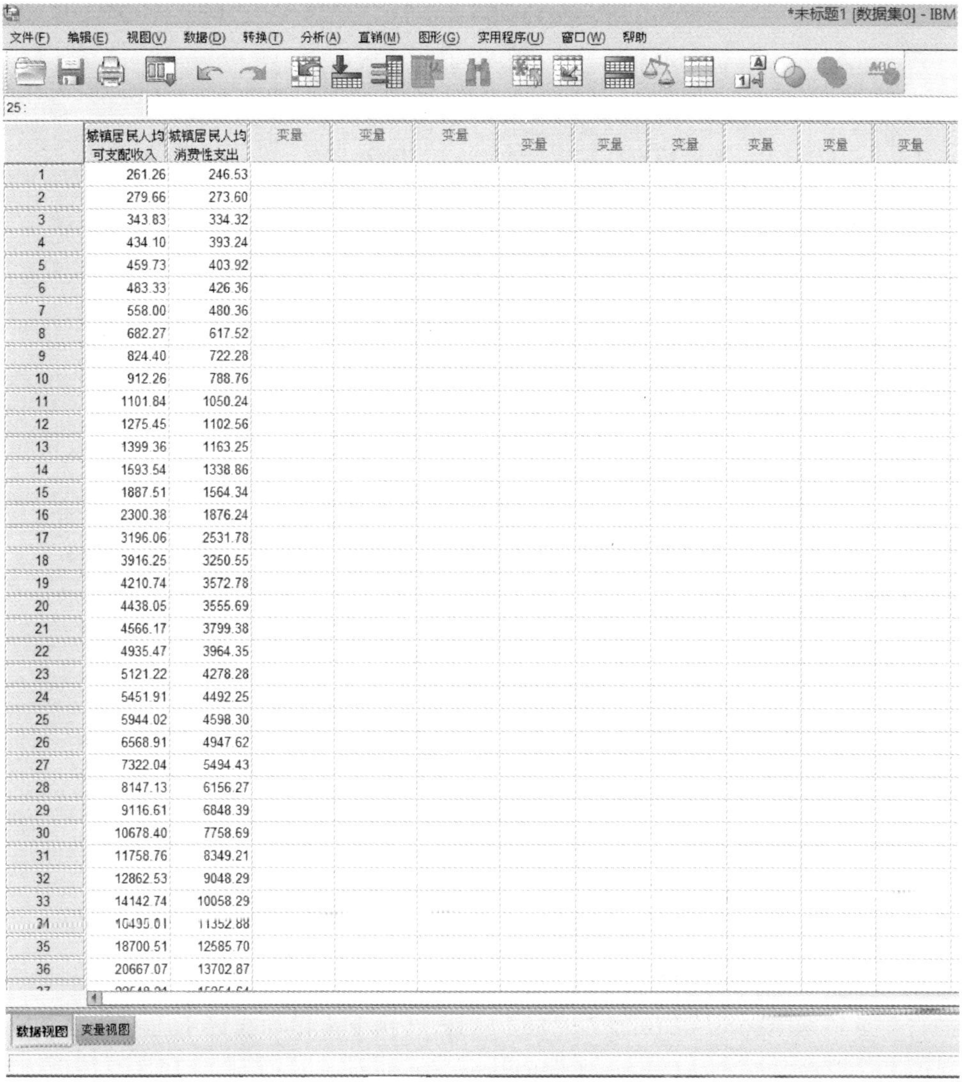

	城镇居民人均可支配收入	城镇居民人均消费性支出
1	261.26	246.53
2	279.66	273.60
3	343.83	334.32
4	434.10	393.24
5	459.73	403.92
6	483.33	426.36
7	558.00	480.36
8	682.27	617.52
9	824.40	722.28
10	912.26	788.76
11	1101.84	1050.24
12	1275.45	1102.56
13	1399.36	1163.25
14	1593.54	1338.86
15	1887.51	1564.34
16	2300.38	1876.24
17	3196.06	2531.78
18	3916.25	3250.55
19	4210.74	3572.78
20	4438.05	3555.69
21	4566.17	3799.38
22	4935.47	3964.35
23	5121.22	4278.28
24	5451.91	4492.25
25	5944.02	4598.30
26	6568.91	4947.62
27	7322.04	5494.43
28	8147.13	6156.27
29	9116.61	6848.39
30	10678.40	7758.69
31	11758.76	8349.21
32	12862.53	9048.29
33	14142.74	10058.29
34	16495.01	11352.88
35	18700.51	12585.70
36	20667.07	13702.87

图 12-1 数据输入结果

表 12-1 模型汇总[b]

模型	R	R 方	调整 R 方	标准估计的误差
1	.999[a]	.997	.997	287.76765

注：a. 预测变量：(常量), X。

b. 因变量：Y。

表 12－2 Anova[a]

模型		平方和	df	均方	F	Sig.
1	回归	1217976540. 058	1	1217976540. 058	14708. 046	. 000[b]
	残差	3146788. 355	38	82810. 220		
	总计	1221123328. 414	39			

注：a. 因变量：Y。

b. 预测变量：（常量），X。

表 12－3 系数[a]

模型		非标准化系数		标准系数	t	Sig.
		B	标准误差	试用版		
1	（常量）	321. 075	61. 678		5. 206	. 000
	X	. 682	. 006	. 999	121. 277	. 000

注：a. 因变量：Y。

根据表 12－1 至表 12－3 的输出结果，可写出回归方程如下：

$\hat{Y}_i = 321.075 + 0.682X$

（5. 206）（121. 277）

$R^2 = 0.997$ $\bar{R}^2 = 0.997$ $F = 14708.046$

（3）异方差的诊断。从图 12－2 中残差对预测值的散点图可以看出，散点呈现喇叭状，暗示有异方差的存在。

（4）异方差的补救。由于本实验只有一个自变量，因此异方差只能由唯一的自变量“城镇居民人均可支配收入”引起。接下来做加权最小二乘法来消除异方差。选择菜单【分析】→【回归】→【权重估计】，在权重估计对话框中，将 Y 选入因变量，将 X 选入自变量，并将 X 选入权重变量。点击“选项”，在“选项”对话框中，勾选“将最佳权重保存为新变量”选项，点击“继续”，再点击“确定”，得到输出结果。

从表 12－4 的结果可以看出，权重变量的次数为 2 时，其对数似然函数的值最大。因此，得到最佳的权重为 2，进行后面的回归分析。选择菜单【分析】→【回归】→【线性】，在线性对话框中，将 Y 选入因变量，将 X 选入自变量，并将 WSL－1 选入 WLS 权重。选择“保存”选项，在保存对话框中，勾选预测值

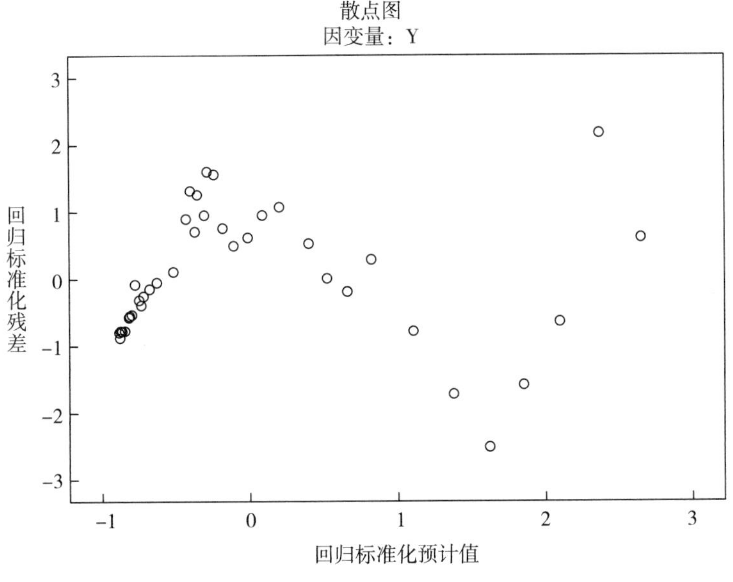

图 12-2　残差散点图

中的“未标准化”和残差中的“未标准化”，点击“继续”，再点击“确定”，得到回归结果，如表 12-5 至表 12-7 所示。

表 12-4　对数似然值[b]

幂	-2.000	-343.624
	-1.500	-325.876
	-1.000	-308.331
	-.500	-292.745
	.000	-282.244
	.500	-276.383
	1.000	-271.932
	1.500	-267.746
	2.000	-264.131[a]

注：a. 选择对应幂以用于进一步分析，因为它可以使对数似然函数最大化。

b. 因变量：城镇居民人均消费性支出；源变量：城镇居民人均可支配收入。

表 12－5　模型汇总[b,c]

模型	R	R 方	调整 R 方	标准估计的误差
1	.996[a]	.993	.992	.05379

注：a. 预测变量：（常量），X。

b. 因变量：Y。

c. 加权的最小二乘回归按 WLS、MOD_ 1…城镇居民人均可支配收入＊＊－2.000 中“城镇居民人均消费性支出”的权重进行加权。

表 12－6　Anova[a,b]

模型		平方和	df	均方	F	Sig.
1	回归	14.668	1	14.668	5069.614	.000[c]
	残差	.110	38	.003		
	总计	14.778	39			

注：a. 因变量：Y。

b. 加权的最小二乘回归按 WLS、MOD_ 1... 城镇居民人均可支配收入＊＊－2.000 中“城镇居民人均消费性支出”的权重进行加权。

c. 预测变量：（常量），X。

表 12－7　系数[a,b]

模型		非标准化系数		标准系数	t	Sig.
		B	标准误差	试用版		
1	（常量）	69.092	8.533		8.097	.000
	X	.754	.011	.996	71.201	.000

注：a. 因变量：Y。

b. 加权的最小二乘回归按 WLS、MOD_ 1... 城镇居民人均可支配收入＊＊－2.000 中“城镇居民人均消费性支出”的权重进行加权。

根据加权最小二乘法得出的结果，如表 12－5 至表 12－7 所示，可得出最终模型为：

$$\hat{Y}_i = 69.092 + 0.754X$$

$$(8.097)\quad(71.201)$$

$$R^2 = 0.993 \quad \bar{R}^2 = 0.992 \quad F = 5069.614$$

五、课后练习

请使用 SPSS 完成与实验十一课后练习相同的实验内容。

实验十三　基于 EViews 的自相关分析

自相关的出现会严重影响回归分析的效果，本实验能帮助我们解决在回归分析中遇到的自相关检验和补救问题。

一、实验目的

掌握线性回归模型中自相关的检验方法和补救措施，学会使用 EViews 解决回归分析中出现的自相关问题。

二、实验要求

熟悉使用 EViews 进行线性回归模型中自相关的检验和补救操作。

三、实验内容

表 13－1 是 1998～2017 年贵州省城镇居民人均消费支出 Y、城镇居民人均可支配收入 X 的统计数据。

表 13－1　1998～2017 年贵州省城镇居民人均消费支出和可支配收入数据

单位：元

年份	城镇居民人均可支配收入 X	城镇居民人均消费支出 Y	年份	城镇居民人均可支配收入 X	城镇居民人均消费支出 Y
1998	4566.17	3799.38	2008	11758.76	8349.21
1999	4935.47	3964.35	2009	12862.53	9048.29
2000	5121.22	4278.28	2010	14142.74	10058.29
2001	5451.91	4492.25	2011	16495.01	11352.88

续表

年份	城镇居民人均可支配收入 X	城镇居民人均消费支出 Y	年份	城镇居民人均可支配收入 X	城镇居民人均消费支出 Y
2002	5944.02	4598.3	2012	18700.51	12585.7
2003	6568.91	4947.62	2013	20667.07	13702.87
2004	7322.04	5494.43	2014	22548.21	15254.64
2005	8147.13	6156.27	2015	24579.64	16914.2
2006	9116.61	6848.39	2016	26742.62	19201.68
2007	10678.4	7758.69	2017	29079.84	20347.79

（1）使用普通最小二乘法建立贵州省城镇居民人均消费支出与城镇可支配收入的线性模型。

（2）检验模型是否存在自相关问题。

（3）如果存在自相关问题，试采用适当的方法估计模型参数。

四、实验步骤

（1）建立工作文件并录入数据，文件命名为“实验十三”，如图 13-1 所示。

（2）在“Quick”菜单中单击“Estimate Equation”，在“Method”中选择“Least Squares”，在“Equation specification”对话框中输入“Y C X”，单击“OK”，即出现回归结果，如图 13-2 所示。

根据图 13-2 的回归结果，可得到以下模型：

$$\hat{Y}_i = 655.2149 + 0.663263X$$

$$(4.611704)\ (71.73793)$$

$$R^2 = 0.996515 \quad \bar{R}^2 = 0.996321 \quad F = 5146.330 \quad DW = 0.764094$$

（3）自相关检验。

1）DW 检验法。由回归结果可知，DW = 0.764094，对于样本量为 20、一个解释变量的模型，在 5% 的显著性水平下，查 DW 统计表可知，$d_L = 1.201$，$d_U = 1.411$，模型中 DW = 0.764094 < $d_L = 1.201$，显然此模型中存在自相关问题。

Group: UNTITLED　Workfile: 实验十三::Untitled\

View | Proc | Object | Print | Name | Freeze | Default | Sort | Transpose | Edit+/- | Smpl

cell can not be edited

obs	X	Y
1998	4566.170	3799.380
1999	4935.470	3964.350
2000	5121.220	4278.280
2001	5451.910	4492.250
2002	5944.020	4598.300
2003	6568.910	4947.620
2004	7322.040	5494.430
2005	8147.130	6156.270
2006	9116.610	6848.390
2007	10678.40	7758.690
2008	11758.76	8349.210
2009	12862.53	9048.290
2010	14142.74	10058.29
2011	16495.01	11352.88
2012	18700.51	12585.70
2013	20667.07	13702.87
2014	22548.21	15254.64
2015	24579.64	16914.20
2016	26742.62	19201.68
2017	29079.84	20347.79

图 13－1　数据输入结果

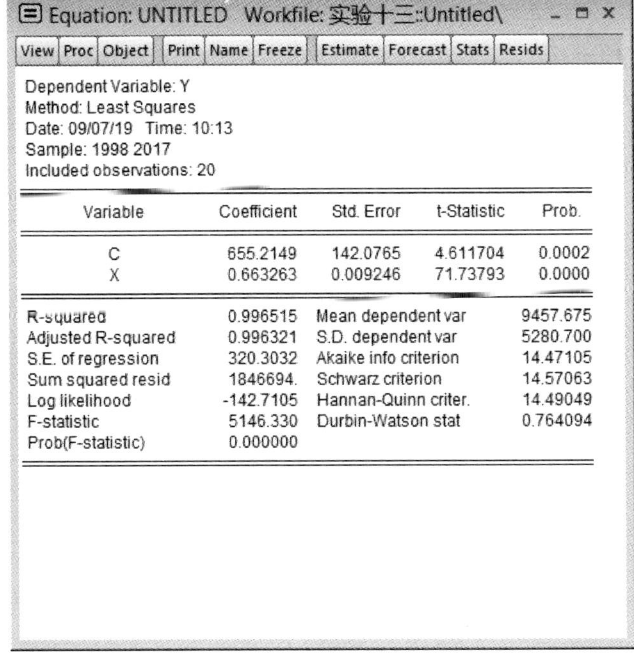
Equation: UNTITLED　Workfile: 实验十三::Untitled\

View | Proc | Object | Print | Name | Freeze | Estimate | Forecast | Stats | Resids

Dependent Variable: Y
Method: Least Squares
Date: 09/07/19　Time: 10:13
Sample: 1998 2017
Included observations: 20

Variable	Coefficient	Std. Error	t-Statistic	Prob.
C	655.2149	142.0765	4.611704	0.0002
X	0.663263	0.009246	71.73793	0.0000

R-squared	0.996515	Mean dependent var	9457.675
Adjusted R-squared	0.996321	S.D. dependent var	5280.700
S.E. of regression	320.3032	Akaike info criterion	14.47105
Sum squared resid	1846694.	Schwarz criterion	14.57063
Log likelihood	-142.7105	Hannan-Quinn criter.	14.49049
F-statistic	5146.330	Durbin-Watson stat	0.764094
Prob(F-statistic)	0.000000		

图 13－2　回归结果

2）图示检验法。单击 EViews 回归方程输出窗口的“Resids”按钮，可得到残差图，如图 13－3 所示。图中残差的变动呈现出明显的系统模式，连续为正和连续为负，表明残差项存在一阶正自相关。

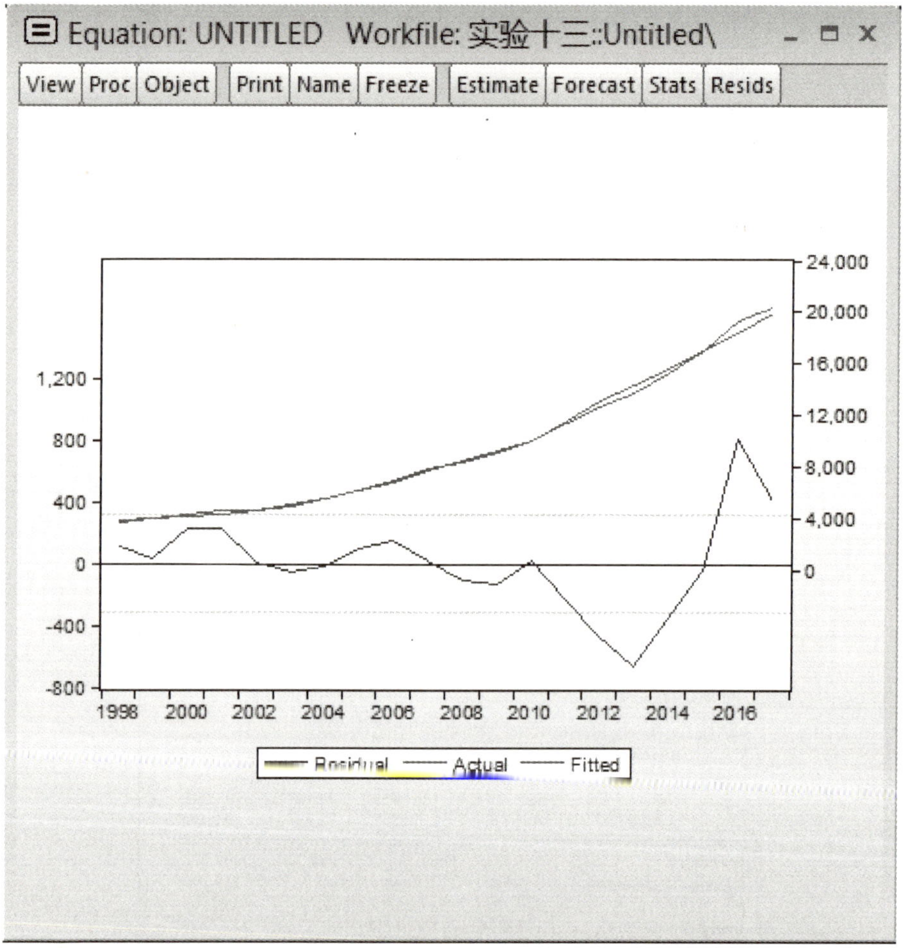

图 13－3　残差图

（4）自相关的补救。

1）科克伦—奥克特迭代法。采用科克伦—奥克特迭代法作广义差分回归，可在 EViews 的命令栏输入“LS Y C X AR（1）”，然后回车，即自动迭代得科克伦—奥克特迭代法估计结果，如图 13－4 所示。

Equation: UNTITLED　Workfile: 实验十三::Untitled\

View | Proc | Object | Print | Name | Freeze | Estimate | Forecast | Stats | Resids

Dependent Variable: Y
Method: Least Squares
Date: 09/07/19　Time: 10:42
Sample (adjusted): 1999 2017
Included observations: 19 after adjustments
Convergence achieved after 7 iterations

Variable	Coefficient	Std. Error	t-Statistic	Prob.
C	512.4053	372.8515	1.374288	0.1883
X	0.673483	0.020844	32.31100	0.0000
AR(1)	0.636782	0.211477	3.011110	0.0083

R-squared	0.997675	Mean dependent var	9755.481
Adjusted R-squared	0.997384	S.D. dependent var	5250.019
S.E. of regression	268.5195	Akaike info criterion	14.16766
Sum squared resid	1153644.	Schwarz criterion	14.31679
Log likelihood	-131.5928	Hannan-Quinn criter.	14.19290
F-statistic	3432.428	Durbin-Watson stat	1.627979
Prob(F-statistic)	0.000000		

Inverted AR Roots	.64

图 13－4　科克伦—奥克特迭代法估计结果

从图 13－4 的回归结果中 DW＝1.627979 可以判断，根据 $d_L=1.180$，$d_U=1.401$，$d_U<DW<4-d_U$，说明在 5% 显著性水平下此广义差分模型中已无自相关。由科克伦—奥克特迭代法得到贵州省 1998～2017 年城镇居民消费模型为：

$$\hat{Y}_i=512.4053+0.673483X_t$$

$$(1.374288)\quad(32.31100)$$

$$R^2=0.997675\quad \bar{R}^2=0.997384\quad F=3432.428\quad DW=1.627979$$

2）由 DW 统计量计算 $\hat{\rho}$。从图 13－2 的回归结果可知，DW＝0.764094，可计算出 $\hat{\rho}$：

$$\hat{\rho}\approx 1-\frac{DW}{2}=1-\frac{0.7641}{2}=0.6180$$

广义差分回归：

$Y_t - 0.6180Y_{t-1} = \beta_1 (1 - 0.6180) + \beta_2 (X_t - 0.6180X_{t-1})$

在 EViews 命令栏中直接输入“ls Y－0.6180＊Y（－1）c X－0.6180＊X（－1）”，再按回车键，即得到广义差分回归的输出结果，如图 13－5 所示。

Equation: UNTITLED Workfile: UNTITLED::Untitled\

View | Proc | Object | Print | Name | Freeze | Estimate | Forecast | Stats | Resids

Dependent Variable: Y-0.6180*Y(-1)
Method: Least Squares
Date: 09/12/19 Time: 13:01
Sample (adjusted): 1999 2017
Included observations: 19 after adjustments

Variable	Coefficient	Std. Error	t-Statistic	Prob.
C	198.9554	123.3420	1.613038	0.1251
X-0.6180*X(-1)	0.672933	0.017856	37.68644	0.0000

R-squared	0.988172	Mean dependent var	4264.852
Adjusted R-squared	0.987476	S.D. dependent var	2328.406
S.E. of regression	260.5710	Akaike info criterion	14.06293
Sum squared resid	1154253.	Schwarz criterion	14.16234
Log likelihood	-131.5978	Hannan-Quinn criter.	14.07975
F-statistic	1420.268	Durbin-Watson stat	1.601881
Prob(F-statistic)	0.000000		

图 13－5　广义差分回归结果

根据图 13－5 的回归结果，可得到广义差分方程：

$$y_t - 0.618y_{t-1} = 198.9554 + 0.672933 (x_t - 0.618x_{t-1})$$
$$(1.613038) \qquad (37.68644)$$

$R^2 = 0.988172$　$\bar{R}^2 = 0.987476$　$F = 1420.268$　$DW = 1.601881$

由广义差分回归结果中 DW＝1.601881 可以判断，根据 $d_L = 1.180$，$d_U = 1.401$，$d_U < DW < 4 - d_U$，说明在 5% 的显著性水平下此广义差分模型中已无自

相关。同理，可计算出：

$$\hat{\beta}_1 \approx \frac{198.9554}{1-0.6180} = 520.8527$$

所以，由 DW 统计量计算 $\hat{\rho}$ 回归结果为：

$$\hat{Y}_t = 520.8257 + 0.672933X_t$$

3）用残差序列估计 $\hat{\rho}$。由图 13－2 的回归结果可得到残差序列 e_t，在 EViews 中，每次回归的残差存放在 resid 序列中，为了对残差进行回归分析，需生成命名为 e_t 的残差序列。在主菜单中选择“Quick/Generate Series”或点击工作文件窗口工具栏中的“Procs/Generate Series”，在弹出的对话框中输入“e = resid”，点击“OK”得到残差序列 e_t。使用 e_t 进行滞后一期的自回归，在 EViews 命令栏中输入“ls e e（－1）”可得回归方程，如图 13－6 所示。

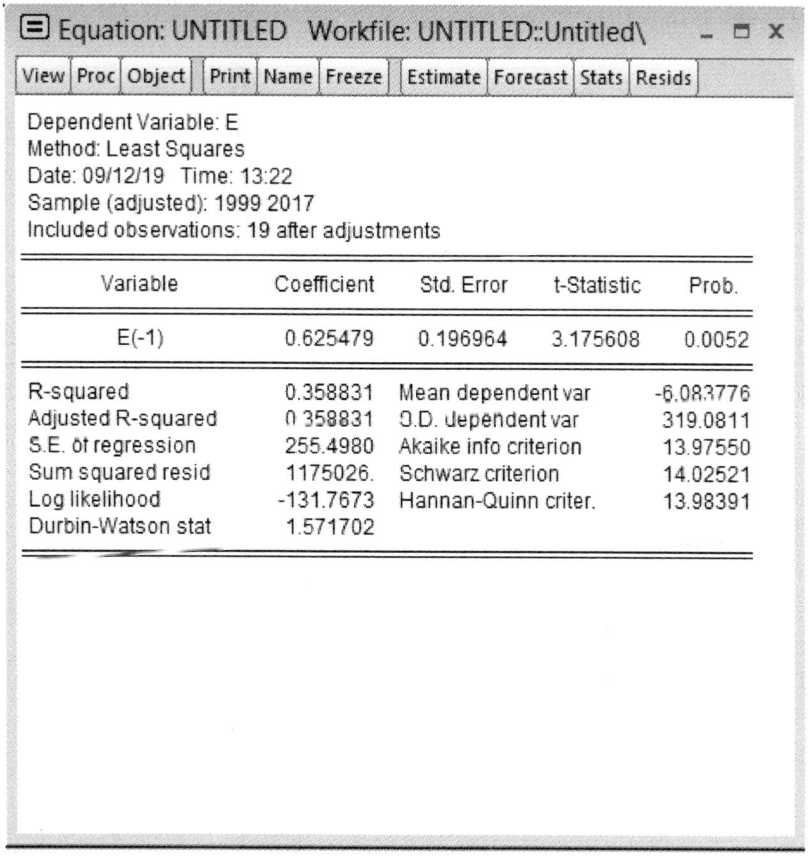

Equation: UNTITLED   Workfile: UNTITLED::Untitled\

View | Proc | Object | Print | Name | Freeze | Estimate | Forecast | Stats | Resids

Dependent Variable: E
Method: Least Squares
Date: 09/12/19   Time: 13:22
Sample (adjusted): 1999 2017
Included observations: 19 after adjustments

Variable	Coefficient	Std. Error	t-Statistic	Prob.
E(-1)	0.625479	0.196964	3.175608	0.0052

R-squared	0.358831	Mean dependent var	-6.083776
Adjusted R-squared	0.358831	S.D. dependent var	319.0811
S.E. of regression	255.4980	Akaike info criterion	13.97550
Sum squared resid	1175026.	Schwarz criterion	14.02521
Log likelihood	-131.7673	Hannan-Quinn criter.	13.98391
Durbin-Watson stat	1.571702		

图 13－6　残差序列一阶的自回归

如图可知 $\hat{\rho}=0.625479$，对原模型进行广义差分，得到广义差分方程：

$Y_t-0.6255Y_{t-1}=\beta_1\ (1-0.6255)\ +\beta_2\ (X_t-0.6255X_{t-1})$

对广义差分方程进行回归，在 EViews 命令栏中输入“ls Y - 0.6255 * Y (-1) c X - 0.6255 * X (-1)”，按回车键，得到方程输出结果，如图 13 - 7 所示。

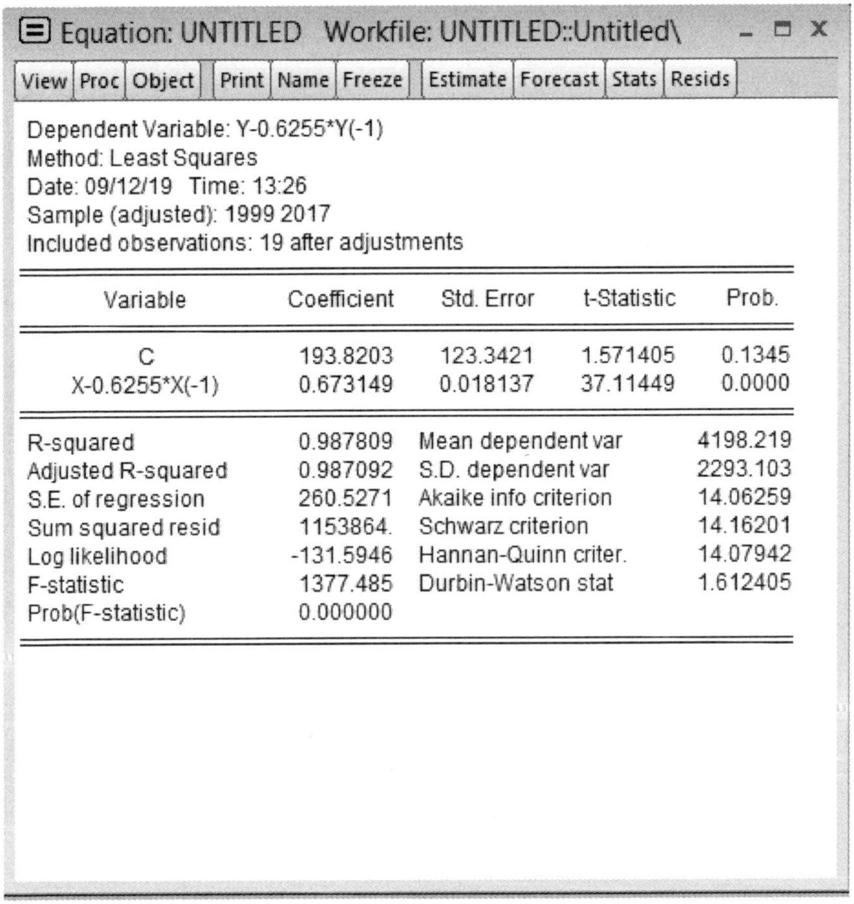

Equation: UNTITLED Workfile: UNTITLED::Untitled\

View | Proc | Object | Print | Name | Freeze | Estimate | Forecast | Stats | Resids

Dependent Variable: Y-0.6255*Y(-1)
Method: Least Squares
Date: 09/12/19 Time: 13:26
Sample (adjusted): 1999 2017
Included observations: 19 after adjustments

Variable	Coefficient	Std. Error	t-Statistic	Prob.
C	193.8203	123.3421	1.571405	0.1345
X-0.6255*X(-1)	0.673149	0.018137	37.11449	0.0000

R-squared	0.987809	Mean dependent var	4198.219
Adjusted R-squared	0.987092	S.D. dependent var	2293.103
S.E. of regression	260.5271	Akaike info criterion	14.06259
Sum squared resid	1153864.	Schwarz criterion	14.16201
Log likelihood	-131.5946	Hannan-Quinn criter.	14.07942
F-statistic	1377.485	Durbin-Watson stat	1.612405
Prob(F-statistic)	0.000000		

图 13 -7 广义差分回归结果

根据图 13 -7 的回归结果，可得到广义差分方程：

$$y_t-0.6255y_{t-1}=193.8203+0.673149\ (x_t-0.6255x_{t-1})$$

$$(1.571405)\qquad(37.11449)$$

$R^2 = 0.987809 \quad \bar{R}^2 = 0.987092 \quad F = 1377.485 \quad DW = 1.612405$

由广义差分回归结果中 DW = 1.612405 可以判断，根据 $d_L = 1.180$，$d_U = 1.401$，$d_U < DW < 4 - d_U$，说明在 5% 的显著性水平下此广义差分模型中已无自相关。同理，可计算出：

$$\hat{\beta}_1 \approx \frac{198.8203}{1 - 0.6255} = 517.5442$$

所以，由 DW 统计量计算 $\hat{\rho}$ 回归结果为：

$$\hat{Y}_t = 517.5442 + 0.673149X_t$$

对比三种处理自相关方法的结果，虽然几种方法都能消除自相关，但是由 DW 统计量和残差估计的 $\hat{\rho}$ 只是精度不高的估计，而本实验中样本数有限，对自相关系数 $\hat{\rho}$ 估计的经度也受到限制。相对来说，本实验中科克伦—奥克特迭代法处理自相关的效果可能更好。

五、课后练习

表 13－2 是 1998～2017 年贵州省农村居民人均消费支出 Y、农村居民人均可支配收入 X 的统计数据。

表 13－2　1998～2017 年贵州省农村居民人均消费支出和可支配收入数据

单位：元

年份	农村居民人均可支配收入 X	农村居民人均消费支出 Y	年份	农村居民人均可支配收入 X	农村居民人均消费支出 Y
1998	1334.46	1094.39	2008	2796.93	2165.7
1999	1363.07	1069.81	2009	3005.41	2421.95
2000	1374.16	1096.59	2010	3471.93	2852.48
2001	1411.73	1098.39	2011	4145.35	3455.76
2002	1489.91	1137.56	2012	4753	3901.71
2003	1564.66	1185.17	2013	5434	4740.18
2004	1721.55	1296.34	2014	6671.22	5970.25
2005	1876.96	1552.39	2015	7386.87	6644.93
2006	1984.62	1627.07	2016	8090.28	7533.29
2007	2373.99	1913.5	2017	8869.1	8298.98

（1）使用普通最小二乘法建立贵州省农村居民人均消费支出与农村居民可支配收入的线性模型。

（2）检验模型是否存在自相关。

（3）如果存在自相关，试采用适当的方法估计模型参数。

实验十四　基于 SPSS 的自相关分析

回归分析中出现的自相关问题，会影响到回归模型的效果，需要进一步检验和补救。本实验尝试使用 SPSS 来解决自相关问题。

一、实验目的

掌握线性回归模型中自相关的检验方法和补救措施，学会使用 SPSS 解决回归分析中出现的自相关问题。

二、实验要求

熟悉使用 SPSS 进行线性回归模型中自相关的检验和补救操作。

三、实验内容

试用 SPSS 完成与实验十三相同的实验内容。

四、实验步骤

（1）首先将实验数据输入 SPSS 的数据视图界面，如图 14 - 1 所示。

（2）拟合线性回归模型，并计算 DW 值。选择菜单【分析】→【回归】→【线性】，在线性回归对话框中，将 Y 选入因变量，将 X 选入自变量。点击“统计量”选项，进入统计量对话框。在“残差”下面勾选“Durbin - Watson（U）”，单击“继续”，再单击“确定”，得到线性回归结果，如表 14 - 1 至表 14 - 3 所示。

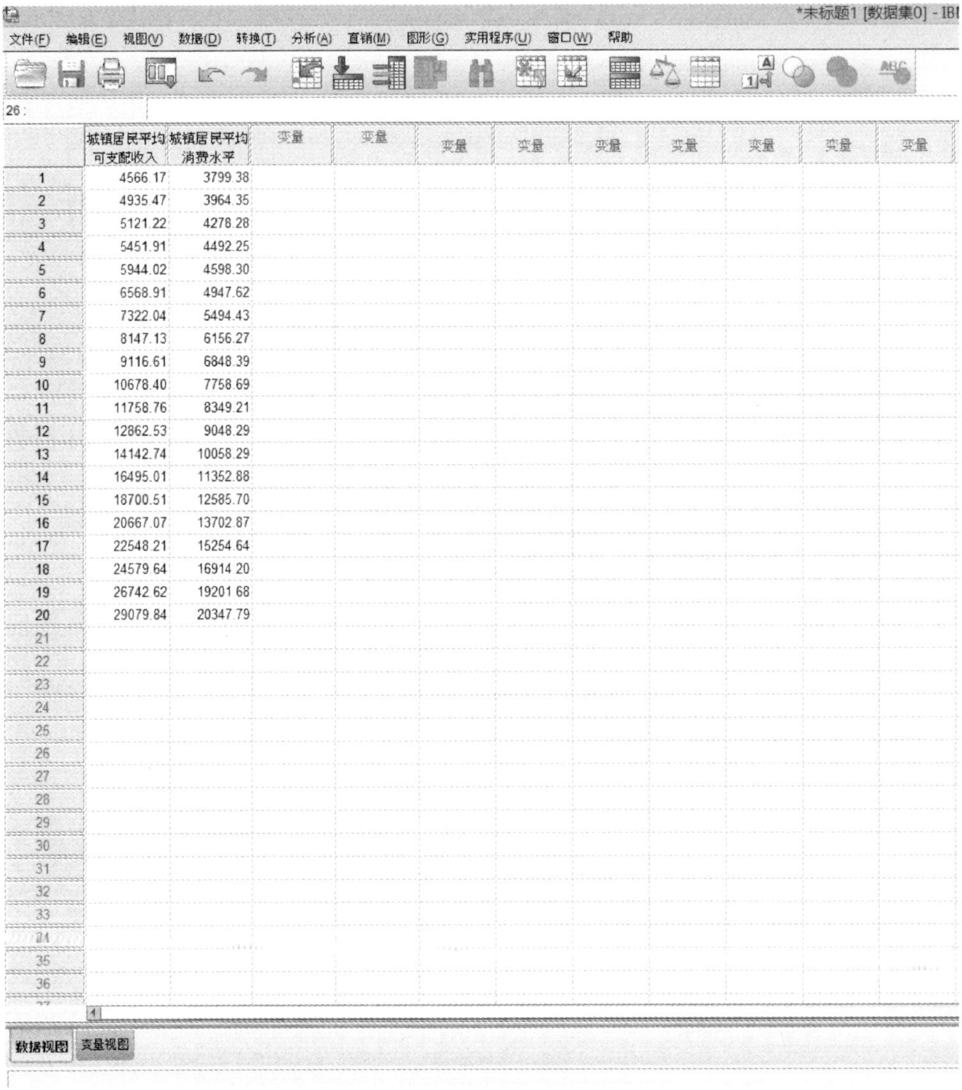
*未标题1 [数据集0] - IBI
文件(F) 编辑(E) 视图(V) 数据(D) 转换(T) 分析(A) 直销(M) 图形(G) 实用程序(U) 窗口(W) 帮助
26 :
城镇居民平均可支配收入 城镇居民平均消费水平 变量 变量 变量 变量 变量 变量 变量 变量 变量
1 4566.17 3799.38
2 4935.47 3964.35
3 5121.22 4278.28
4 5451.91 4492.25
5 5944.02 4598.30
6 6568.91 4947.62
7 7322.04 5494.43
8 8147.13 6156.27
9 9116.61 6848.39
10 10678.40 7758.69
11 11758.76 8349.21
12 12862.53 9048.29
13 14142.74 10058.29
14 16495.01 11352.88
15 18700.51 12585.70
16 20667.07 13702.87
17 22548.21 15254.64
18 24579.64 16914.20
19 26742.62 19201.68
20 29079.84 20347.79
数据视图 变量视图

图 14－1　数据输入结果

表 14－1　模型汇总[b]

模型	R	R 方	调整 R 方	标准估计的误差	Durbin－Watson
1	.998[a]	.997	.996	320.30319	.764

注：a. 预测变量：(常量)，城镇居民平均可支配收入。

b. 因变量：城镇居民平均消费水平。

表 14-2　Anova[a]

模型		平方和	df	均方	F	Sig.
1	回归	527983289.648	1	527983289.648	5146.330	.000[b]
	残差	1846694.384	18	102594.132		
	总计	529829984.032	19			

注：a. 因变量：城镇居民平均消费水平。

b. 预测变量：(常量)，城镇居民平均可支配收入。

表 14-3　系数[a]

模型		非标准化系数		标准系数	t	Sig.
		B	标准误差	试用版		
1	(常量)	655.215	142.077		4.612	.000
	城镇居民平均可支配收入	.663	.009	.998	71.738	.000

注：a. 因变量：城镇居民平均消费水平。

根据表 14-1 至表 14-3 的输出结果，可写出回归方程如下：

$$\hat{Y}_i = 655.215 + 0.663X$$

(4.612)　(71.738)

$R^2 = 0.997$　$\overline{R}^2 = 0.996$　$F = 5146.330$　$DW = 0.764$

(3) 自相关检验。DW 检验法：由回归结果可知，DW = 0.764，对于样本量为 20、一个解释变量的模型，在 5% 的显著性水平下，查 DW 统计表可知，$d_L = 1.201$，$d_U = 1.411$，模型中 $DW = 0.764 < d_L = 1.201$，显然此模型中存在自相关问题。

(4) 自相关的补救。用迭代法消除自相关，带入公式：

$$\hat{\rho} \approx 1 - \frac{1}{2}DW = 1 - \frac{1}{2} \times 0.764 \approx 0.618$$

$$令\begin{cases} y'_t = y_t - 0.618y_{t-1} \\ x'_t = x_t - 0.618y_{t-1} \end{cases}$$

将原始数据在 Excel 中依上式做变换，如表 14-4 所示。

表 14－4　原始数据变换后的结果

年份	序号	x_t	y_t	x'_t	y'_t
1998	1	4566. 17	3799. 38		
1999	2	4935. 47	3964. 35	2113. 577	1616. 333
2000	3	5121. 22	4278. 28	2071. 1	1828. 312
2001	4	5451. 91	4492. 25	2286. 996	1848. 273
2002	5	5944. 02	4598. 3	2574. 74	1822. 09
2003	6	6568. 91	4947. 62	2895. 506	2105. 871
2004	7	7322. 04	5494. 43	3262. 454	2436. 801
2005	8	8147. 13	6156. 27	3622. 109	2760. 712
2006	9	9116. 61	6848. 39	4081. 684	3043. 815
2007	10	10678. 4	7758. 69	5044. 335	3526. 385
2008	11	11758. 76	8349. 21	5159. 509	3554. 34
2009	12	12862. 53	9048. 29	5595. 616	3888. 478
2010	13	14142. 74	10058. 29	6193. 696	4466. 447
2011	14	16495. 01	11352. 88	7754. 797	5136. 857
2012	15	18700. 51	12585. 7	8506. 594	5569. 62
2013	16	20667. 07	13702. 87	9110. 155	5924. 907
2014	17	22548. 21	15254. 64	9775. 961	6786. 266
2015	18	24579. 64	16914. 2	10644. 85	7486. 832
2016	19	[illegible]	[illegible]	11552. 4	8748. 704
2017	20	29079. 84	20347. 79	12552. 9	8481. 152

将变换后的结果 x'_t 和 y'_t 放到 SPSS 中再进行一次回归，得到结果如表 14－5 至表 14－7 所示。

表 14－5　模型汇总[b]

模型	R	R 方	调整 R 方	标准估计的误差	Durbin－Watson
1	. 994[a]	. 988	. 987	260. 57100	1. 602

注：a. 预测变量：（常量），x_ change。

b. 因变量：y_ change。

表 14－6　Anova[a]

模型		平方和	df	均方	F	Sig.
1	回归	96432269.349	1	96432269.349	1420.268	.000[b]
	残差	1154253.152	17	67897.244		
	总计	97586522.501	18			

注：a. 因变量：y_ change。

b. 预测变量：(常量)，x_ change。

表 14－7　系数[a]

模型		非标准化系数		标准系数	t	Sig.
		B	标准误差	试用版		
1	(常量)	198.955	123.342		1.613	.125
	x_ change	.673	.018	.994	37.686	.000

注：a. 因变量：y_ change。

根据表 14－5 可知 DW＝1.602，由于使用迭代变换，样本容量减少了 1 个，变为样本量为 19、一个解释变量的模型，在 5%的显著性水平下，查 DW 统计表可知，$d_L=1.180$，$d_U=1.401$，$d_U<DW<4-d_U$，说明在 5%显著性水平下此广义差分模型中已无自相关。即得广义差分回归的输出结果为：

$$y_t-0.618y_{t-1}=198.955+0.673\ (x_t-0.618x_{t-1})$$

$$(1.613)\qquad\qquad (37.686)$$

$$R^2=0.988\quad \overline{R}^2=0.987\quad F=1420.268\quad DW=1.602$$

可计算出：

$$\hat{\beta}_1\approx\frac{198.955}{1-0.618}=520.8246$$

所以，由 DW 统计量计算 $\hat{\rho}$ 回归结果为：

$$\hat{Y}_t=520.8246+0.673X_t$$

五、课后练习

请用 SPSS 完成与实验十三课后练习相同的实验内容。

第三篇　提高篇

实验十五　基于 EViews 的虚拟变量模型分析

虚拟变量的引入可以解决在计量经济学建模中引入定性因素的问题，从而兼顾定性因素和定量因素的影响与作用。但是由于定性因素的特殊性，虚拟变量的设置需要遵循一定的规则。本章的实验可以帮助大家更好地解决在建立虚拟变量模型中遇到的问题。

一、实验目的

掌握虚拟变量的基本原理，对虚拟变量的设定和模型的估计与检验，以及相关的 Eviews 操作方法。

二、实验要求

要求学生掌握利用 EViews 进行计量经济学中关于虚拟变量的回归模型研究与建立。

三、实验内容

试根据表 15 - 1 中 1984 ~2003 年国家年度财政收入与国内生产总值（GDP）的统计资料建立我国财政收入对国内生产总值（GDP）的模型，同时考虑我国 1994 年开始的分税制度对财政收入的影响。

四、实验步骤

(1) 建立工作文件并录入数据，文件命名为“实验十五”，如图 15 - 1 所示。

表 15 - 1　1984 ~ 2003 年国家年度财政收入与国内生产总值（GDP）统计数据

单位：亿元

年份	国家年度财政收入	GDP	D_i
1984	1642.86	7171	0
1985	2004.82	8964.4	0
1986	2122.01	10202.2	0
1987	2199.35	11962.5	0
1988	2357.24	14928.3	0
1989	2664.9	16909.2	0
1990	2937.1	18547.9	0
1991	3149.48	21617.8	0
1992	3483.37	26638.1	0
1993	4383.37	34634.4	0
1994	5218.1	46759.4	1
1995	6242.2	58478.1	1
1996	7407.99	67884.6	1
1997	8651.14	74462.6	1
1998	9875.95	78345.2	1
1999	11444.08	82067.5	1
2000	13395.23	89468.1	1
2001	16386.04	97314.8	1
2002	18903.64	105172.3	1
2003	21715.25	117251.9	1

Group: UNTITLED　Workfile: 实验十五::Untitled\

View | Proc | Object | Print | Name | Freeze | Default | Sort | Transpose | Edit+/- | Smpl

obs	Y	X
1984	1642.860	7171.000
1985	2004.820	8964.400
1986	2122.010	10202.20
1987	2199.350	11962.50
1988	2357.240	14928.30
1989	2664.900	16909.20
1990	2937.100	18547.90
1991	3149.480	21617.80
1992	3483.370	26638.10
1993	4383.370	34634.40
1994	5218.100	46759.40
1995	6242.200	58478.10
1996	7407.990	67884.60
1997	8651.140	74462.60
1998	9875.950	78345.20
1999	11444.08	82067.50
2000	13395.23	89468.10
2001	16386.04	97314.80
2002	18903.64	105172.3
2003	21715.25	117251.9

图 15－1　数据输入结果

（2）在"Quick"菜单中单击"Estimate Equation"，在"Method"中选择"Least Squares"，在"Equation specification"对话框中输入"Y C X"，单击"OK"，即出现回归结果，如图 15－2 所示。

根据图 15－2 的回归结果可以看出，$R^2=0.919062$，$F=204.3936$，$DW=0.173208$，还有常数项的 t 统计量 $=-0.858615$，显著性水平 $P=0.4018$，回归模型整体效果不太理想。

Equation: UNTITLED Workfile: 实验十五::Untitled\

View | Proc | Object | Print | Name | Freeze | Estimate | Forecast | Stats | Resids

Dependent Variable: Y
Method: Least Squares
Date: 09/13/19 Time: 10:42
Sample: 1984 2003
Included observations: 20

Variable	Coefficient	Std. Error	t-Statistic	Prob.
C	-585.4102	681.8072	-0.858615	0.4018
X	0.159684	0.011169	14.29663	0.0000

R-squared	0.919062	Mean dependent var	7309.206
Adjusted R-squared	0.914566	S.D. dependent var	6118.867
S.E. of regression	1788.490	Akaike info criterion	17.91077
Sum squared resid	57576567	Schwarz criterion	18.01034
Log likelihood	-177.1077	Hannan-Quinn criter.	17.93021
F-statistic	204.3936	Durbin-Watson stat	0.173208
Prob(F-statistic)	0.000000		

图 15 - 2　回归结果（未加入虚拟变量）

（3）绘制相关图分析，分析数据特征。作出散点图，本实验以国家年度财政收入 Y 为纵坐标，以国内生产总值 X 为横坐标。在图 15 - 1 的数据编辑窗口，单击“View/Graph”，在“Graph type”中选“scatter”，单击“OK”，得到图 15 - 3 所示的散点图。

根据图 15 - 3 的相关图可以看出，前 10 个样本点（即 1994 年分税制改革前）与后 10 个样本点（即 1994 年分税制改革后）差异较大。因此，为反映“分税制”这一定性因素，设置虚拟变量如下：

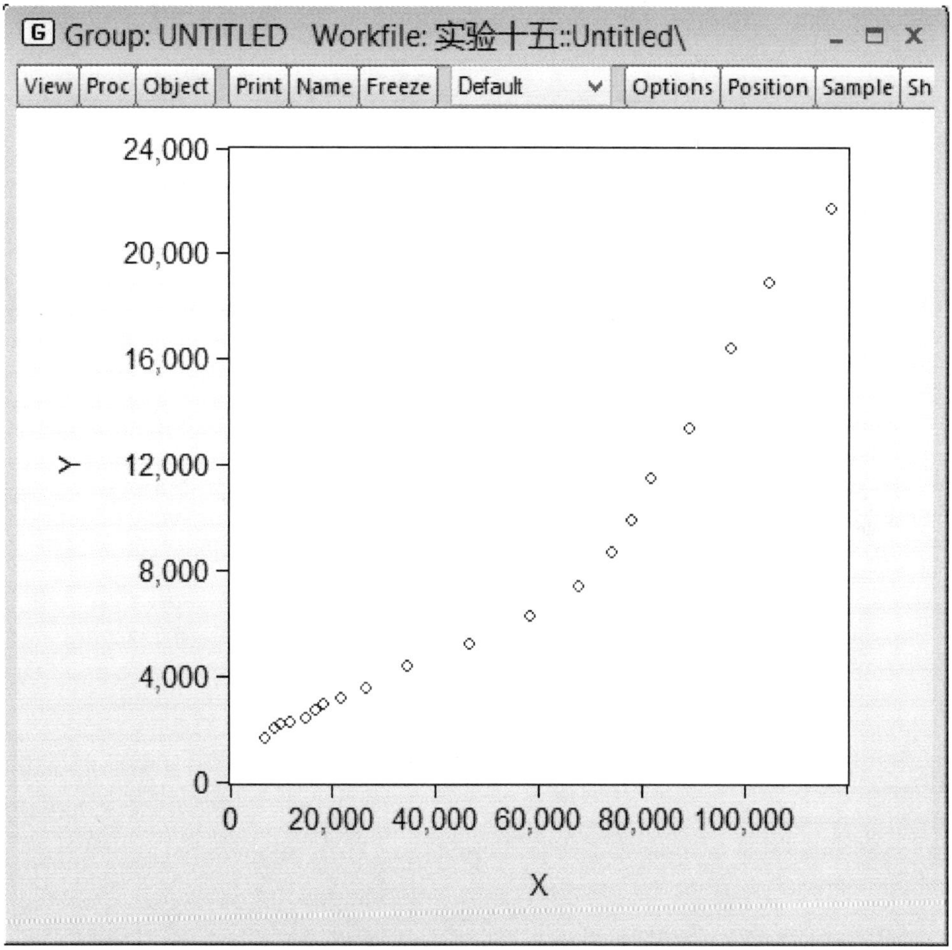

图 15 -3　国内生产总值 X 与国家年度财政收入 Y 的散点图

$$D=\begin{cases}1\cdots\text{分税制改革（1994 年）后}\\0\cdots\cdots\cdots\cdots\cdots\cdots\text{分税制改革前}\end{cases}$$

（4）构造虚拟变量。在命令栏输入“DATA D1”，构造虚拟变量 D_1，并根据表 15 -1 输入数据。

（5）以加法方式引入虚拟解释变量，建立回归模型。在“Quick”菜单中单击“Estimate Equation”，在“Method”中选择“Least Squares”，在“Equation specification”对话框中输入“Y C X D1”，单击“OK”，即出现回归结果，如图 15 -4 所示。

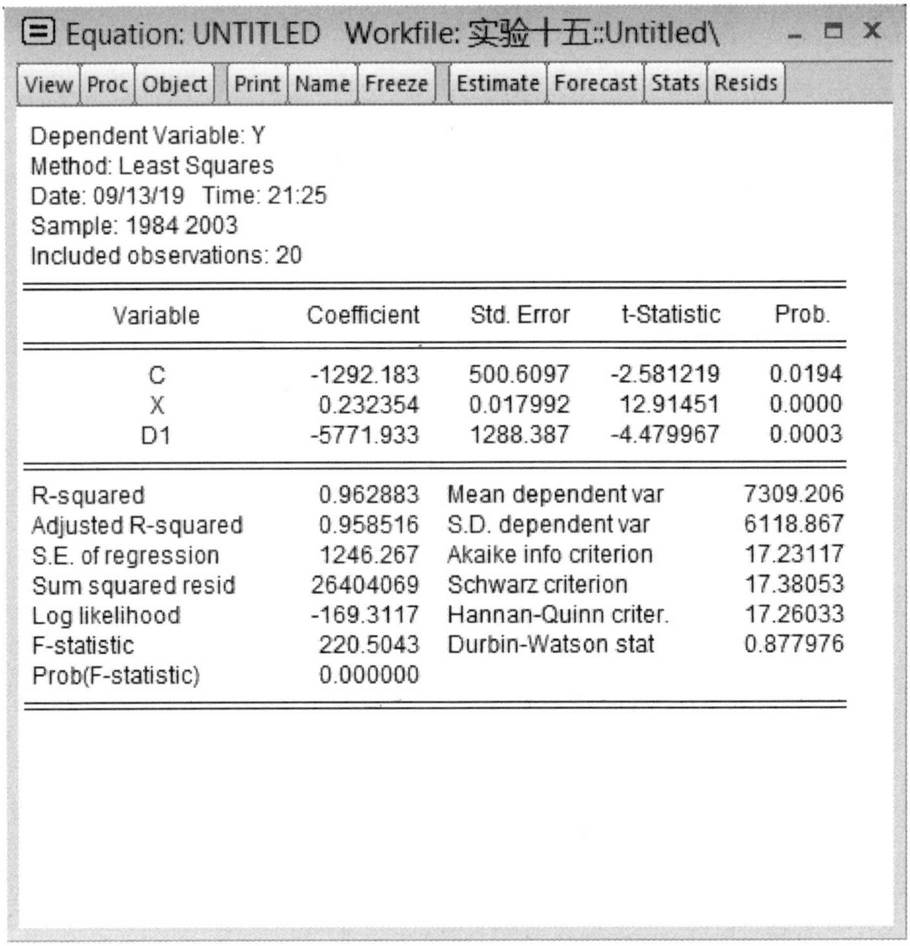

Equation: UNTITLED Workfile: 实验十五::Untitled\

View | Proc | Object | Print | Name | Freeze | Estimate | Forecast | Stats | Resids

Dependent Variable: Y
Method: Least Squares
Date: 09/13/19 Time: 21:25
Sample: 1984 2003
Included observations: 20

Variable	Coefficient	Std. Error	t-Statistic	Prob.
C	-1292.183	500.6097	-2.581219	0.0194
X	0.232354	0.017992	12.91451	0.0000
D1	-5771.933	1288.387	-4.479967	0.0003

R-squared	0.962883	Mean dependent var	7309.206
Adjusted R-squared	0.958516	S.D. dependent var	6118.867
S.E. of regression	1246.267	Akaike info criterion	17.23117
Sum squared resid	26404069	Schwarz criterion	17.38053
Log likelihood	-169.3117	Hannan-Quinn criter.	17.26033
F-statistic	220.5043	Durbin-Watson stat	0.877976
Prob(F-statistic)	0.000000		

图 15－4　以加法方式引入虚拟解释变量的回归结果

引入虚拟变量后的回归结果与引入前相比，可以看出，不管是可决系数、F 统计量、DW 值，还是 t 统计量都有了不同程度的提高，模型得到了改进。所以以加法方式引入虚拟变量是合理的。根据图 15－4 的回归结果，可以写出样本回归表达式如下：

$$\hat{Y}_i = -1292.183 + 0.232354X_i - 5771.933D_1$$

$$(-2.581219)\quad(12.91451)\quad(-4.479967)$$

$$R^2 = 0.962883 \quad \bar{R}^2 = 0.958516 \quad F = 220.5043 \quad DW = 0.877976$$

（6）以乘法方式引入虚拟解释变量，建立回归模型。生成新变量序列，在命令栏输入"GENR XD = X * D1"，然后估计虚拟变量模型，在命令栏输入"LS Y C X D1 XD"，得到回归结果，如图 15 - 5 所示。

Equation: UNTITLED　Workfile: 实验十五::Untitled\

View | Proc | Object | Print | Name | Freeze | Estimate | Forecast | Stats | Resids

Dependent Variable: Y
Method: Least Squares
Date: 09/13/19　Time: 10:41
Sample: 1984 2003
Included observations: 20

Variable	Coefficient	Std. Error	t-Statistic	Prob.
C	1071.979	631.8455	1.696583	0.1091
X	0.094563	0.033263	2.842871	0.0118
D1	-9945.917	1288.545	-7.718717	0.0000
XD	0.159938	0.035837	4.462950	0.0004

R-squared	0.983466	Mean dependent var	7309.206
Adjusted R-squared	0.980366	S.D. dependent var	6118.867
S.E. of regression	857.3928	Akaike info criterion	16.52253
Sum squared resid	11761957	Schwarz criterion	16.72167
Log likelihood	-161.2253	Hannan-Quinn criter.	16.56140
F-statistic	317.2298	Durbin-Watson stat	1.027115
Prob(F-statistic)	0.000000		

图 15 - 5　以乘法方式引入虚拟解释变量的回归结果

根据图 15 - 5 的回归结果，可以写出样本回归方程如下：

$$\hat{Y}_i = 1071.797 + 0.094563X_i - 9945.917D_1 + 0.159938XD$$

$$(1.696583)\quad(2.842871)\quad(-7.718717)\quad(4.462950)$$

$$R^2 = 0.983466 \quad \bar{R}^2 = 0.980366 \quad F = 317.2298 \quad DW = 1.027115$$

再由 t 检验值判断虚拟变量的引入方式，可知：虚拟变量回归系数的 t 检验都是显著的，且模型的拟合优度很高，说明我国国内生产总值与分税改革对国家年度财政收入，在截距和斜率上都存在着明显差异，所以以乘法方式引入虚拟变量是合理的。

分税制改革（1994 年）前与分税制改革（1994 年）后各自的回归模型为：

分税制改革（1994 年）前：

$\hat{Y}_i = 1071.979 + 0.094563X_i$

分税制改革（1994 年）后：

$\hat{Y}_i = (1071.979 - 9945.917) + (0.094563 + 0.159938)X_i = -8873.938 + 0.254501X_i$

由此可见，我国国家年度财政收入随国内生产总值与分税改革的影响特点如下：在分税制改革（1994 年）前，国内生产总值每增加 1 亿元，国家年度财政收入将平均增加 945.63 万元；在分税制改革（1994 年）后，国内生产总值每增加 1 亿元，国家年度财政收入将平均增加 2545.01 万元。分税制改革的推进，使我国国家年度财政收入随国内生产总值的提高而快速增加。

比较以加法形式和以乘法形式引入虚拟变量作回归模型的过程，可以发现以乘法形式引入虚拟变量有如下特点：①用一个回归替代了多个回归，简化了分析过程；②可以方便地对模型结构的差异作各种假设检验；③合并的回归增加了自由度，提高了参数估计的精确性。

五、课后练习

试根据表 15－2 中 1990～2008 年中国进出口总额与国内生产总值（GDP）的统计资料建立我国进出口总额对国内生产总值（GDP）的模型，同时考虑我国 2001 年加入世贸组织（WTO）对财政收入的影响。

表 15－2　1990～2008 年中国进出口总额与国内生产总值（GDP）统计数据

单位：亿元

年份	国家年度财政收入	GDP	D_i
1990	5560.1	18872.9	0
1991	7225.8	22005.6	0
1992	9119.6	27194.5	0
1993	11271	35673.2	0

续表

年份	国家年度财政收入	GDP	D_i
1994	20381.9	48637.5	0
1995	23499.9	61339.9	0
1996	24133.9	71813.6	0
1997	26967.2	79715	0
1998	26849.7	85195.5	0
1999	29896.2	90564.4	0
2000	39273.3	100280.1	0
2001	42183.6	110863.1	1
2002	51378.2	121717.4	1
2003	70483.5	137422.0	1
2004	95539.1	161840.2	1
2005	116921.8	187318.9	1
2006	140974.7	219438.5	1
2007	166924.1	270092.3	1
2008	179921.5	319244.6	1

实验十六　基于 EViews 的滞后变量模型分析

某些经济现象中的解释变量对被解释变量的影响可能在当期内无法完成，而是通过一段时间后才能完全作用于被解释变量。这就需要建立滞后变量对其进行研究，本章的实验可以帮助大家更好地建立滞后变量模型。

一、实验目的

掌握滞后变量的基本原理，对滞后变量的设定和模型的估计与检验，以及相关的 EViews 操作方法。

二、实验要求

要求学生掌握利用 EViews 进行计量经济学中关于滞后变量的回归模型研究与建立。

三、实验内容

试根据表 16－1 中 1996 年 2 月到 2008 年 12 月我国广义货币供应增长量与居民消费价格指数的统计资料，建立合适的分布滞后模型。

表 16－1　1996～2008 年我国货币供应量与居民消费价格指数统计数据

时间	广义货币供应增长量 X	居民消费价格指数 Y	时间	广义货币供应增长量 X	居民消费价格指数 Y
1996 年 2 月		109.3	2002 年 8 月	2.3998	99.3
1996 年 3 月	0.733	109.8	2002 年 9 月	3.7315	99.3

续表

时间	广义货币供应增长量 X	居民消费价格指数 Y	时间	广义货币供应增长量 X	居民消费价格指数 Y
1996 年 4 月	1. 212	109. 7	2002 年 10 月	0. 3118	99. 2
1996 年 5 月	1. 157	108. 9	2002 年 11 月	2. 4421	99. 3
1996 年 6 月	1. 252	108. 6	2002 年 12 月	5. 271	99. 6
1996 年 7 月	1. 214	108. 3	2003 年 1 月	5. 481	100. 4
1996 年 8 月	2. 963	108. 1	2003 年 2 月	-0. 3799	100. 2
1996 年 9 月	-2. 666	107. 4	2003 年 3 月	4. 3789	100. 9
1996 年 10 月	3. 5092	107	2003 年 4 月	1. 6428	101
1996 年 11 月	0. 9898	106. 9	2003 年 5 月	3. 3751	100. 7
1996 年 12 月	1. 9529	107	2003 年 6 月	5. 4262	100. 3
1997 年 1 月	2. 5531	105. 9	2003 年 7 月	1. 2617	100. 5
1997 年 2 月	0. 35	105. 6	2003 年 8 月	4. 3988	100. 9
1997 年 3 月	0. 891	104	2003 年 9 月	2. 9752	101. 1
1997 年 4 月	0. 929	103. 2	2003 年 10 月	0. 9023	101. 8
1997 年 5 月	0. 333	102. 8	2003 年 11 月	1. 8823	103
1997 年 6 月	1. 638	102. 8	2003 年 12 月	4. 8711	103. 2
1997 年 7 月	0. 671	102. 7	2004 年 1 月	3. 8791	103. 2
1997 年 8 月	1. 286	101. 9	2004 年 2 月	1. 9488	102. 1
1997 年 9 月	1. 146	101. 8	2004 年 3 月	4. 6039	103
1997 年 10 月	0. 752	101. 5	2004 年 4 月	1. 9733	103. 8
1997 年 11 月	0. 946	101. 1	2004 年 5 月	1. 2145	104. 4
1997 年 12 月	3. 4053	100. 4	2004 年 6 月	3. 5851	105
1998 年 1 月	1. 2161	100. 3	2004 年 7 月	-0. 3005	105. 3
1998 年 2 月	-0. 1874	99. 9	2004 年 8 月	1. 6022	105. 3
1998 年 3 月	-0. 009	100. 7	2004 年 9 月	4. 0277	105. 2
1998 年 4 月	0. 647	99. 7	2004 年 10 月	-0. 0166	104. 3
1998 年 5 月	1. 274	99	2004 年 11 月	3. 3953	102. 8

续表

时间	广义货币供应增长量 X	居民消费价格指数 Y	时间	广义货币供应增长量 X	居民消费价格指数 Y
1998 年 6 月	0.722	98.7	2004 年 12 月	6.9714	102.4
1998 年 7 月	1.656	98.6	2005 年 1 月	3.6015	101.9
1998 年 8 月	0.985	98.6	2005 年 2 月	1.6488	103.9
1998 年 9 月	2.496	98.5	2005 年 3 月	5.2316	102.7
1998 年 10 月	1.0802	98.9	2005 年 4 月	2.4038	101.8
1998 年 11 月	1.3538	98.8	2005 年 5 月	2.2478	101.8
1998 年 12 月	2.2695	99	2005 年 6 月	6.545	101.6
1999 年 1 月	1.0015	98.8	2005 年 7 月	1.1808	101.8
1999 年 2 月	2.278	98.7	2005 年 8 月	4.3219	101.3
1999 年 3 月	0.66	98.2	2005 年 9 月	6.1501	100.9
1999 年 4 月	0.78	97.8	2005 年 10 月	0.1533	101.2
1999 年 5 月	0.843	97.8	2005 年 11 月	4.7588	101.3
1999 年 6 月	1.302	97.9	2005 年 12 月	6.4053	101.6
1999 年 7 月	0.051	98.6	2006 年 1 月	4.816	101.9
1999 年 8 月	1.413	98.7	2006 年 2 月	0.9446	100.9
1999 年 9 月	2.252	99.2	2006 年 3 月	5.9744	100.8
1999 年 10 月	0.311	99.4	2006 年 4 月	3.2116	101.2
1999 年 11 月	1.169	99.1	2006 年 5 月	3.0075	101.4
1999 年 12 月	3.339	99	2006 年 6 月	6.0466	101.5
2000 年 1 月	1.322	99.8	2006 年 7 月	1.2544	101
2000 年 2 月	0.3634	100.7	2006 年 8 月	3.8759	101.3
2000 年 3 月	0.9973	99.8	2006 年 9 月	3.9787	101.5
2000 年 4 月	1.5412	99.7	2006 年 10 月	0.8818	101.4
2000 年 5 月	-0.0686	100.1	2006 年 11 月	4.757	101.9
2000 年 6 月	2.552	100.5	2006 年 12 月	8.0994	102.8
2000 年 7 月	-0.2814	100.5	2007 年 1 月	5.8952	102.2

续表

时间	广义货币供应增长量 X	居民消费价格指数 Y	时间	广义货币供应增长量 X	居民消费价格指数 Y
2000 年 8 月	1.4661	100.3	2007 年 2 月	7.1605	102.7
2000 年 9 月	2.6838	100	2007 年 3 月	5.4344	103.3
2000 年 10 月	-0.9518	100	2007 年 4 月	3.33187	103
2000 年 11 月	1.4721	101.3	2007 年 5 月	2.29258	103.4
2000 年 12 月	3.6162	101.5	2007 年 6 月	8.114	104.4
2001 年 1 月	2.9333	101.2	2007 年 7 月	6.05273	105.6
2001 年 2 月	-1.3334	100	2007 年 8 月	3.32016	106.5
2001 年 3 月	2.5343	100.8	2007 年 9 月	5.89387	106.2
2001 年 4 月	1.2054	101.6	2007 年 10 月	1.10526	106.5
2001 年 5 月	-0.9341	101.7	2007 年 11 月	5.55374	106.9
2001 年 6 月	8.7939	101.4	2007 年 12 月	3.64339	106.5
2001 年 7 月	1.419	101.5	2008 年 1 月	14.44487	107.1
2001 年 8 月	0.7131	101	2008 年 2 月	3.19167	108.7
2001 年 9 月	1.8808	99.9	2008 年 3 月	2.01669	108.3
2001 年 10 月	-0.3253	100.2	2008 年 4 月	6.18638	108.5
2001 年 11 月	2.591	99.7	2008 年 5 月	6.98069	107.7
2001 年 12 月	4.2136	99.7	2008 年 6 月	6.91942	107.1
2002 年 1 月	1.3374	99	2008 年 7 月	3.22115	106.3
2002 年 2 月	1.2963	100	2008 年 8 月	2.48451	104.9
2002 年 3 月	3.129	99.2	2008 年 9 月	4.05203	104.6
2002 年 4 月	0.506	98.7	2008 年 10 月	0.23461	104
2002 年 5 月	1.4904	98.9	2008 年 11 月	5.51134	102.4
2002 年 6 月	3.5402	99.2	2008 年 12 月	16.5219	101.2
2002 年 7 月	1.2499	99.1			

四、实验步骤

(1) 建立工作文件并录入数据，文件命名为“实验十六”，如图 16 - 1 所示。

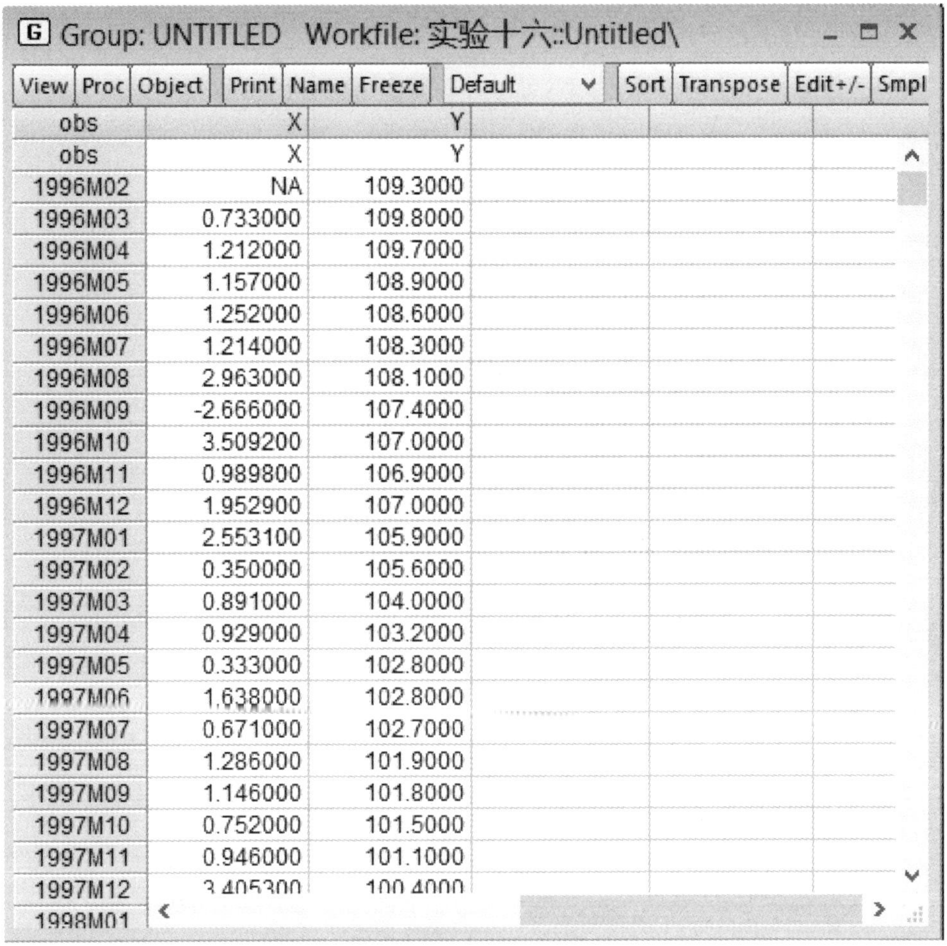

Group: UNTITLED Workfile: 实验十六::Untitled\

View | Proc | Object | Print | Name | Freeze | Default | Sort | Transpose | Edit+/- | Smpl

obs	X	Y
obs	X	Y
1996M02	NA	109.3000
1996M03	0.733000	109.8000
1996M04	1.212000	109.7000
1996M05	1.157000	108.9000
1996M06	1.252000	108.6000
1996M07	1.214000	108.3000
1996M08	2.963000	108.1000
1996M09	-2.666000	107.4000
1996M10	3.509200	107.0000
1996M11	0.989800	106.9000
1996M12	1.952900	107.0000
1997M01	2.553100	105.9000
1997M02	0.350000	105.6000
1997M03	0.891000	104.0000
1997M04	0.929000	103.2000
1997M05	0.333000	102.8000
1997M06	1.638000	102.8000
1997M07	0.671000	102.7000
1997M08	1.286000	101.9000
1997M09	1.146000	101.8000
1997M10	0.752000	101.5000
1997M11	0.946000	101.1000
1997M12	3.405300	100.4000
1998M01		

图 16 - 1　数据输入结果

(2) 在“Quick”菜单中单击“Estimate Equation”，在“Method”中选择“Least Squares”，在“Equation specification”对话框中输入“Y C X”，单击“OK”，即出现回归结果，如图 16 - 2 所示。

Equation: UNTITLED　Workfile: 实验十六::Untitled\

View | Proc | Object | Print | Name | Freeze | Estimate | Forecast | Stats | Resids

Dependent Variable: Y
Method: Least Squares
Date: 10/04/19　Time: 12:20
Sample (adjusted): 1996M03 2008M12
Included observations: 154 after adjustments

Variable	Coefficient	Std. Error	t-Statistic	Prob.
C	101.5214	0.331860	305.9163	0.0000
X	0.211243	0.089246	2.366978	0.0192

R-squared	0.035549	Mean dependent var	102.0857
Adjusted R-squared	0.029204	S.D. dependent var	2.907584
S.E. of regression	2.864813	Akaike info criterion	4.955785
Sum squared resid	1247.487	Schwarz criterion	4.995226
Log likelihood	-379.5955	Hannan-Quinn criter.	4.971806
F-statistic	5.602587	Durbin-Watson stat	0.107061
Prob(F-statistic)	0.019194		

图 16－2　回归结果（未考虑滞后因素）

（3）从回归结果来看，X 的 t 统计量显著，表明当年货币供应量的变化对当年物价水平的影响在统计意义上有一定影响，但没有显现出这种影响的滞后性。为了分析货币供应量变化影响物价的滞后性，做滞后 6 个月的分布滞后模型的估计，在 EViews 工作文档的方程设定窗口输入“Y C X X（－1）X（－2）X（－3）X（－4）X（－5）X（－6）”，结果如图 16－3 所示。

Equation: UNTITLED Workfile: 实验十六::Untitled\

View | Proc | Object | Print | Name | Freeze | Estimate | Forecast | Stats | Resids

Dependent Variable: Y
Method: Least Squares
Date: 10/04/19 Time: 12:21
Sample (adjusted): 1996M09 2008M12
Included observations: 148 after adjustments

Variable	Coefficient	Std. Error	t-Statistic	Prob.
C	99.15220	0.374075	265.0596	0.0000
X	0.008708	0.083411	0.104400	0.9170
X(-1)	0.139830	0.088309	1.583407	0.1156
X(-2)	0.174400	0.087054	2.003348	0.0471
X(-3)	0.186149	0.089397	2.082290	0.0391
X(-4)	0.193557	0.087001	2.224772	0.0277
X(-5)	0.182935	0.089216	2.050476	0.0422
X(-6)	0.137914	0.095036	1.451183	0.1490

R-squared	0.323866	Mean dependent var	101.8095
Adjusted R-squared	0.290059	S.D. dependent var	2.609541
S.E. of regression	2.198747	Akaike info criterion	4.466191
Sum squared resid	676.8287	Schwarz criterion	4.628203
Log likelihood	-322.4981	Hannan-Quinn criter.	4.532016
F-statistic	9.579916	Durbin-Watson stat	0.096997
Prob(F-statistic)	0.000000		

图 16－3 滞后 6 个月的分布滞后模型估计结果

（4）从回归结果来看，X 各滞后期的系数有所增加，表明当期货币供应量的变化对物价水平的影响要经过一定时间才能逐步显现。但各滞后期系数的 t 统计量都不显著，因此还不能据此判断滞后期究竟有多长。为此，作滞后 12 个月的分布滞后模型的估计，结果如图 16－4 所示。

Equation: UNTITLED　Workfile: 实验十六::Untitled\

View | Proc | Object | Print | Name | Freeze | Estimate | Forecast | Stats | Resids

Dependent Variable: Y
Method: Least Squares
Date: 10/04/19 Time: 12:22
Sample (adjusted): 1997M03 2008M12
Included observations: 142 after adjustments

Variable	Coefficient	Std. Error	t-Statistic	Prob.
C	98.19502	0.308721	318.0701	0.0000
X	-0.096820	0.079235	-1.221945	0.2240
X(-1)	0.078211	0.077461	1.009684	0.3146
X(-2)	0.094102	0.078315	1.201589	0.2317
X(-3)	0.121249	0.081371	1.490077	0.1387
X(-4)	0.141275	0.080697	1.750675	0.0824
X(-5)	0.117808	0.081555	1.444522	0.1510
X(-6)	0.072880	0.081091	0.898749	0.3705
X(-7)	0.124986	0.080707	1.548636	0.1239
X(-8)	0.134293	0.081129	1.655305	0.1003
X(-9)	0.106268	0.081467	1.304426	0.1944
X(-10)	0.075671	0.080440	0.940712	0.3486
X(-11)	0.125161	0.085379	1.465940	0.1451
X(-12)	0.246593	0.102107	2.415032	0.0171

R-squared	0.556871	Mean dependent var	101.6056
Adjusted R-squared	0.511866	S.D. dependent var	2.459567
S.E. of regression	1.718416	Akaike info criterion	4.014069
Sum squared resid	377.9770	Schwarz criterion	4.305488
Log likelihood	-270.9989	Hannan-Quinn criter.	4.132490
F-statistic	12.37348	Durbin-Watson stat	0.200922
Prob(F-statistic)	0.000000		

图 16 -4　滞后 12 个月的分布滞后模型估计结果

（5）如图 16 -4 所示，从 X 到 X（ -11）的回归系数都不显著异于零，而 X（ -12）的回归系数 t 统计量为 2.4150，在 5% 的显著性水平下拒绝系数为零的原假设。这一结果表明，当期货币供应量变化对物价水平的影响在经过 12 个月后明显显现出来。为了考察货币供应量变化对物价水平影响的滞后期，作滞后 18 期的分布滞后模型的估计，结果如图 16 -5 所示。

Equation: UNTITLED Workfile: 实验十六::Untitled\

View | Proc | Object | Print | Name | Freeze | Estimate | Forecast | Stats | Resids

Dependent Variable: Y
Method: Least Squares
Date: 10/04/19 Time: 12:22
Sample (adjusted): 1997M09 2008M12
Included observations: 136 after adjustments

Variable	Coefficient	Std. Error	t-Statistic	Prob.
C	97.66096	0.291440	335.0977	0.0000
X	-0.091775	0.073585	-1.247197	0.2148
X(-1)	0.017103	0.079276	0.215738	0.8296
X(-2)	0.011766	0.079904	0.147250	0.8832
X(-3)	0.036179	0.081148	0.445838	0.6565
X(-4)	0.053971	0.080742	0.668434	0.5052
X(-5)	0.052873	0.082978	0.637189	0.5253
X(-6)	0.023527	0.083761	0.280882	0.7793
X(-7)	0.037570	0.079510	0.472518	0.6374
X(-8)	0.063171	0.080332	0.786372	0.4333
X(-9)	0.056300	0.080139	0.702537	0.4838
X(-10)	0.029780	0.079765	0.373355	0.7096
X(-11)	0.091873	0.082847	1.108943	0.2697
X(-12)	0.255607	0.095262	2.683190	0.0084
X(-13)	0.230853	0.096610	2.389535	0.0185
X(-14)	0.246577	0.096655	2.551099	0.0120
X(-15)	0.187795	0.098409	1.908311	0.0588
X(-16)	0.152352	0.098205	1.551375	0.1235
X(-17)	0.080240	0.098486	0.814738	0.4169
X(-18)	0.056033	0.098468	0.569048	0.5704

R-squared	0.670951	Mean dependent var	101.5485
Adjusted R-squared	0.617056	S.D. dependent var	2.494616
S.E. of regression	1.543731	Akaike info criterion	3.841334
Sum squared resid	276.4402	Schwarz criterion	4.269666
Log likelihood	-241.2107	Hannan-Quinn criter.	4.015397
F-statistic	12.44903	Durbin-Watson stat	0.206541
Prob(F-statistic)	0.000000		

图 16－5 滞后 18 期的分布滞后模型估计结果

（6）结果表明，从滞后 12 个月开始 t 统计量值显著，到滞后 14 个月为止，滞后第 15 个月开始 t 值变得不显著；再从回归系数来看，从滞后 12 个月开始，货币供应量变化对物价水平的影响明显增加，在滞后 14 个月时达到最大，然后逐步下降。

通过以上分析，可以推断出以下结果：我国货币供应量变化对物价水平的影响具有明显的滞后性，滞后期大约为一年，而且滞后影响具有持续性，持续的长度大约为一个季度，其影响力度先递增后递减，滞后结构为 Λ 形。

但从回归结果来看，回归方程的 R^2 不高，DW 值也偏低，表明除货币供应量外，还有其他因素影响价格变化。如果分析的重点是知识货币供应量变化对物价水平影响的滞后性，上述结果已经能说明问题了。

五、课后练习

表 16－2 为 1970～1991 年美国制造业固定厂房设备投资 Y 和销售量 X 的相关数据，试建立适当的分布滞后模型。

表 16－2　1970～1991 年美国制造业固定厂房设备投资和销售量统计数据

单位：十亿美元

年份	厂房开支 Y	销售量 X	年份	厂房开支 Y	销售量 X
1970	36.99	52.805	1981	128.68	168.129
1971	33.6	55.906	1982	123.97	163.351
1972	35.42	63.027	1983	117.35	172.547
1973	42.35	72.931	1984	139.61	190.682
1974	52.48	84.79	1985	152.88	194.538
1975	53.66	86.589	1986	137.95	194.657
1976	68.53	98.797	1987	141.06	206.326
1977	67.48	113.201	1988	163.45	223.547
1978	78.13	126.905	1989	183.8	232.724
1979	95.13	143.936	1990	192.61	239.459
1980	112.6	154.391	1991	182.81	235.142

实验十七　基于 EViews 的自回归模型分析

自回归模型是用自身做回归变量的过程，即利用前期若干时刻的随机变量的线性组合来描述以后某时刻随机变量的线性回归模型，它是时间序列中的一种常见形式。本章的实验可以帮助大家更好地建立自回归模型。

一、实验目的

掌握自回归模型的设定、估计、检验，以及相关的 EViews 操作方法。

二、实验要求

要求学生掌握利用 EViews 进行计量经济学中关于自回归模型的研究与建立。

三、实验内容

表 17－1 为 1980～2000 年我国城乡居民人民币储蓄存款（Y）与实际工资（X）的统计资料。

（1）建立我国城乡居民人民币储蓄存款与实际工资的一元回归模型。

（2）建立我国城乡居民人民币储蓄存款的自回归模型（做一阶自回归模型，并以实际工资作为自变量），并与前面的回归模型进行比较。

（3）解释该自回归模型的实际意义。

四、实验步骤

（1）建立工作文件并录入数据，文件命名为“实验十七”，如图 17－1 所示。

表 17-1　我国城乡居民人民币储蓄存款与实际工资的统计数据

年份	城乡居民人民币储蓄存款/Y	居民实际工资/X	年份	城乡居民人民币储蓄存款/Y	居民实际工资/X
1980	399.5	710.5796	1991	9241.6	3069.16
1981	523.7	759.2593	1992	11759.4	3489.105
1982	675.4	828.169	1993	15203.5	4547.826
1983	892.5	866.9759	1994	21518.8	6381.975
1984	1214.7	1015.591	1995	29662.3	7534.884
1985	1622.6	1222.812	1996	38520.8	8322.64
1986	2238.5	1589.751	1997	46279.8	9026.2
1987	3081.4	1781.345	1998	53407.5	8811.848
1988	3822.2	2156.611	1999	59621.8	9152.411
1989	5196.4	2631.658	2000	64332.4	9839.509
1990	7119.8	2854.062			

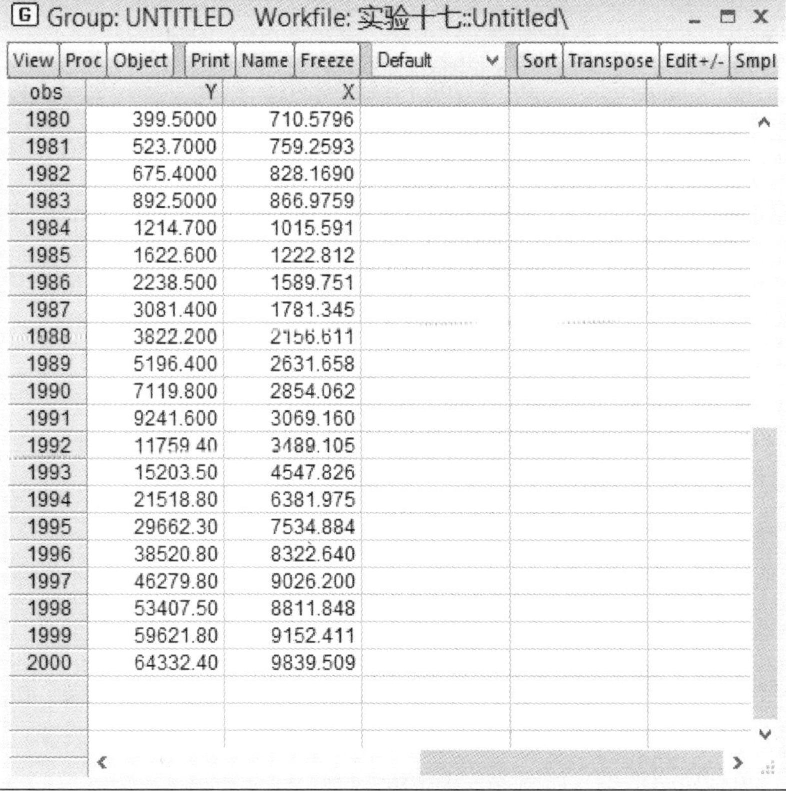

obs	Y	X
1980	399.5000	710.5796
1981	523.7000	759.2593
1982	675.4000	828.1690
1983	892.5000	866.9759
1984	1214.700	1015.591
1985	1622.600	1222.812
1986	2238.500	1589.751
1987	3081.400	1781.345
1988	3822.200	2156.611
1989	5196.400	2631.658
1990	7119.800	2854.062
1991	9241.600	3069.160
1992	11759.40	3489.105
1993	15203.50	4547.826
1994	21518.80	6381.975
1995	29662.30	7534.884
1996	38520.80	8322.640
1997	46279.80	9026.200
1998	53407.50	8811.848
1999	59621.80	9152.411
2000	64332.40	9839.509

图 17-1　数据输入结果

(2) 在"Quick"菜单中单击"Estimate Equation",在"Method"中选择"Least Squares",在"Equation specification"对话框中输入"Y C X",单击"OK",即出现回归结果,如图 17-2 所示。

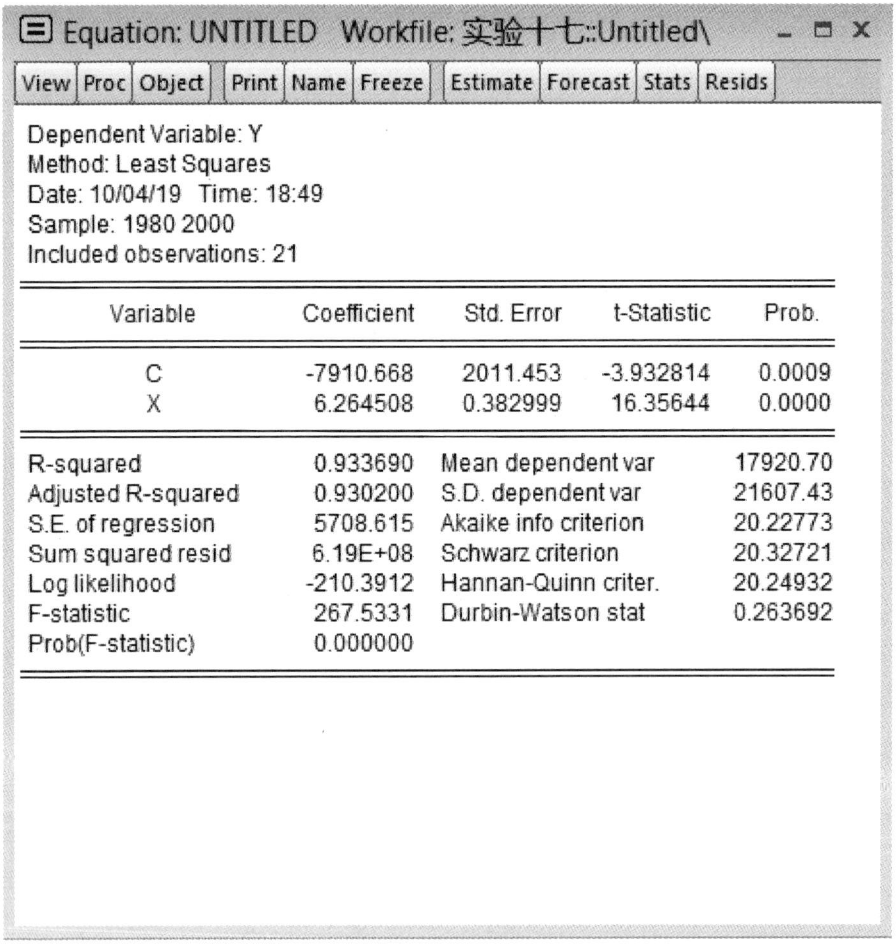

Equation: UNTITLED Workfile: 实验十七::Untitled\

View | Proc | Object | Print | Name | Freeze | Estimate | Forecast | Stats | Resids

Dependent Variable: Y
Method: Least Squares
Date: 10/04/19 Time: 18:49
Sample: 1980 2000
Included observations: 21

Variable	Coefficient	Std. Error	t-Statistic	Prob.
C	-7910.668	2011.453	-3.932814	0.0009
X	6.264508	0.382999	16.35644	0.0000

R-squared	0.933690	Mean dependent var	17920.70
Adjusted R-squared	0.930200	S.D. dependent var	21607.43
S.E. of regression	5708.615	Akaike info criterion	20.22773
Sum squared resid	6.19E+08	Schwarz criterion	20.32721
Log likelihood	-210.3912	Hannan-Quinn criter.	20.24932
F-statistic	267.5331	Durbin-Watson stat	0.263692
Prob(F-statistic)	0.000000		

图 17-2 回归结果

(3) 为了建立我国城乡居民人民币储蓄存款的自回归模型(做一阶自回归模型,并以实际工资作为自变量),在命令栏输入"LS Y C X Y(-1)",点击回车键,得到回归结果,如图 17-3 所示。

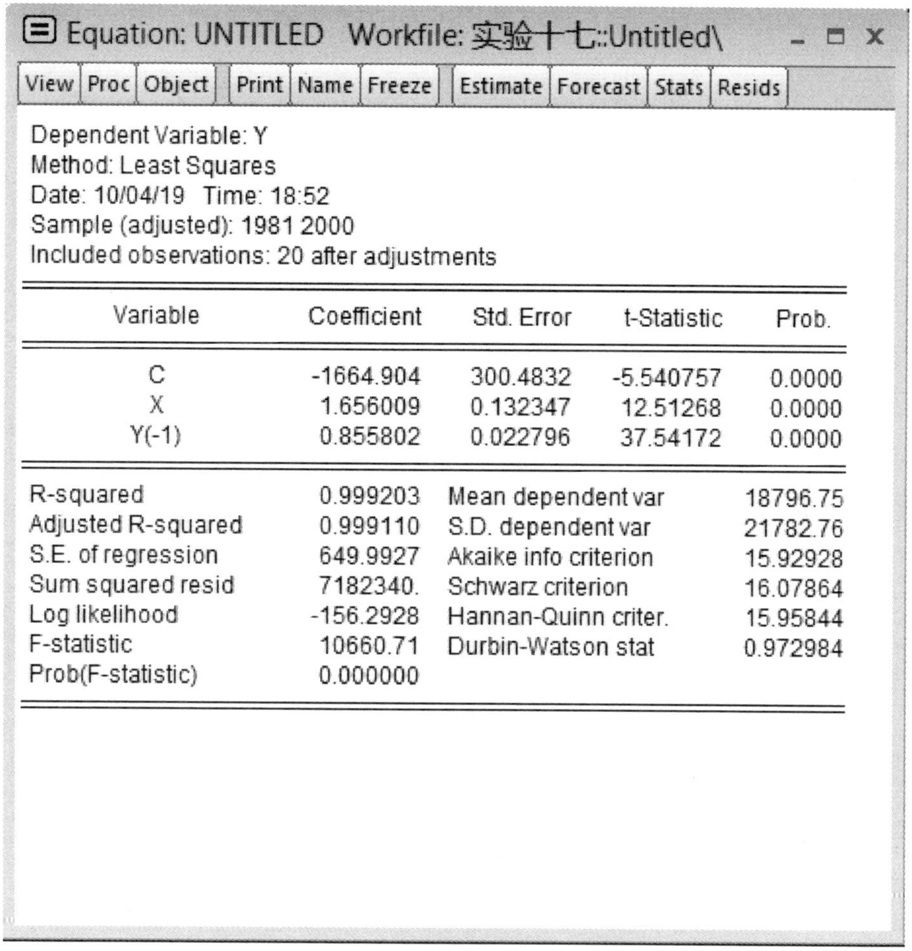

Equation: UNTITLED　Workfile: 实验十七::Untitled\

View | Proc | Object | Print | Name | Freeze | Estimate | Forecast | Stats | Resids

Dependent Variable: Y
Method: Least Squares
Date: 10/04/19　Time: 18:52
Sample (adjusted): 1981 2000
Included observations: 20 after adjustments

Variable	Coefficient	Std. Error	t-Statistic	Prob.
C	-1664.904	300.4832	-5.540757	0.0000
X	1.656009	0.132347	12.51268	0.0000
Y(-1)	0.855802	0.022796	37.54172	0.0000

R-squared	0.999203	Mean dependent var	18796.75
Adjusted R-squared	0.999110	S.D. dependent var	21782.76
S.E. of regression	649.9927	Akaike info criterion	15.92928
Sum squared resid	7182340.	Schwarz criterion	16.07864
Log likelihood	-156.2928	Hannan-Quinn criter.	15.95844
F-statistic	10660.71	Durbin-Watson stat	0.972984
Prob(F-statistic)	0.000000		

图 17－3　自回归模型的估计结果

（4）比较两个模型可以看出，我国城乡居民人民币储蓄存款的一阶自回归模型相比单纯的回归模型，不管是在拟合优度、t 统计检验、F 检验还是 DW 值上都有了很大改进，说明一阶自回归模型更好地反映了我国城乡居民人民币储蓄存款的变化。

（5）根据图 17－3 的回归结果，可知城乡居民储蓄存款的计量经济模型为：

$$Y_t = -1664.904 + 1.656009X + 0.855802Y_t(-1) + \upsilon_t$$

$$(-5.540757)\quad(12.51268)\quad(37.54172)$$

$$R^2 = 0.999203 \quad \overline{R}^2 = 0.999110 \quad F = 10660.71 \quad DW = 0.972984$$

根据以上模型，可以解读出该模型的实际意义如下：

1）模型中的常数项为 -1664.904，表明在样本期间，即 1980 ~ 2008 年，当居民实际工资收入和上一期储蓄额为零的时候，当期的城乡居民储蓄存款额为 -1664.904亿元。

2）模型中 X 项的系数为 1.656，表明居民实际工资增加一元，则居民人均储蓄平均会增加 1.656 元。

3）模型中 Y（-1）项的系数为 0.8558，表明上期的居民人均储蓄增加一元，则当期储蓄平均会增加 0.8558 元。

总的来看，在样本区间内，我国居民实际工资对储蓄的影响较大，而上一期的储蓄对本期储蓄的影响较小，证明我国居民的储蓄习惯仍然存在，只是当期收入大于上一期储蓄对当期储蓄的影响。

五、课后练习

表 17-2 为 1978 ~2017 年贵州省城镇居民可支配收入（X）与居民人均消费水平（Y）的统计资料。

表 17-2　我国贵州省城镇居民可支配收入与居民人均消费水平的统计数据

单位：元

年份	城镇居民可支配收入/X	居民人均消费水平/Y	年份	城镇居民可支配收入/X	居民人均消费水平/Y
1978	261.26	246.53	1998	4566.17	3799.38
1979	279.66	273.6	1999	4935.47	3964.35
1980	343.83	334.32	2000	5121.22	4278.28
1981	434.1	393.24	2001	5451.91	4492.25
1982	459.73	403.92	2002	5944.02	4598.3
1983	483.33	426.36	2003	6568.91	4947.62
1984	558	480.36	2004	7322.04	5494.43
1985	682.27	617.52	2005	8147.13	6156.27
1986	824.4	722.28	2006	9116.61	6848.39
1987	912.26	788.76	2007	10678.4	7758.69
1988	1101.84	1050.24	2008	11758.76	8349.21
1989	1275.45	1102.56	2009	12862.53	9048.29

续表

年份	城镇居民可支配收入/X	居民人均消费水平/Y	年份	城镇居民可支配收入/X	居民人均消费水平/Y
1990	1399.36	1163.25	2010	14142.74	10058.29
1991	1593.54	1338.86	2011	16495.01	11352.88
1992	1887.51	1564.34	2012	18700.51	12585.7
1993	2300.38	1876.24	2013	20667.07	13702.87
1994	3196.06	2531.78	2014	22548.21	15254.64
1995	3916.25	3250.55	2015	24579.64	16914.2
1996	4210.74	3572.78	2016	26742.62	19201.68
1997	4438.05	3555.69	2017	29079.84	20347.79

（1）建立贵州省城镇居民人均消费水平与居民可支配收入的回归模型。

（2）建立贵州省居民人均消费水平的自回归模型（做一阶自回归模型，并以城镇居民可支配收入作为自变量），并与前面的回归模型进行比较。

（3）解释该自回归模型的实际意义。

实验十八　基于 EViews 的模型诊断与检验

模型的设定是计量经济研究中的重要环节。然而在实际的建模实践中，对模型的设定却并不是一件容易的事，从而会导致模型出现设定误差。这就需要分析回归模型是否有变量的设定误差，即该模型是否遗漏了变量，并对其进行变量设定误差的检验。本章的实验就是解决回归模型的诊断与检验问题。

一、实验目的

掌握回归模型的诊断与检验，以及相关的 EViews 操作方法。

二、实验要求

要求学生掌握利用 EViews 进行计量经济学中关于回归模型的诊断与检验问题。

三、实验内容

有人根据现实农业发展状况，考虑到最主要的影响因素及模型的简介，认为模型应设定为：$\ln Y_t = \beta_1 + \beta_2 \ln X4_t + u_t$，式中，$Y_t$ 为农林牧渔总产值，$X4$ 为乡村从业人员。根据表 18－1 中 1989～2009 年四川省泸县农林牧渔总产值、农用化肥施用总量、年末实有耕地面积、乡村从业人员的统计资料，完成以下操作：

（1）根据上述模型设定，建立一元回归模型。

（2）检验该一元回归模型是否有遗漏变量。

（3）对模型设定进行调整，并开展遗漏变量检验。

表 18－1　四川省泸县农林牧渔总产值、农用化肥施用总量等统计数据

年份	农林牧渔总产值 Y（万元）	农用化肥施用总量 X2（万吨）	年末实有耕地面积 X3（千公顷）	乡村从业人员 X4（万人）
1989	75645	22504	77.571	77.1031
1990	106003	26124	77.5455	78.1314
1991	90187	27272	77.5245	80.2088
1992	99822	25639	77.523	82.1163
1993	133915	26605	77.358	82.7268
1994	190274	28524	74.61	81.7358
1995	192773	30544	74.5125	82.2071
1996	160065	25091	74.4465	58.5421
1997	187076	25329	74.418	56.4615
1998	195036	27783	74.4015	56.5396
1999	195128	28303	74.3355	56.5352
2000	191062	27360	74.2185	55.8326
2001	197564	27917	73.989	55.7114
2002	206431	27297	73.8495	57.4649
2003	219734	22821	73.7475	57.465
2004	271227	23756	73.2015	58.189
2005	306158	23831	72.6315	58.9426
2006	327943	25434	71.628	61.3514
2007	406044	26155	70.9995	61.6987
2008	478947	26943	70.548	61.9542
2009	459500	28100	70.3425	62.99

四、实验步骤

（1）建立工作文件并录入数据，文件命名为“实验十八”，如图 18－1 所示。

G Group: UNTITLED Workfile: 实验十八::Untitled\

View | Proc | Object | Print | Name | Freeze | Default | Sort | Transpose | Edit+/- | Smpl

obs	Y	X2	X3	X4
obs	Y	X2	X3	X4
1989	75645.00	22504.00	77.57100	77.10310
1990	106003.0	26124.00	77.54550	78.13140
1991	90187.00	27272.00	77.52450	80.20880
1992	99822.00	25639.00	77.52300	82.11630
1993	133915.0	26605.00	77.35800	82.72680
1994	190274.0	28524.00	74.61000	81.73580
1995	192773.0	30544.00	74.51250	82.20710
1996	160065.0	25091.00	74.44650	58.54210
1997	187076.0	25329.00	74.41800	56.46150
1998	195036.0	27783.00	74.40150	56.53960
1999	195128.0	28303.00	74.33550	56.53520
2000	191062.0	27360.00	74.21850	55.83260
2001	197564.0	27917.00	73.98900	55.71140
2002	206431.0	27297.00	73.84950	57.46490
2003	219734.0	22821.00	73.74750	57.46500
2004	271227.0	23756.00	73.20150	58.18900
2005	306158.0	23831.00	72.63150	58.94260
2006	327943.0	25434.00	71.62800	61.35140
2007	406044.0	26155.00	70.99950	61.69870
2008	478947.0	26943.00	70.54800	61.95420
2009	459500.0	28100.00	70.34250	62.99000

图 18-1　数据输入结果

（2）在“Quick”菜单中单击“Estimate Equation”，在“Method”中选择“Least Squares”，在“Equation specification”对话框中输入“LOG（Y）CLOG（X4）”，单击“OK”，即出现回归结果，如图 18-2 所示。

回归结果的残差如图 18-3 所示。

图 18-3 显示模型可能存在自相关，模型遗漏了重要的相关变量可能是重要的原因。

Equation: UNTITLED　Workfile: 实验十八::Untitled\

View | Proc | Object | Print | Name | Freeze | Estimate | Forecast | Stats | Resids

Dependent Variable: LOG(Y)
Method: Least Squares
Date: 10/08/19　Time: 20:24
Sample: 1989 2009
Included observations: 21

Variable	Coefficient	Std. Error	t-Statistic	Prob.
C	19.66887	2.539958	7.743777	0.0000
LOG(X4)	-1.789672	0.607842	-2.944305	0.0083

R-squared	0.313309	Mean dependent var	12.19561
Adjusted R-squared	0.277168	S.D. dependent var	0.508432
S.E. of regression	0.432267	Akaike info criterion	1.250844
Sum squared resid	3.550232	Schwarz criterion	1.350322
Log likelihood	-11.13386	Hannan-Quinn criter.	1.272433
F-statistic	8.668935	Durbin-Watson stat	0.337693
Prob(F-statistic)	0.008326		

图 18－2　回归结果（未加入遗漏变量）

1）DW 检验。从图 18－2 的回归结果可以看出，该模型的 DW 统计量为 0.337693，根据 $n=21$ 和 $k'=1$，$\alpha=0.05$ 的 DW 统计量的临界值为 $d_L=1.221$，$d_U=1.420$，由于 $DW=0.337693<d_L=1.221$，表明存在正的自相关，以上模型显著存在遗漏变量。

2）LM 检验。为了检验农用化肥施用量等变量是否为被遗漏的重要变量，按照 LM 检验的步骤，对于图 18－2 的受约束模型，首先生成残差序列 EE = resid，再用 EE 对全部解释变量（包括遗漏变量）进行回归，得到图 18－4 所示的结果。

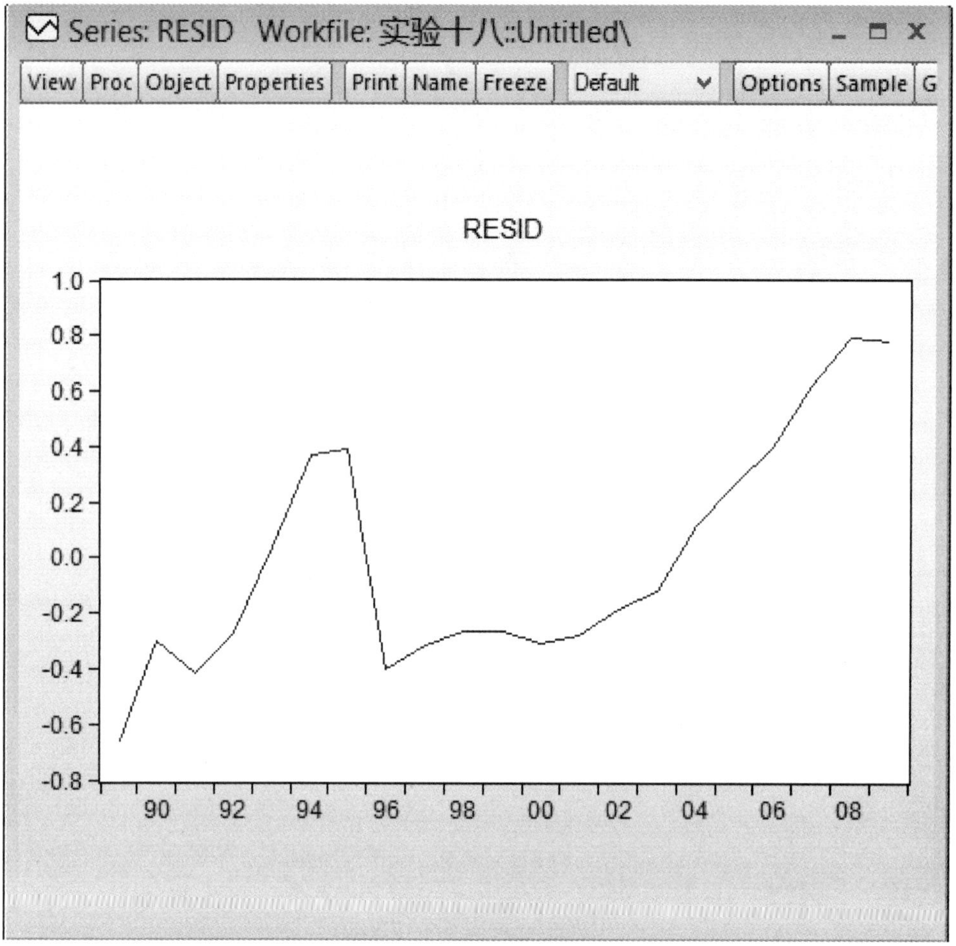

图 18－3　回归的残差图

对于“H_0：受约束回归模型”，查表可知 $\chi^2_{0.025}(2)=7.37776$，由图 18－4 中的可决系数数据计算 $nR^2=21\times 0.944613=19.836873$，即 $nR^2=19.836873>\chi^2_{0.025}(2)=7.37776$，拒绝“$H_0$：受约束回归模型”，可判断设定的一元回归模型存在重要的遗漏变量。

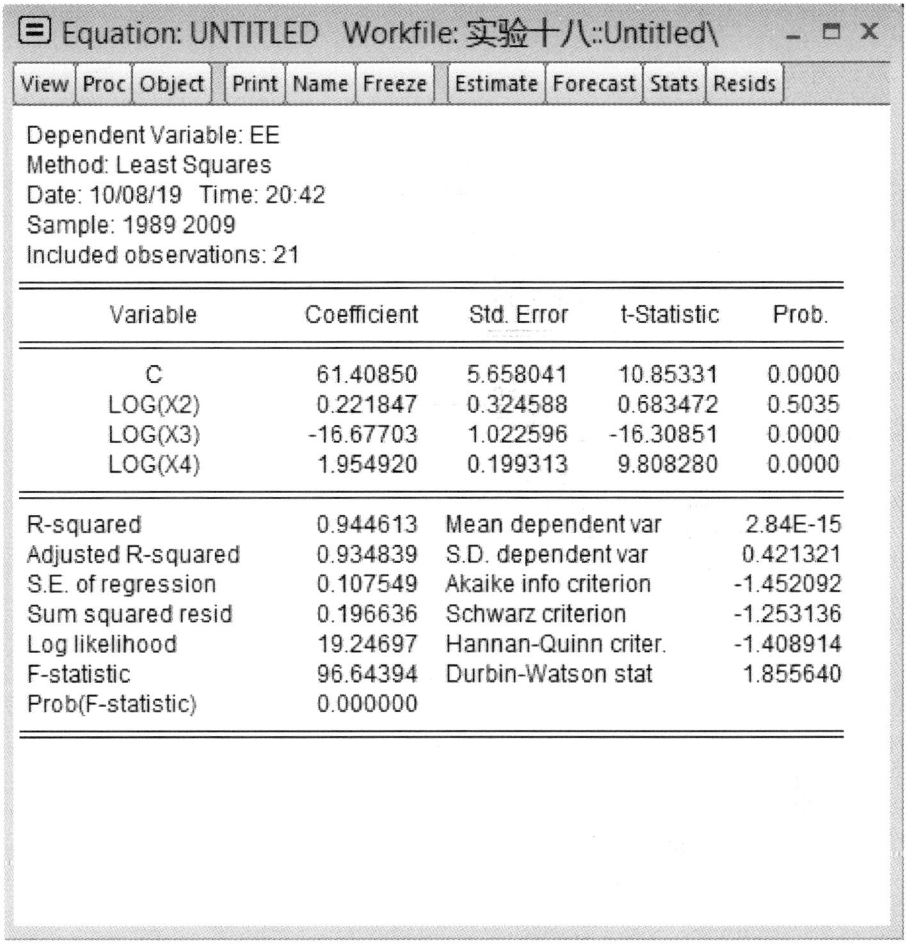

Equation: UNTITLED　Workfile: 实验十八::Untitled\

View | Proc | Object | Print | Name | Freeze | Estimate | Forecast | Stats | Resids

Dependent Variable: EE
Method: Least Squares
Date: 10/08/19　Time: 20:42
Sample: 1989 2009
Included observations: 21

Variable	Coefficient	Std. Error	t-Statistic	Prob.
C	61.40850	5.658041	10.85331	0.0000
LOG(X2)	0.221847	0.324588	0.683472	0.5035
LOG(X3)	-16.67703	1.022596	-16.30851	0.0000
LOG(X4)	1.954920	0.199313	9.808280	0.0000

R-squared	0.944613	Mean dependent var	2.84E-15
Adjusted R-squared	0.934839	S.D. dependent var	0.421321
S.E. of regression	0.107549	Akaike info criterion	-1.452092
Sum squared resid	0.196636	Schwarz criterion	-1.253136
Log likelihood	19.24697	Hannan-Quinn criter.	-1.408914
F-statistic	96.64394	Durbin-Watson stat	1.855640
Prob(F-statistic)	0.000000		

图 18－4　LM 检验的结果（未加入遗漏变量）

3）一般性检验。进行 RESET 检验，在 EViews7.2 中，在图 18－2 的回归结果中，单击"View/Stability Diagnostics/Ramsey RESET Test"，在"Number of fitted terms"中选取拟合项数目，选择默认值 1，意味着添加了拟合值 $\hat{Y}_i$ 的平方。单击"OK"，得到 RESET 检验结果，如图 18－5 所示。

根据图 18－5 显示的 F 统计量的 p 值为 0.0159，拒绝原假设，认为存在遗漏变量的问题。

Equation: UNTITLED Workfile: 实验十八::Untitled\

View | Proc | Object | Print | Name | Freeze | Estimate | Forecast | Stats | Resids

Ramsey RESET Test
Equation: UNTITLED
Specification: LOG(Y) C LOG(X4)
Omitted Variables: Squares of fitted values

	Value	df	Probability
t-statistic	2.662688	18	0.0159
F-statistic	7.089908	(1, 18)	0.0159
Likelihood ratio	6.973973	1	0.0083

F-test summary:

	Sum of Sq.	df	Mean Squares
Test SSR	1.003225	1	1.003225
Restricted SSR	3.550232	19	0.186854
Unrestricted SSR	2.547007	18	0.141500
Unrestricted SSR	2.547007	18	0.141500

LR test summary:

	Value	df
Restricted LogL	-11.13386	19
Unrestricted LogL	-7.646874	18

Unrestricted Test Equation:
Dependent Variable: LOG(Y)
Method: Least Squares
Date: 10/08/19 Time: 20:49
Sample: 1989 2009
Included observations: 21

Variable	Coefficient	Std. Error	t-Statistic	Prob.
C	2135.966	794.8002	2.687425	0.0150
LOG(X4)	-279.9488	104.4669	-2.679785	0.0153
FITTED^2	-6.416023	2.409604	-2.662688	0.0159

R-squared	0.507354	Mean dependent var	12.19561
Adjusted R-squared	0.452616	S.D. dependent var	0.508432
S.E. of regression	0.376165	Akaike info criterion	1.013988
Sum squared resid	2.547007	Schwarz criterion	1.163206
Log likelihood	-7.646874	Hannan-Quinn criter.	1.046372
F-statistic	9.268711	Durbin-Watson stat	0.704301
Prob(F-statistic)	0.001709		

图 18－5 RESET 检验的结果（未加入遗漏变量）

（3）对模型设定的调整。为了纠正遗漏变量的设定误差，在解释变量中补充 $\ln X2_t$ 和 $\ln X3_t$，做回归分析得到图 18－6 的结果。

Equation: UNTITLED　Workfile: 实验十八::Untitled\

View | Proc | Object | Print | Name | Freeze | Estimate | Forecast | Stats | Resids

Dependent Variable: LOG(Y)
Method: Least Squares
Date: 10/08/19　Time: 20:54
Sample: 1989 2009
Included observations: 21

Variable	Coefficient	Std. Error	t-Statistic	Prob.
C	81.07737	5.658041	14.32958	0.0000
LOG(X2)	0.221847	0.324588	0.683472	0.5035
LOG(X3)	-16.67703	1.022596	-16.30851	0.0000
LOG(X4)	0.165248	0.199313	0.829085	0.4185

R-squared	0.961966	Mean dependent var	12.19561
Adjusted R-squared	0.955255	S.D. dependent var	0.508432
S.E. of regression	0.107549	Akaike info criterion	-1.452092
Sum squared resid	0.196636	Schwarz criterion	-1.253136
Log likelihood	19.24697	Hannan-Quinn criter.	-1.408914
F-statistic	143.3242	Durbin-Watson stat	1.855640
Prob(F-statistic)	0.000000		

图 18－6　回归结果（加入遗漏变量后）

1）DW 检验。从图 18－2 的回归结果可以看出，该模型的 DW 统计量为 0.337693，根据 $n=21$ 和 $k'=3$，$\alpha=0.05$ 的 DW 统计量的临界值为 $d_L=1.026$，$d_U=1.669$，由于 $d_L=1.026<DW=1.855640<4-d_U=2.14436$，表明不存在自相关，以上模型已不存在遗漏变量。

2）一般性检验。此后进行 RESET 检验，在 EViews7.2 中，在图 18－6 的回归结果中，单击“View/Stability Diagnostics/Ramsey RESET Test”，在“Number of fitted terms”中选取拟合项数目，选择默认值 1，意味着添加了拟合值 $\hat{Y}_i$ 的平方。单击“OK”，得到 RESET 检验结果，如图 18－7 所示。

Equation: UNTITLED Workfile: 实验十八::Untitled\

View | Proc | Object | Print | Name | Freeze | Estimate | Forecast | Stats | Resids

Ramsey RESET Test
Equation: UNTITLED
Specification: LOG(Y) C LOG(X2) LOG(X3) LOG(X4)
Omitted Variables: Squares of fitted values

	Value	df	Probability
t-statistic	0.550065	16	0.5899
F-statistic	0.302572	(1, 16)	0.5899
Likelihood ratio	0.393417	1	0.5305

F-test summary:

	Sum of Sq.	df	Mean Squares
Test SSR	0.003650	1	0.003650
Restricted SSR	0.196636	17	0.011567
Unrestricted SSR	0.192987	16	0.012062
Unrestricted SSR	0.192987	16	0.012062

LR test summary:

	Value	df
Restricted LogL	19.24697	17
Unrestricted LogL	19.44368	16

Unrestricted Test Equation:
Dependent Variable: LOG(Y)
Method: Least Squares
Date: 10/08/19 Time: 21:02
Sample: 1989 2009
Included observations: 21

Variable	Coefficient	Std. Error	t-Statistic	Prob.
C	197.1646	211.1218	0.933890	0.3642
LOG(X2)	0.499905	0.604479	0.827001	0.4204
LOG(X3)	-42.45738	46.87945	-0.905672	0.3785
LOG(X4)	0.508643	0.656621	0.774636	0.4499
FITTED^2	-0.062513	0.113647	-0.550065	0.5899

R-squared	0.962672	Mean dependent var	12.19561
Adjusted R-squared	0.953340	S.D. dependent var	0.508432
S.E. of regression	0.109826	Akaike info criterion	-1.375588
Sum squared resid	0.192987	Schwarz criterion	-1.126892
Log likelihood	19.44368	Hannan-Quinn criter.	-1.321615
F-statistic	103.1588	Durbin-Watson stat	1.959057
Prob(F-statistic)	0.000000		

图 18－7 RESET 检验的结果（加入遗漏变量后）

根据图 18 -7 显示的 F 统计量的 p 值为 0.5899，不能拒绝原假设，认为不存在显著的遗漏变量。

经过变量设定检验说明，对于四川省泸县的农林渔牧总产值，相对更合理的模型是经过检验后无遗漏变量的估计式（见图 18 -6）。需要指出的是，在上述建模过程中，本实验主要进行了遗漏变量的讨论，没有考虑时间序列数据的特殊问题。在实证分析中，需要对以上问题进行综合考虑。

五、课后练习

有人提出影响我国货物与服务进口量的主要因素是国内生产总值，因此设定如下模型：$\ln Y_t = \beta_1 + \beta_2 \ln X1_t + u_t$，式中，$Y_t$ 是进口总额，$X1$ 为国内生产总值。根据表 18 -2 中 1980 ~2003 年中国进口总额、国内生产总值、汇率的统计资料，完成以下操作：

（1）根据上述模型设定，建立一元回归模型。

（2）检验该一元回归模型是否有遗漏变量。

（3）对模型设定进行调整，并开展遗漏变量检验。

表 18 -2　我国进口总额、国内生产总值、汇率统计数据　　单位：亿元

年份	进口总额 Y	国内生产总值 X2	汇率 X3	年份	进口总额 Y	国内生产总值 X2	汇率 X3
1980	298.80	4517.8	149.84	1992	4443.30	26638.1	551.46
1981	375.38	4862.4	170.51	1993	5986.20	34634.4	576.20
1982	364.99	5294.7	189.26	1994	9960.10	46759.4	861.87
1983	422.60	5934.5	197.57	1995	11048.10	58478.1	835.10
1984	637.83	7171.0	232.70	1996	11557.40	67884.6	831.42
1985	1257.80	8964.4	293.66	1997	11806.50	74462.6	828.98
1986	1498.30	10202.2	345.28	1998	11626.10	78345.2	827.91
1987	1614.20	11962.5	372.21	1999	13736.40	82067.50	827.83
1988	2055.10	14928.3	372.21	2000	18638.80	89468.10	827.84
1989	2199.90	16909.2	376.51	2001	20159.20	97314.80	827.70
1990	2574.30	18547.9	478.32	2002	24430.30	105172.3	827.70
1991	3398.70	21617.80	532.33	2003	34195.60	117251.9	827.70

实验十九　基于 EViews 的现代时间序列分析

在经典的回归分析中，首先采用普通最小二乘法对回归模型继续估计，然后采用各种方法对模型检验和修正。然而大多数的时间序列数据都是非平稳的，如果直接将非平稳时间序列当作平稳时间序列进行回归分析，则可能带来不良后果。因此，在利用回归分析方法讨论经济变量的相互关系之前，必须对经济变量时间序列的平稳性与非平稳性进行判断。本章的实验能够帮助大家更好地处理时间序列数据。

一、实验目的

学会用样本相关图分析时间序列数据的平稳性，掌握使用单位根检验法进一步分析时间序列数据的平稳性，以及 ARIMA 模型的建立。

二、实验要求

要求学生掌握利用 EViews 进行时间序列数据的平稳性分析和 ARIMA 模型的建立。

三、实验内容

表 19 - 1 给出了 1999 ~2018 年中国居民消费价格指数，请完成以下操作：

（1）做出时间序列 CPI 的样本相关图，并通过图形判断该时间序列的平稳性。

（2）对 CPI 序列进行单位根检验，以进一步明确它们的平稳性。

（3）检验 CPI 的单整性。

（4）尝试建立 CPI 的 ARIMA 模型。

表 19－1　1999～2018 年中国居民消费价格指数（1978＝100）

年份	CPI	年份	CPI	年份	CPI
1999	432.2	2006	471.0	2013	594.8
2000	434.0	2007	493.6	2014	606.7
2001	437.0	2008	522.7	2015	615.2
2002	433.5	2009	519.0	2016	627.5
2003	438.7	2010	536.1	2017	637.5
2004	455.8	2011	565.0	2018	650.9
2005	464.0	2012	579.7		

四、实验步骤

（1）建立工作文件并录入数据，文件命名为“实验十九”，如图 19－1 所示。

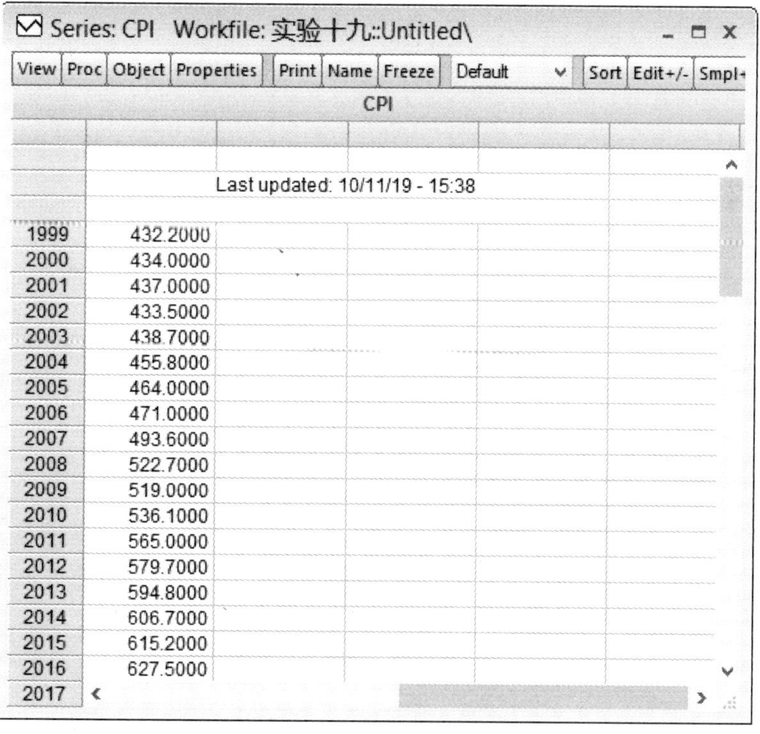

图 19－1　数据输入结果

（2）打开 CPI 序列，点击“View/gragh”，在“Gragh”的类型对话框中选择“Line & Symbol”，单击“OK”，可以得到该序列的时序图，如图 19 – 2 所示。

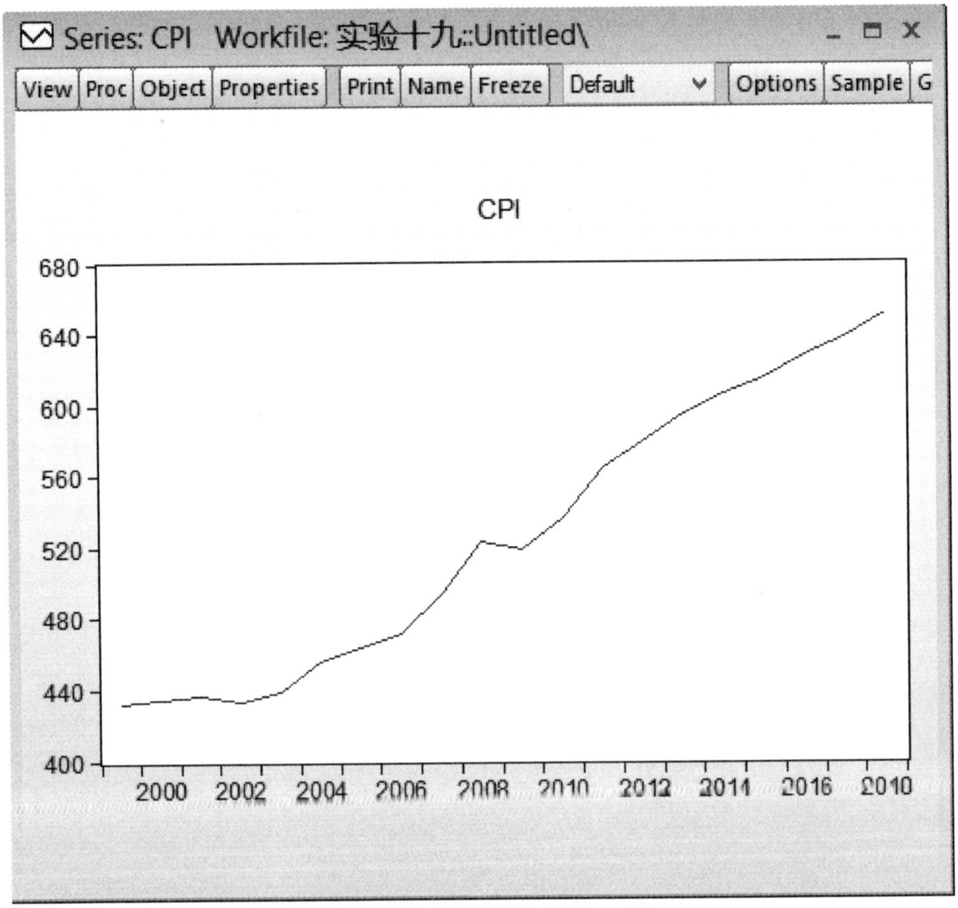

图 19 – 2　序列 CPI 的时序图

由图 19 – 2 可以看出，1999 ~ 2018 年 CPI 关于时间有明显递增的趋势，不同时间段的均值不同，有持续上升的趋势，即 CPI 序列不平稳。但直观的图示往往不能提供准确的信息，因此需要进行进一步判断。

（3）在 CPI 序列对话框，继续点击“View/Correlogram...”，弹出“Correlogram Specification”对话框，选择“Level”，并输入阶数（一般为 12），点击“OK”，即可得到 CPI 的样本相关函数图，如图 19 – 3 所示。

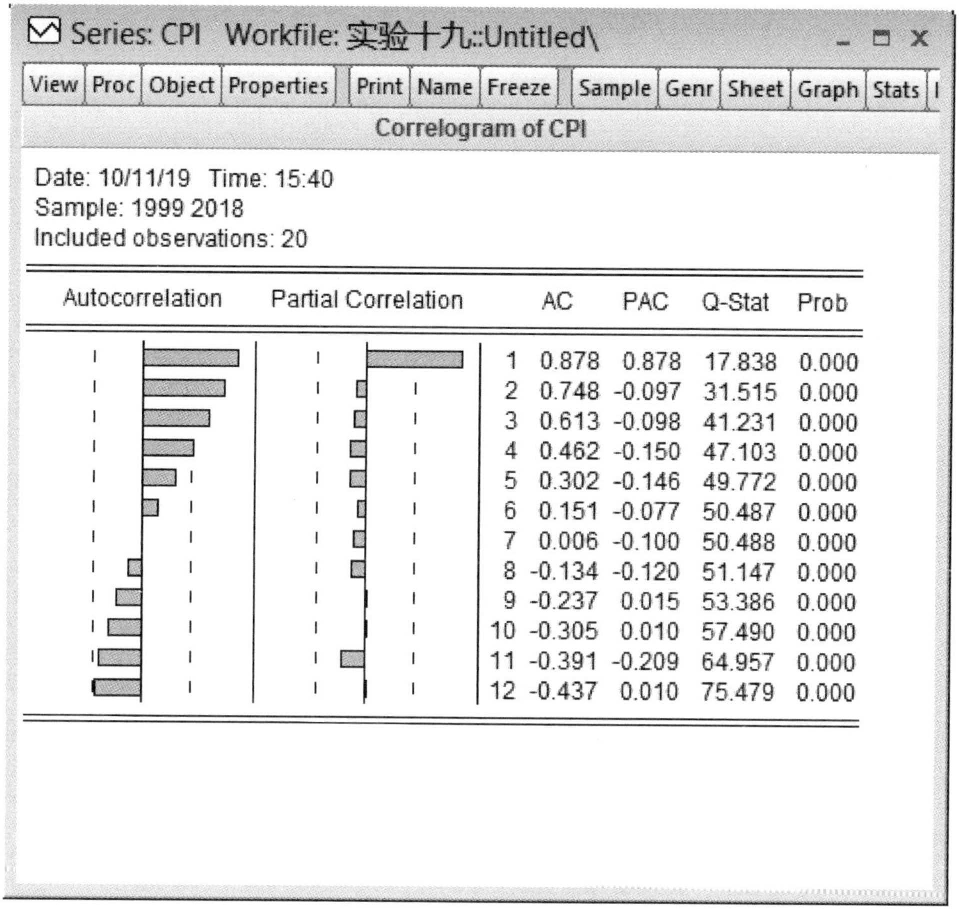

Series: CPI　Workfile: 实验十九::Untitled\

View | Proc | Object | Properties | Print | Name | Freeze | Sample | Genr | Sheet | Graph | Stats

Correlogram of CPI

Date: 10/11/19　Time: 15:40
Sample: 1999 2018
Included observations: 20

Autocorrelation	Partial Correlation		AC	PAC	Q-Stat	Prob
		1	0.878	0.878	17.838	0.000
		2	0.748	-0.097	31.515	0.000
		3	0.613	-0.098	41.231	0.000
		4	0.462	-0.150	47.103	0.000
		5	0.302	-0.146	49.772	0.000
		6	0.151	-0.077	50.487	0.000
		7	0.006	-0.100	50.488	0.000
		8	-0.134	-0.120	51.147	0.000
		9	-0.237	0.015	53.386	0.000
		10	-0.305	0.010	57.490	0.000
		11	-0.391	-0.209	64.957	0.000
		12	-0.437	0.010	75.479	0.000

图 19-3　序列 CPI 的自相关图

从图 19-3 可以看出，CPI 的样本相关函数是缓慢递减趋于零的，并没有像偏自相关函数那样迅速减为零。所以，通过 CPI 的样本相关图，可初步判定该 CPI 时间序列非平稳。但直观的图示往往不能提供准确的信息，因此需要作进一步判断。

（4）采用 ADF 检验对 CPI 序列进行平稳性的单位根检验。在 CPI 序列对话框，点击"View/Unit Root Test..."，出现"Unit Root Test"对话框，在"Test for unit root in"栏中选择"Level"项，在"Include in test equation"栏中，选择"Intercept"项，得到 ADF 检验结果，如图 19-4 所示。

Series: CPI Workfile: 实验十九::Untitled\

View | Proc | Object | Properties | Print | Name | Freeze | Sample | Genr | Sheet | Graph | Stats

Augmented Dickey-Fuller Unit Root Test on CPI

Null Hypothesis: CPI has a unit root
Exogenous: Constant
Lag Length: 0 (Automatic - based on SIC, maxlag=4)

		t-Statistic	Prob.*
Augmented Dickey-Fuller test statistic		0.985424	0.9944
Test critical values:	1% level	-3.831511	
	5% level	-3.029970	
	10% level	-2.655194	

*MacKinnon (1996) one-sided p-values.
Warning: Probabilities and critical values calculated for 20 observations and may not be accurate for a sample size of 19

Augmented Dickey-Fuller Test Equation
Dependent Variable: D(CPI)
Method: Least Squares
Date: 10/11/19 Time: 15:41
Sample (adjusted): 2000 2018
Included observations: 19 after adjustments

Variable	Coefficient	Std. Error	t-Statistic	Prob.
CPI(-1)	0.028783	0.029209	0.985424	0.3382
C	-3.432618	15.31126	-0.224189	0.8253

R-squared	0.054035	Mean dependent var	11.51053
Adjusted R-squared	-0.001610	S.D. dependent var	9.221105
S.E. of regression	9.228526	Akaike info criterion	7.381776
Sum squared resid	1447.817	Schwarz criterion	7.481191
Log likelihood	-68.12688	Hannan-Quinn criter.	7.398601
F-statistic	0.971061	Durbin-Watson stat	1.796365
Prob(F-statistic)	0.338234		

图 19－4　序列 CPI 的 ADF 检验结果

从图 19－4 的检验结果可以看出，检验 t 统计量的值是 0.985424，大于各个显著性水平下的临界值，且伴随概率大于 0.05，所以不能拒绝原假设。也就是说，序列 CPI 存在单位根，因此该序列是非平稳的。

（5）对 CPI 进行单整性检验，与上述平稳的 ADF 检验步骤类似，只是在"Unit Root Test"对话框的设置中选择"1st difference"选项，就是一阶差分，得到一阶差分序列 D（CPI）的单位根检验结果，如图 19－5 所示。

Series: CPI　Workfile: 实验十九::Untitled\

View | Proc | Object | Properties | Print | Name | Freeze | Sample | Genr | Sheet | Graph | Stats

Augmented Dickey-Fuller Unit Root Test on D(CPI)

Null Hypothesis: D(CPI) has a unit root
Exogenous: Constant
Lag Length: 1 (Automatic - based on SIC, maxlag=4)

		t-Statistic	Prob.*
Augmented Dickey-Fuller test statistic		-3.263171	0.0337
Test critical values:	1% level	-3.886751	
	5% level	-3.052169	
	10% level	-2.666593	

*MacKinnon (1996) one-sided p-values.
Warning: Probabilities and critical values calculated for 20 observations and may not be accurate for a sample size of 17

Augmented Dickey-Fuller Test Equation
Dependent Variable: D(CPI,2)
Method: Least Squares
Date: 10/11/19　Time: 15:43
Sample (adjusted): 2002 2018
Included observations: 17 after adjustments

Variable	Coefficient	Std. Error	t-Statistic	Prob.
D(CPI(-1))	-1.071902	0.328485	-3.263171	0.0057
D(CPI(-1),2)	0.188845	0.247644	0.762567	0.4584
C	13.35198	4.500572	2.966729	0.0102

R-squared	0.492457	Mean dependent var	0.611765
Adjusted R-squared	0.419951	S.D. dependent var	12.55502
S.E. of regression	9.562022	Akaike info criterion	7.512261
Sum squared resid	1280.052	Schwarz criterion	7.659298
Log likelihood	-60.85421	Hannan-Quinn criter.	7.526876
F-statistic	6.791947	Durbin-Watson stat	1.829237
Prob(F-statistic)	0.008676		

图 19－5　一阶差分序列 D（CPI）的单位根检验结果

从图 19－5 的检验结果可以看出，检验 t 统计量的值是－3.263171，伴随概率 0.0337 小于 0.05，所以拒绝原假设。也就是说，一阶差分序列 D（CPI）不存在单位根，因此一阶差分序列已经是平稳的时间序列了，所以得到的结论为：CPI 序列为一阶单整序列。

（6）估计 CPI 的 ARIMA 模型。由图 19－5 可知 CPI 序列为一阶单整，于是可以对一阶差分后的 CPI 序列估计其 ARMA（p，q）模型，即得原序列 CPI 的 ARIMA（p，1，q）模型。

在 CPI 序列下点击“View/Correlogram...”，弹出“Correlogram Specification”对话框，选择“1st”（表示 1 阶差分），选择默认阶数（一般为 12），点击“OK”，即可得到一阶差分后的 CPI 序列的样本自相关函数图和偏相关函数图，如图 19－6 所示。

Series: CPI Workfile: 实验十九::Untitled\

View | Proc | Object | Properties | Print | Name | Freeze | Sample | Genr | Sheet | Graph | Stats

Correlogram of D(CPI)

Date: 10/11/19 Time: 15:51
Sample: 1999 2018
Included observations: 19

Autocorrelation	Partial Correlation		AC	PAC	Q-Stat	Prob
		1	0.142	0.142	0.4442	0.505
		2	-0.172	-0.196	1.1353	0.567
		3	0.325	0.405	3.7687	0.288
		4	0.155	-0.036	4.4070	0.354
		5	-0.194	-0.089	5.4834	0.360
		6	-0.119	-0.190	5.9208	0.432
		7	-0.020	-0.093	5.9336	0.548
		8	-0.142	-0.094	6.6612	0.574
		9	-0.128	0.020	7.3104	0.605
		10	-0.162	-0.181	8.4719	0.583
		11	-0.159	-0.081	9.7396	0.554
		12	-0.031	-0.040	9.7945	0.634

图 19－6　序列 CPI 的一阶差分自相关图

从图 19－6 可以看出，在偏自相关函数图和自相关函数图中的 1 阶和 2 阶都没有明显的尖柱，于是我们不妨初步定阶为 p＝1，q＝1，即使用 ARIMA（1，1，1）对原序列进行识别。

点击主界面菜单“Quick \ Estimate Equation...”，在弹出的对话框中输入“D（CPI）AR（1）CMA（1）”，点击“OK”，即可得到估计结果，如图 19－7 所示。

Equation: UNTITLED　Workfile: 实验十九::Untitled\

View | Proc | Object | Print | Name | Freeze | Estimate | Forecast | Stats | Resids

Dependent Variable: D(CPI)
Method: Least Squares
Date: 10/11/19　Time: 15:54
Sample (adjusted): 2001 2018
Included observations: 18 after adjustments
Convergence achieved after 12 iterations
MA Backcast: 2000

Variable	Coefficient	Std. Error	t-Statistic	Prob.
C	14.44999	0.699768	20.64967	0.0000
AR(1)	0.507458	0.157298	3.226090	0.0057
MA(1)	-0.962937	0.041669	-23.10936	0.0000

R-squared	0.410484	Mean dependent var	12.05000
Adjusted R-squared	0.331881	S.D. dependent var	9.174726
S.E. of regression	7.499285	Akaike info criterion	7.018504
Sum squared resid	843.5892	Schwarz criterion	7.166900
Log likelihood	-60.16654	Hannan-Quinn criter.	7.038966
F-statistic	5.222291	Durbin-Watson stat	1.959613
Prob(F-statistic)	0.018999		

Inverted AR Roots	.51
Inverted MA Roots	.96

图 19－7　ARIMA（1，1，1）回归结果

接下来还要对序列残差进行 1 阶 LM 检验，在图 19－7 中点击“View \ Residual Tests \ Serial Correlation LM Test...”，在弹出的对话框中输入“1”，点击“OK”，即得到序列残差的 1 阶 LM 检验结果，如图 19－8 所示。

Equation: UNTITLED Workfile: 实验十九::Untitled\

View | Proc | Object | Print | Name | Freeze | Estimate | Forecast | Stats | Resids

Breusch-Godfrey Serial Correlation LM Test:

F-statistic	0.010255	Prob. F(1,14)	0.9208
Obs*R-squared	0.000000	Prob. Chi-Square(1)	1.0000

Test Equation:
Dependent Variable: RESID
Method: Least Squares
Date: 10/11/19 Time: 15:58
Sample: 2001 2018
Included observations: 18
Presample missing value lagged residuals set to zero.

Variable	Coefficient	Std. Error	t-Statistic	Prob.
C	0.027076	0.772057	0.035070	0.9725
AR(1)	0.012206	0.202564	0.060260	0.9528
MA(1)	0.000970	0.044145	0.021980	0.9828
RESID(-1)	-0.034559	0.341274	-0.101266	0.9208

R-squared	-0.004824	Mean dependent var	0.509038
Adjusted R-squared	0.220140	S.D. dependent var	7.024891
S.E. of regression	7.759657	Akaike info criterion	7.128883
Sum squared resid	842.9718	Schwarz criterion	7.326744
Log likelihood	-60.15995	Hannan-Quinn criter.	7.156165
Durbin-Watson stat	1.934451		

图 19－8 序列残差的一阶 LM 检验结果

从图 19－8 可以看出，伴随概率大于 0.05，接受原假设，该模型的残差是不相关的，可以认为残差为随机序列，即模型均是基本符合的。

根据图 19－7 的回归结果，可得到模型如下：

$$\Delta \hat{CPI}_t = 14.44999 + 0.507458 \Delta CPI_{t-1} + \varepsilon_t - 0.962937 \varepsilon_{t-1}$$

AIC＝7.018504　　SC＝7.166900　　LM（1）＝0.000000

五、课后练习

表 19－2　1999～2018 年中国商品零售价格指数（1978＝100）

年份	RPI	年份	RPI	年份	RPI
1999	359.8	2006	362.9	2013	440.8
2000	354.4	2007	376.7	2014	445.2
2001	351.6	2008	398.9	2015	445.6
2002	347.0	2009	394.1	2016	448.7
2003	346.7	2010	406.3	2017	453.6
2004	356.4	2011	426.2	2018	462.2
2005	359.3	2012	434.7		

表 19－2 给出了 1999～2018 年中国商品零售价格指数，请完成以下操作：

（1）做出时间序列 RPI 的样本相关图，并通过图形判断该时间序列的平稳性。

（2）对 RPI 序列进行单位根检验，以进一步明确它们的平稳性。

（3）检验 RPI 的单整性。

（4）尝试建立 RPI 的 ARIMA 模型。

实验二十　基于 EViews 的联立方程模型分析

单一方程模型中所研究的对象是单一变量。但是，经济现象错综复杂，许多情况下所研究的问题不只是一个单一的变量，而是一个由多变量构成的经济系统，这个时候就需要采用联立方程组模型来解决以上问题。本章的实验能够帮助大家更好地处理联立方程模型。

一、实验目的

学会定义联立方程组和使用工具变量，掌握两阶段最小二乘法进行联立方程模型的估计。

二、实验要求

要求学生掌握利用 EViews 进行联立方程模型的估计。

三、实验内容

以表 20 - 1 所示的中国实际数据为资料，估计下面的联立模型：

表 20 - 1　1999 ~ 2018 年中国货币供应量、国内生产总值等宏观数据

年份	货币供应量 M2（亿元）	国内生产总值 GDP（亿元）	居民消费价格指数 CPI（1978 = 100）	社会消费品零售总额 CONS（亿元）	全社会固定资产投资总额 I（亿元）
1999	119897. 9	90564. 4	432. 2	39334	29854. 7

续表

年份	货币供应量 M2（亿元）	国内生产总值 GDP（亿元）	居民消费价格指数 CPI（1978 = 100）	社会消费品零售总额 CONS（亿元）	全社会固定资产投资总额 I（亿元）
2000	134610. 3	100280. 1	434. 0	42912	32917. 7
2001	158301. 9	110863. 1	437. 0	45923	37213. 5
2002	185007. 0	121717. 4	433. 5	48881. 6	43499. 9
2003	221222. 8	137422. 0	438. 7	52685. 5	55566. 6
2004	254107. 0	161840. 2	455. 8	63833. 5	70477. 4
2005	298755. 7	187318. 9	464. 0	71217. 5	88773. 6
2006	345577. 9	219438. 5	471. 0	80120. 5	109998. 2
2007	403442. 2	270092. 3	493. 6	93602. 9	137323. 9
2008	475166. 6	319244. 6	522. 7	108392. 2	172828. 4
2009	610224. 5	348517. 7	519. 0	132678	224598. 8
2010	725851. 8	412119. 3	536. 1	156998	251683. 8
2011	851590. 9	487940. 2	565. 0	183919	311485. 1
2012	974148. 8	538580. 0	579. 7	210307	374694. 7
2013	1106525. 0	592963. 2	594. 8	242843	446294. 1
2014	1228374. 8	641280. 6	606. 7	271896	512020. 7
2015	1392278. 1	685992. 9	615. 2	300930. 8	561999. 8
2016	1550066. 7	740060. 8	627. 5	332316. 3	606465. 7
2017	1690235. 3	820754. 3	637. 5	366261. 6	641238. 4
2018	1826744. 2	900309. 5	650. 9	380987	645675

$$Y_t = \beta_0 + \beta_1 M_t + \gamma_1 C_t + \gamma_2 I_t + u_{1t}$$

$$M_t = \alpha_0 + \alpha_1 Y_t + \gamma_3 P_t + u_{2t}$$

四、实验步骤

（1）建立工作文件并录入数据，文件命名为“实验二十”，如图 20 - 1 所示。

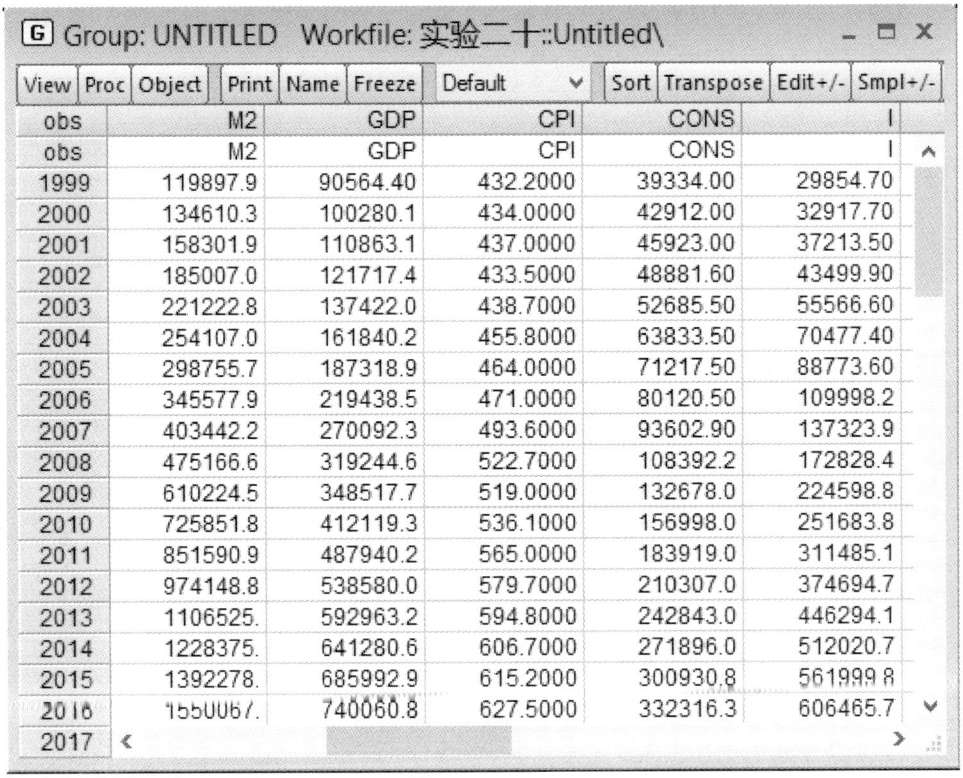

G Group: UNTITLED Workfile: 实验二十::Untitled\

View | Proc | Object | Print | Name | Freeze | Default | Sort | Transpose | Edit+/- | Smpl+/-

obs	M2	GDP	CPI	CONS	I
obs	M2	GDP	CPI	CONS	I
1999	119897.9	90564.40	432.2000	39334.00	29854.70
2000	134610.3	100280.1	434.0000	42912.00	32917.70
2001	158301.9	110863.1	437.0000	45923.00	37213.50
2002	185007.0	121717.4	433.5000	48881.60	43499.90
2003	221222.8	137422.0	438.7000	52685.50	55566.60
2004	254107.0	161840.2	455.8000	63833.50	70477.40
2005	298755.7	187318.9	464.0000	71217.50	88773.60
2006	345577.9	219438.5	471.0000	80120.50	109998.2
2007	403442.2	270092.3	493.6000	93602.90	137323.9
2008	475166.6	319244.6	522.7000	108392.2	172828.4
2009	610224.5	348517.7	519.0000	132678.0	224598.8
2010	725851.8	412119.3	536.1000	156998.0	251683.8
2011	851590.9	487940.2	565.0000	183919.0	311485.1
2012	974148.8	538580.0	579.7000	210307.0	374694.7
2013	1106525.	592963.2	594.8000	242843.0	446294.1
2014	1228375.	641280.6	606.7000	271896.0	512020.7
2015	1392278.	685992.9	615.2000	300930.8	561999.8
2016	1550067.	740060.8	627.5000	332316.3	606465.7
2017					

图 20 - 1　数据输入结果

（2）点击菜单栏“Object/New Object...”，在弹出的对话框中，在“Type of object”栏下，选择“System”，将其命名为“MODEL”，如图 20 - 2 所示。

在“System”窗口里面定义联立方程组和使用的工具变量，在“System”窗口输入以下命令，如图 20 - 3 所示。

在“System”窗口菜单栏，点击“Estimate”，并在“Estimation method”栏选择“Two - Stage Least Squares”即两阶段最小二乘法进行估计，如图 20 - 4 所示。

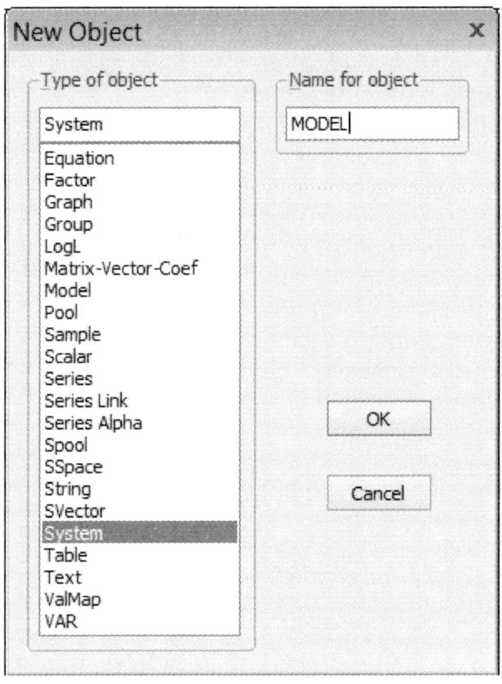

图 20－2　联立方程的命名

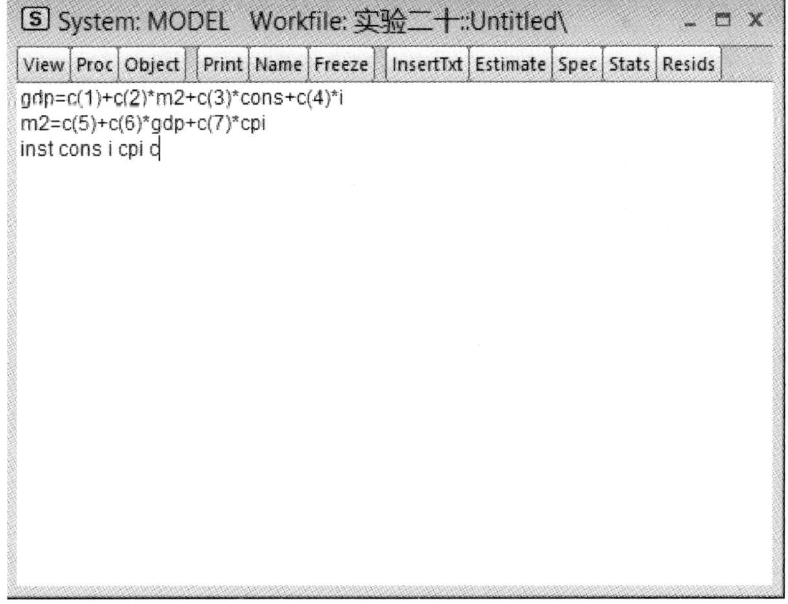

图 20－3　对联立方程定义的命令

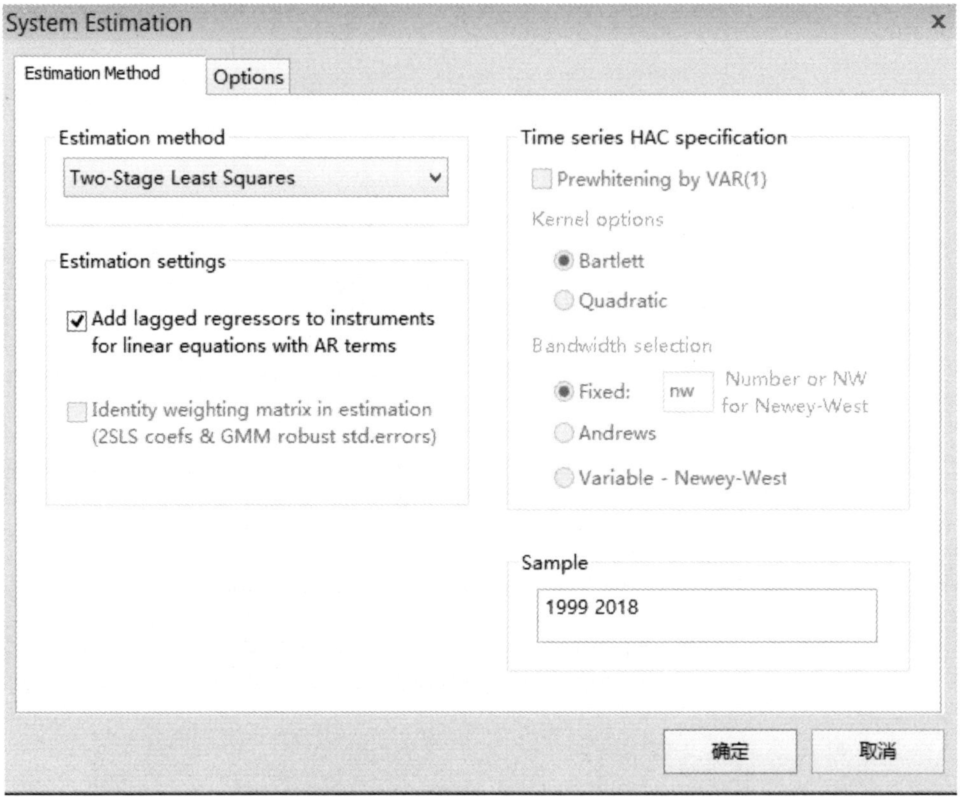

图 20－4　联立方程的方法选择

继续点击“确定”，得到联立方程估计结果，如图 20－5 所示。根据估计结果，可得到联立方程计量经济学模型的估计表达式为：

$$Y_t = 240381.7 + 2.874576M_t - 14.39464C_t + 1.436518I_t + u_{1t}$$

$$M_t = 1494145 + 3.286603Y_t - 3923.308P_t + u_{2t}$$

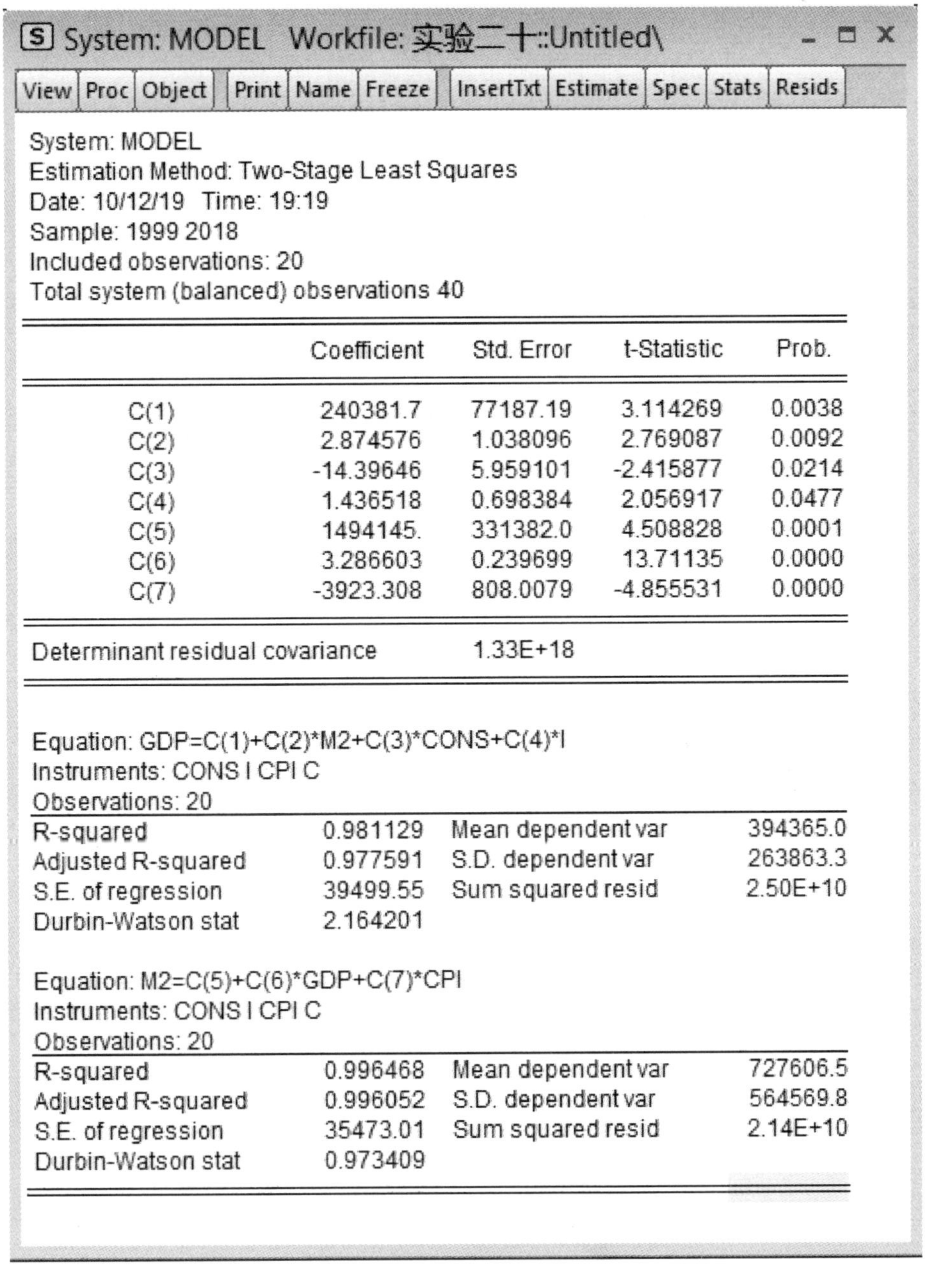

System: MODEL Workfile: 实验二十::Untitled\

View | Proc | Object | Print | Name | Freeze | InsertTxt | Estimate | Spec | Stats | Resids

System: MODEL
Estimation Method: Two-Stage Least Squares
Date: 10/12/19 Time: 19:19
Sample: 1999 2018
Included observations: 20
Total system (balanced) observations 40

	Coefficient	Std. Error	t-Statistic	Prob.
C(1)	240381.7	77187.19	3.114269	0.0038
C(2)	2.874576	1.038096	2.769087	0.0092
C(3)	-14.39646	5.959101	-2.415877	0.0214
C(4)	1.436518	0.698384	2.056917	0.0477
C(5)	1494145.	331382.0	4.508828	0.0001
C(6)	3.286603	0.239699	13.71135	0.0000
C(7)	-3923.308	808.0079	-4.855531	0.0000

Determinant residual covariance 1.33E+18

Equation: GDP=C(1)+C(2)*M2+C(3)*CONS+C(4)*I
Instruments: CONS I CPI C
Observations: 20

R-squared	0.981129	Mean dependent var	394365.0
Adjusted R-squared	0.977591	S.D. dependent var	263863.3
S.E. of regression	39499.55	Sum squared resid	2.50E+10
Durbin-Watson stat	2.164201		

Equation: M2=C(5)+C(6)*GDP+C(7)*CPI
Instruments: CONS I CPI C
Observations: 20

R-squared	0.996468	Mean dependent var	727606.5
Adjusted R-squared	0.996052	S.D. dependent var	564569.8
S.E. of regression	35473.01	Sum squared resid	2.14E+10
Durbin-Watson stat	0.973409		

图 20－5　联立方程的估计结果

五、课后练习

以表 20 - 2 所示的中国实际数据为资料，估计下面的联立模型：

$$C_t = \alpha_0 + \alpha_1 Y_t + \alpha_2 C_{t-1} + \mu_{1t}$$

$$I_t = \beta_0 + \beta_1 Y_t + \mu_{2t}$$

表 20 - 2　1980 ~ 1994 年国内生产总值、居民消费总额等宏观经济数据

单位：亿元

年份	国内生产总值 GDP	居民消费总额 CONS	投资总额 I	政府消费 G（含净进出口额）
1980	4551	1590	2317	644
1981	4901	1581	2604	716
1982	5489	1760	2868	861
1983	6076	2005	3182	889
1984	7164	2469	3675	1020
1985	8792	3386	4589	817
1986	10133	3846	5175	1112
1987	11784	4322	5961	1501
1988	14704	5495	7633	1576
1989	16466	6095	8524	1847
1990	18320	6444	9113	2763
1991	21280	7517	10316	3447
1992	25864	9636	12460	3768
1993	34501	14998	15682	3821
1994	47111	19261	21230	6620

附　录

附录1　正态分布函数N（0，1）数值表

φ（μ）	0	0.01	0.02	0.03	0.04	0.05	0.06	0.07	0.08	0.09
0.1	0.5398	0.5438	0.5478	0.5517	0.5557	0.5596	0.5636	0.5675	0.5714	0.5753
0.2	0.5793	0.5832	0.5871	0.591	0.5948	0.5987	0.6026	0.6064	0.6103	0.6141
0.3	0.6179	0.6217	0.6255	0.6293	0.6331	0.6368	0.6406	0.6443	0.648	0.6517
0.4	0.6554	0.6591	0.6628	0.6664	0.67	0.6736	0.6772	0.6808	0.6844	0.6879
0.5	0.6915	0.695	0.6985	0.7019	0.7054	0.7088	0.7123	0.7157	0.719	0.7224
0.6	0.7257	0.7291	0.7324	0.7357	0.7389	0.7422	0.7454	0.7486	0.7517	0.7549
0.7	0.758	0.7611	0.7642	0.7673	0.7703	0.7734	0.7764	0.7794	0.7823	0.7852
0.8	0.7881	0.791	0.7939	0.7967	0.7995	0.8023	0.8051	0.8078	0.8106	0.8133
0.9	0.8159	0.8186	0.8212	0.8238	0.8264	0.8289	0.8315	0.834	0.8365	0.8389
1.0	0.8413	0.8438	0.8461	0.8485	0.8508	0.8531	0.8554	0.8577	0.8599	0.8621
1.1	0.8643	0.8665	0.8686	0.8708	0.8729	0.8749	0.877	0.879	0.881	0.883
1.2	0.8849	0.8869	0.8888	0.8907	0.8925	0.8944	0.8962	0.898	0.8997	0.9015
1.3	0.9032	0.9049	0.9066	0.9082	0.9099	0.9115	0.9131	0.9147	0.9162	0.9177
1.4	0.9192	0.9207	0.9222	0.9236	0.9251	0.9265	0.9278	0.9292	0.9306	0.9319
1.5	0.9332	0.9345	0.9357	0.937	0.9382	0.9394	0.9406	0.9418	0.943	0.9441
1.6	0.9452	0.9463	0.9474	0.9484	0.9495	0.9505	0.9515	0.9525	0.9535	0.9545
1.7	0.9554	0.9564	0.9573	0.9582	0.9591	0.9599	0.9608	0.9616	0.9625	0.9633
1.8	0.9641	0.9648	0.9656	0.9664	0.9671	0.9678	0.9686	0.9693	0.97	0.9706
1.9	0.9713	0.9719	0.9726	0.9732	0.9738	0.9744	0.975	0.9756	0.9762	0.9767
2.0	0.9772	0.9778	0.9783	0.9788	0.9793	0.9798	0.9803	0.9808	0.9812	0.9817
2.1	0.9821	0.9826	0.983	0.9834	0.9838	0.9842	0.9846	0.985	0.9854	0.9857

续表

φ（μ）	0	0.01	0.02	0.03	0.04	0.05	0.06	0.07	0.08	0.09
2.2	0.9861	0.9864	0.9868	0.9871	0.9874	0.9878	0.9881	0.9884	0.9887	0.989
2.3	0.9893	0.9896	0.9898	0.9901	0.9904	0.9906	0.9909	0.9911	0.9913	0.9916
2.4	0.9918	0.992	0.9922	0.9925	0.9927	0.9929	0.9931	0.9932	0.9934	0.9936
2.5	0.9938	0.994	0.9941	0.9943	0.9945	0.9946	0.9948	0.9949	0.9951	0.9952
2.6	0.9953	0.9955	0.9956	0.9957	0.9959	0.996	0.9961	0.9962	0.9963	0.9964
2.7	0.9965	0.9966	0.9967	0.9968	0.9969	0.997	0.9971	0.9972	0.9973	0.9974
2.8	0.9974	0.9975	0.9976	0.9977	0.9977	0.9978	0.9979	0.9979	0.998	0.9981
2.9	0.9981	0.9982	0.9982	0.9983	0.9984	0.9984	0.9985	0.9985	0.9986	0.9986
3.0	0.9987	0.9990	0.9993	0.9995	0.9997	0.9998	0.9998	0.9999	0. 9999	1.0000

注：本表最后一行自左至右依次是 φ（3.0），…，φ（3.9）的值。

附录2　t分布临界值表

单侧	α =0.10	0.05	0.025	0.01	0.005
双侧	α =0.20	0.10	0.05	0.02	0.01
ν =1	3.078	6.314	12.706	31.821	63.657
2	1.886	2.920	4.303	6.965	9.925
3	1.638	2.353	3.182	4.541	5.841
4	1.533	2.132	2.776	3.747	4.604
5	1.476	2.015	2.571	3.365	4.032
6	1.440	1.943	2.447	3.143	3.707
7	1.415	1.895	2.365	2.998	3.499
8	1.397	1.860	2.306	2.896	2.355
9	1.383	1.833	2.262	2.821	3.250
10	1.372	1.812	2.228	2.764	3.169
11	1.363	1.796	2.201	2.718	3.106
12	1.356	1.782	2.179	2.681	3.055
13	1.350	1.771	2.160	2.650	3.012
14	1.345	1.761	2.145	2.624	2.977

续表

单侧	α = 0. 10	0. 05	0. 025	0. 01	0. 005
双侧	α = 0. 20	0. 10	0. 05	0. 02	0. 01
v = 15	1. 341	1. 753	2. 131	2. 602	2. 947
16	1. 337	1. 746	2. 120	2. 583	2. 921
17	1. 333	1. 740	2. 110	2. 567	2. 898
18	1. 330	1. 734	2. 101	2. 552	2. 878
19	1. 328	1. 729	2. 093	2. 539	2. 861
20	1. 325	1. 725	2. 086	2. 528	2. 845
21	1. 323	1. 721	2. 080	2. 518	2. 831
22	1. 321	1. 717	2. 074	2. 508	2. 819
23	1. 319	1. 714	2. 069	2. 500	2. 807
24	1. 318	1. 711	2. 064	2. 492	2. 797
25	1. 316	1. 708	2. 060	2. 485	2. 787
26	1. 315	1. 706	2. 056	2. 479	2. 779
27	1. 314	1. 703	2. 052	2. 473	2. 771
28	1. 313	1. 701	2. 048	2. 467	2. 763
29	1. 311	1. 699	2. 045	2. 462	2. 756
30	1. 310	1. 697	2. 042	2. 457	2. 750
40	1. 303	1. 684	2. 021	2. 423	2. 704
50	1. 299	1. 676	2. 009	2. 403	2. 678
60	1. 296	1. 671	2. 000	2. 390	2. 660
70	1. 294	1. 667	1. 994	2. 381	2. 648
80	1. 292	1. 664	1. 990	2. 374	2. 639
90	1. 291	1. 662	1. 987	2. 368	2. 632
100	1. 290	1. 660	1. 984	2. 364	2. 626
125	1. 288	1. 657	1. 979	2. 357	2. 616
150	1. 287	1. 655	1. 976	2. 351	2. 609
200	1. 286	1. 653	1. 972	2. 345	2. 601
∞	1. 282	1. 645	1. 960	2. 326	2. 576

附录 3　F 分布临界值表

$P\{F(n_1, n_2) > F_\alpha(n_1, n_2)\} = \alpha \quad \alpha = 0.10$

n_2 \ n_1	1	2	3	4	5	6	7	8	9	10	12	15	20	24	30	40	60	120	∞
1	39. 86	49. 5	53. 59	55. 83	57. 24	58. 2	58. 91	59. 44	59. 86	60. 19	60. 71	61. 22	61. 74	62. 00	62. 26	62. 53	62. 79	63. 06	63. 33
2	8. 53	9. 00	9. 16	9. 24	9. 29	9. 33	9. 35	9. 37	9. 38	9. 39	9. 41	9. 42	9. 44	9. 45	9. 46	9. 47	9. 47	9. 48	9. 49
3	5. 54	5. 46	5. 39	5. 34	5. 31	5. 28	5. 27	5. 25	5. 24	5. 23	5. 22	5. 2	5. 18	5. 18	5. 17	5. 16	5. 15	5. 14	5. 13
4	4. 54	4. 32	4. 19	4. 11	4. 05	4. 01	3. 98	3. 95	3. 94	3. 92	3. 9	3. 87	3. 84	3. 83	3. 82	3. 8	3. 79	3. 78	3. 76
5	4. 06	3. 78	3. 62	3. 52	3. 45	3. 4	3. 37	3. 34	3. 32	3. 3	3. 27	3. 24	3. 21	3. 19	3. 17	3. 16	3. 14	3. 12	3. 10
6	3. 78	3. 46	3. 29	3. 18	3. 11	3. 05	3. 01	2. 98	2. 96	2. 94	2. 90	2. 87	2. 84	2. 82	2. 8	2. 78	2. 76	2. 74	2. 72
7	3. 59	3. 26	3. 07	2. 96	2. 88	2. 83	2. 78	2. 75	2. 72	2. 7	2. 67	2. 63	2. 59	2. 58	2. 56	2. 54	2. 51	2. 49	2. 47
8	3. 46	3. 11	2. 92	2. 81	2. 73	2. 67	2. 62	2. 59	2. 56	2. 54	2. 5	2. 46	2. 42	2. 4	2. 38	2. 36	2. 34	2. 32	2. 29
9	3. 36	3. 01	2. 81	2. 69	2. 61	2. 55	2. 51	2. 47	2. 44	2. 42	2. 38	2. 34	2. 3	2. 28	2. 25	2. 23	2. 21	2. 18	2. 16
10	3. 29	2. 92	2. 73	2. 61	2. 52	2. 46	2. 41	2. 38	2. 35	2. 32	2. 28	2. 24	2. 2	2. 18	2. 16	2. 13	2. 11	2. 08	2. 06
11	3. 23	2. 86	2. 66	2. 54	2. 45	2. 39	2. 34	2. 3	2. 27	2. 25	2. 21	2. 17	2. 12	2. 1	2. 08	2. 05	2. 03	2. 00	1. 97
12	3. 18	2. 81	2. 61	2. 48	2. 39	2. 33	2. 28	2. 24	2. 21	2. 19	2. 15	2. 1	2. 06	2. 04	2. 01	1. 99	1. 96	1. 93	1. 90
13	3. 14	2. 76	2. 56	2. 43	2. 35	2. 28	2. 23	2. 2	2. 16	2. 14	2. 1	2. 05	2. 01	1. 98	1. 96	1. 93	1. 9	1. 88	1. 85
14	3. 10	2. 73	2. 52	2. 39	2. 31	2. 24	2. 19	2. 15	2. 12	2. 1	2. 05	2. 01	1. 96	1. 94	1. 91	1. 89	1. 86	1. 83	1. 80
15	3. 07	2. 7	2. 49	2. 36	2. 27	2. 21	2. 16	2. 12	2. 09	2. 06	2. 02	1. 97	1. 92	1. 9	1. 87	1. 85	1. 82	1. 79	1. 76
16	3. 05	2. 67	2. 46	2. 33	2. 24	2. 18	2. 13	2. 09	2. 06	2. 03	1. 99	1. 94	1. 89	1. 87	1. 84	1. 81	1. 78	1. 75	1. 72
17	3. 03	2. 64	2. 44	2. 31	2. 22	2. 15	2. 10	2. 06	2. 03	2. 00	1. 96	1. 91	1. 86	1. 84	1. 81	1. 78	1. 75	1. 72	1. 69
18	3. 01	2. 62	2. 42	2. 29	2. 20	2. 13	2. 08	2. 04	2	1. 98	1. 93	1. 89	1. 84	1. 81	1. 78	1. 75	1. 72	1. 69	1. 66
19	2. 99	2. 61	2. 40	2. 27	2. 18	2. 11	2. 06	2. 02	1. 98	1. 96	1. 91	1. 86	1. 81	1. 79	1. 76	1. 73	1. 7	1. 67	1. 63

续表

$\alpha = 0.10$

n_2 \ n_1	1	2	3	4	5	6	7	8	9	10	12	15	20	24	30	40	60	120	∞
20	2.97	2.59	2.38	2.25	2.16	2.09	2.04	2	1.96	1.94	1.89	1.84	1.79	1.77	1.74	1.71	1.68	1.64	1.61
21	2.96	2.57	2.36	2.23	2.14	2.08	2.02	1.98	1.95	1.92	1.87	1.83	1.78	1.75	1.72	1.69	1.66	1.62	1.59
22	2.95	2.56	2.35	2.22	2.13	2.06	2.01	1.97	1.93	1.9	1.86	1.81	1.76	1.73	1.70	1.67	1.64	1.6	1.57
23	2.94	2.55	2.34	2.21	2.11	1.05	1.99	1.95	1.92	1.89	1.84	1.8	1.74	1.72	1.69	1.66	1.62	1.59	1.55
24	2.93	2.54	2.33	2.19	2.1	2.04	1.98	1.94	1.91	1.88	1.83	1.78	1.73	1.7	1.67	1.64	1.61	1.57	1.53
25	2.92	2.53	2.32	2.18	2.09	2.02	1.97	1.93	1.89	1.87	1.82	1.77	1.72	1.69	1.66	1.63	1.59	1.56	1.52
26	2.91	2.52	2.31	2.17	2.08	2.01	1.96	1.92	1.88	1.86	1.81	1.76	1.71	1.68	1.65	1.61	1.58	1.54	1.50
27	2.90	2.51	2.3	2.17	2.07	2.00	1.95	1.91	1.87	1.85	1.8	1.75	1.7	1.67	1.64	1.6	1.57	1.53	1.49
28	2.89	2.50	2.29	2.16	2.06	2.00	1.94	1.9	1.87	1.84	1.79	1.74	1.69	1.66	1.63	1.59	1.56	1.52	1.48
29	2.89	2.50	2.28	2.15	2.06	1.99	1.93	1.89	1.86	1.83	1.78	1.73	1.68	1.65	1.62	1.58	1.55	1.51	1.47
30	2.88	2.49	2.28	2.14	2.05	1.98	1.93	1.88	1.85	1.82	1.77	1.72	1.67	1.64	1.61	1.57	1.54	1.5	1.46
40	2.84	2.44	2.23	2.09	2.00	1.93	1.87	1.83	1.79	1.76	1.71	1.66	1.61	1.57	1.54	1.51	1.47	1.42	1.38
60	2.79	2.39	2.18	2.04	1.95	1.87	1.82	1.77	1.74	1.71	1.66	1.6	1.54	1.51	1.48	1.44	1.4	1.35	1.29
120	2.75	2.35	2.13	1.99	1.9	1.82	1.77	1.72	1.68	1.65	1.6	1.55	1.48	1.45	1.41	1.37	1.32	1.26	1.19
∞	2.71	2.3	2.08	1.94	1.85	1.77	1.72	1.67	1.63	1.6	1.55	1.49	1.42	1.38	1.34	1.3	1.24	1.17	1.00

$\alpha = 0.05$

n_2 \ n_1	1	2	3	4	5	6	7	8	9	10	12	15	20	24	30	40	60	120	∞
1	161.4	199.5	215.7	224.6	230.2	234	236.8	238.9	240.5	241.9	243.9	245.9	248	249.1	250.1	251.1	252.2	253.3	254.3
2	18.51	19	19.16	19.25	19.3	19.33	19.35	19.37	19.38	19.4	19.41	19.43	19.45	19.45	19.46	19.47	19.48	19.49	19.50
3	10.13	9.55	9.28	9.12	9.01	8.94	8.89	8.85	8.81	8.79	8.74	8.7	8.66	8.64	8.62	8.59	8.57	8.55	8.53

续表

$\alpha=0.05$

n_2 \ n_1	1	2	3	4	5	6	7	8	9	10	12	15	20	24	30	40	60	120	∞
4	7.71	6.94	6.59	6.39	6.26	6.16	6.09	6.04	6.00	5.96	5.91	5.86	5.80	5.77	5.75	5.72	5.69	5.66	5.63
5	6.61	5.79	5.41	5.19	5.05	4.95	4.88	4.82	4.77	4.74	4.68	4.62	4.56	4.53	4.5	4.46	4.43	4.4	4.36
6	5.99	5.14	4.76	4.53	4.39	4.28	4.21	4.15	4.10	4.06	4.00	3.94	3.87	3.84	3.81	3.77	3.74	3.7	3.67
7	5.59	4.74	4.35	4.12	3.97	3.87	3.79	3.73	3.68	3.64	3.57	3.51	3.44	3.41	3.38	3.34	3.3	3.27	3.23
8	5.32	4.46	4.07	3.84	3.69	3.58	3.50	3.44	3.39	3.35	3.28	3.22	3.15	3.12	3.08	3.04	3.01	2.97	2.93
9	5.12	4.26	3.86	3.63	3.48	3.37	3.29	3.23	3.18	3.14	3.07	3.01	2.94	2.90	2.86	2.83	2.79	2.75	2.71
10	4.96	4.10	3.71	3.48	3.33	3.22	3.14	3.07	3.02	2.98	2.91	2.85	2.77	2.74	2.7	2.66	2.62	2.58	2.54
11	4.84	3.98	3.59	3.36	3.20	3.09	3.01	2.95	2.9	2.85	2.79	2.72	2.65	2.61	2.57	2.53	2.49	2.45	2.40
12	4.75	3.89	3.49	3.26	3.11	3.00	2.91	2.85	2.8	2.75	2.69	2.62	2.54	2.51	2.47	2.43	2.38	2.34	2.30
13	4.67	3.81	3.41	3.18	3.03	2.92	2.83	2.77	2.71	2.67	2.6	2.53	2.46	2.42	2.38	2.34	2.3	2.25	2.21
14	4.60	3.74	3.34	3.11	2.96	2.85	2.76	2.70	2.65	2.6	2.53	2.46	2.39	2.35	2.31	2.27	2.22	2.18	2.13
15	4.54	3.68	3.29	3.06	2.90	2.79	2.71	2.64	2.59	2.54	2.48	2.40	2.33	2.29	2.25	2.2	2.16	2.11	2.07
16	4.49	3.63	3.24	3.01	2.85	2.74	2.66	2.59	2.54	2.49	2.42	2.35	2.28	2.24	2.19	2.15	2.11	2.06	2.01
17	4.45	3.59	3.20	2.96	2.81	2.70	2.61	2.55	2.49	2.45	2.38	2.31	2.23	2.19	2.15	2.1	2.06	2.01	1.96
18	4.41	3.55	3.16	2.93	2.77	2.66	2.58	2.51	2.46	2.41	2.34	2.27	2.19	2.15	2.11	2.06	2.02	1.97	1.92
19	4.38	3.52	3.13	2.9	2.74	2.63	2.54	2.48	2.42	2.38	2.31	2.23	2.16	2.11	2.07	2.03	1.98	1.93	1.88
20	4.35	3.49	3.1	2.87	2.71	2.6	2.51	2.45	2.39	2.35	2.28	2.2	2.12	2.08	2.04	1.99	1.95	1.9	1.84
21	4.32	3.47	3.07	2.84	2.68	2.57	2.49	2.42	2.37	2.32	2.25	2.18	2.1	2.05	2.01	1.96	1.92	1.87	1.81
22	4.30	3.44	3.05	2.82	2.66	2.55	2.46	2.4	2.34	2.3	2.23	2.15	2.07	2.03	1.98	1.94	1.89	1.84	1.78

续表

α = 0.05

n_2 \ n_1	1	2	3	4	5	6	7	8	9	10	12	15	20	24	30	40	60	120	∞
23	4.28	3.42	3.03	2.80	2.64	2.53	2.44	2.37	2.32	2.27	2.20	2.13	2.05	2.01	1.96	1.91	1.86	1.81	1.76
24	4.26	3.40	3.01	2.78	2.62	2.51	2.42	2.36	2.30	2.25	2.18	2.11	2.03	1.98	1.94	1.89	1.84	1.79	1.73
25	4.24	3.39	2.99	2.76	2.6	2.49	2.4	2.34	2.28	2.24	2.16	2.09	2.01	1.96	1.92	1.87	1.82	1.77	1.71
26	4.23	3.37	2.98	2.74	2.59	2.47	2.39	2.32	2.27	2.22	2.15	2.07	1.99	1.95	1.9	1.85	1.8	1.75	1.69
27	4.21	3.35	2.96	2.73	2.57	2.46	2.37	2.31	2.25	2.2	2.13	2.06	1.97	1.93	1.88	1.84	1.79	1.73	1.67
28	4.20	3.34	2.95	2.71	2.56	2.45	2.36	2.29	2.24	2.19	2.12	2.04	1.96	1.91	1.87	1.82	1.77	1.71	1.65
29	4.18	3.33	2.93	2.70	2.55	2.43	2.35	2.28	2.22	2.18	2.1	2.03	1.94	1.9	1.85	1.81	1.75	1.70	1.64
30	4.17	3.32	2.92	2.69	2.53	2.42	2.33	2.27	2.21	2.16	2.09	2.01	1.93	1.89	1.84	1.79	1.74	1.68	1.62
40	4.08	3.23	2.84	2.61	2.45	2.34	2.25	2.18	2.12	2.08	2	1.92	1.84	1.79	1.74	1.69	1.64	1.58	1.51
60	4.00	3.15	2.76	2.53	2.37	2.25	2.17	2.10	2.04	1.99	1.92	1.84	1.75	1.70	1.65	1.59	1.53	1.47	1.39
120	3.92	3.07	2.68	2.45	2.29	2.17	2.09	2.02	1.96	1.91	1.83	1.75	1.66	1.61	1.55	1.5	1.43	1.35	1.25
∞	3.84	3.00	2.60	2.37	2.21	2.10	2.01	1.94	1.88	1.83	1.75	1.67	1.57	1.52	1.46	1.39	1.32	1.22	1.00

α = 0.025

n_2 \ n_1	1	2	3	4	5	6	7	8	9	10	12	15	20	24	30	40	60	120	∞
1	647.8	799.5	864.2	899.6	921.8	937.1	948.2	956.7	963.3	968.6	976.7	984.9	993.1	997.2	1001	1006	1010	1014	1018
2	38.51	39.00	39.17	39.25	39.3	39.33	39.36	39.37	39.39	39.4	39.41	39.43	39.45	39.46	39.46	39.47	39.48	39.4	39.50
3	17.44	16.04	15.44	15.1	14.88	14.73	14.62	14.54	14.47	14.42	14.34	14.25	14.17	14.12	14.08	14.04	13.99	13.95	13.90
4	12.22	10.65	9.98	9.60	9.36	9.20	9.07	8.98	8.90	8.84	8.75	8.66	8.56	8.51	8.46	8.41	8.36	8.31	8.26
5	10.01	8.43	7.76	7.39	7.15	6.98	6.85	6.76	6.68	6.62	6.52	6.43	6.33	6.28	6.23	6.18	6.12	6.07	6.02
6	8.81	7.26	6.60	6.23	5.99	5.82	5.70	5.60	5.52	5.46	5.37	5.27	5.17	5.12	5.07	5.01	4.96	4.90	4.85

续表

$\alpha = 0.025$

n_2 \ n_1	1	2	3	4	5	6	7	8	9	10	12	15	20	24	30	40	60	120	∞
7	8.07	6.54	5.89	5.52	5.29	5.12	4.99	4.90	4.82	4.76	4.67	4.57	4.47	4.42	4.36	4.31	4.25	4.20	4.14
8	7.57	6.06	5.42	5.05	4.82	4.65	4.53	4.43	4.36	4.30	4.20	4.10	4.00	3.95	3.89	3.84	3.78	3.73	3.67
9	7.21	5.71	5.08	4.72	4.48	4.23	4.20	4.10	4.03	3.96	3.87	3.77	3.67	3.61	3.56	3.51	3.45	3.39	3.33
10	6.94	5.46	4.83	4.47	4.24	4.07	3.95	3.85	3.78	3.72	3.62	3.52	3.42	3.37	3.31	3.26	3.20	3.14	3.08
11	6.72	5.26	4.63	4.28	4.04	3.88	3.76	3.66	3.59	3.53	3.43	3.33	3.23	3.17	3.12	3.06	3.00	2.94	2.88
12	6.55	5.10	4.47	4.12	3.89	3.73	3.61	3.51	3.44	3.37	3.28	3.18	3.07	3.02	2.96	2.91	2.85	2.79	2.72
13	6.41	4.97	4.35	4.00	3.77	3.60	3.48	3.39	3.31	3.25	3.15	3.05	2.95	2.89	2.84	2.78	2.72	2.66	2.60
14	6.30	4.86	4.24	3.89	3.66	3.50	3.38	3.29	3.21	3.15	3.05	2.95	2.84	2.79	2.73	2.67	2.61	2.55	2.49
15	6.20	4.77	4.15	3.80	3.58	3.41	3.29	3.2	3.12	3.06	2.96	2.86	2.76	2.70	2.64	2.59	2.52	2.46	2.40
16	6.12	4.69	4.08	3.73	3.50	3.34	3.22	3.12	3.05	2.99	2.89	2.79	2.68	2.63	2.57	2.51	2.45	2.38	2.32
17	6.04	4.62	4.01	3.66	3.44	3.28	3.26	3.06	2.98	2.92	2.82	2.72	2.62	2.56	2.50	2.44	2.38	2.32	2.25
18	5.98	4.56	3.95	3.61	3.38	3.22	3.10	3.01	2.93	2.87	2.77	2.67	2.56	2.50	2.44	2.38	2.32	2.26	2.19
19	5.92	4.51	3.90	3.56	3.33	3.17	3.05	2.96	2.88	2.82	2.72	2.62	2.51	2.45	2.39	2.33	2.27	2.20	2.13
20	5.87	4.46	3.86	3.51	3.29	3.13	3.01	2.91	2.84	2.77	2.68	2.57	2.46	2.41	2.35	2.29	2.22	2.16	2.09
21	5.83	4.42	3.82	3.48	3.25	3.09	2.97	2.87	2.80	2.73	2.64	2.53	2.42	2.37	2.31	2.25	2.18	2.11	2.04
22	5.79	4.38	3.78	3.44	3.22	3.05	2.73	2.84	2.76	2.70	2.60	2.50	2.39	2.33	2.27	2.21	2.14	2.08	2.00
23	5.75	4.35	3.75	3.41	3.18	3.02	2.90	2.81	2.73	2.67	2.57	2.47	2.36	2.30	2.24	2.18	2.11	2.04	1.97
24	5.72	4.32	3.72	3.38	3.15	2.99	2.87	2.78	2.70	2.64	2.54	2.44	2.33	2.27	2.21	2.15	2.08	2.01	1.94
25	5.69	4.29	3.69	3.35	3.13	2.97	2.85	2.75	2.68	2.61	2.51	2.41	2.30	2.24	2.18	2.12	2.05	1.98	1.91

续表

α = 0.025

n_2 \ n_1	1	2	3	4	5	6	7	8	9	10	12	15	20	24	30	40	60	120	∞
26	5.66	4.27	3.67	3.33	3.1	2.94	2.82	2.73	2.65	2.59	2.49	2.39	2.28	2.22	2.16	2.09	2.03	1.95	1.88
27	5.63	4.24	3.65	3.31	3.08	2.92	2.80	2.71	2.63	2.57	2.47	2.36	2.25	2.19	2.13	2.07	2.00	1.93	1.85
28	5.61	4.22	3.63	3.29	3.06	2.90	2.78	2.69	2.61	2.55	2.45	2.34	2.23	2.17	2.11	2.05	1.98	1.91	1.83
29	5.59	4.20	3.61	3.27	3.04	2.88	2.76	2.67	2.59	2.53	2.43	2.32	2.21	2.15	2.09	2.03	1.96	1.89	1.81
30	5.57	4.18	3.59	3.25	3.03	2.87	2.75	2.65	2.57	2.51	2.41	2.31	2.20	2.14	2.07	2.01	1.94	1.87	1.79
40	5.42	4.05	3.46	3.13	3.90	2.74	2.62	2.53	2.45	2.39	2.29	2.18	2.07	2.01	1.94	1.88	1.80	1.72	1.64
60	5.29	3.93	3.34	3.01	2.79	2.63	2.51	2.41	2.33	2.27	3.17	2.06	1.94	1.88	1.82	1.74	1.67	1.58	1.48
120	5.15	3.8	3.23	2.89	2.67	2.52	2.39	2.30	2.22	2.16	2.05	1.94	1.82	1.76	1.69	1.61	1.53	1.43	1.31
∞	5.02	3.69	3.12	2.79	2.57	2.41	2.29	2.19	2.11	2.05	1.94	1.83	1.71	1.64	1.57	1.48	1.39	1.27	1.00

α = 0.01

n_2 \ n_1	1	2	3	4	5	6	7	8	9	10	12	15	20	24	30	40	60	120	∞
1	4052	4999.5	5403	5625	5764	5859	5928	5982	6022	6056	6106	6157	6209	6235	6261	6287	6313	6339	6366
2	98.50	99.00	99.17	99.25	99.30	99.33	99.36	99.37	99.39	99.40	99.42	99.43	99.45	99.46	99.47	99.47	99.48	99.49	99.50
3	34.12	30.82	29.46	28.71	28.24	27.91	27.67	27.49	27.35	27.23	27.05	26.87	26.69	26.60	26.50	26.41	26.32	26.22	26.13
4	21.20	18.00	16.69	15.98	15.52	15.21	14.98	14.80	14.66	14.55	14.37	24.20	14.02	13.93	13.84	13.75	13.65	13.56	13.46
5	16.26	13.27	12.06	11.39	10.97	10.67	10.46	10.29	10.16	10.05	9.89	9.72	9.55	9.47	9.38	9.29	9.20	9.11	9.02
6	13.75	10.93	9.78	9.15	8.75	8.47	8.26	8.10	7.98	7.87	7.72	7.56	7.40	7.31	7.23	7.14	7.06	6.97	6.88
7	12.25	9.55	8.45	7.85	7.46	7.19	6.99	6.84	6.72	6.62	6.47	6.31	6.16	6.07	5.99	5.91	5.82	5.74	5.65
8	11.26	8.65	7.59	7.01	6.63	6.37	6.18	6.03	5.91	5.81	5.67	5.52	5.36	5.28	5.20	5.12	5.03	4.95	4.86
9	10.56	8.02	6.99	6.42	6.06	5.80	5.61	5.47	5.35	5.26	5.11	4.96	4.81	4.73	4.65	4.57	4.48	4.40	4.31

续表

$\alpha = 0.01$

n_2 \ n_1	1	2	3	4	5	6	7	8	9	10	12	15	20	24	30	40	60	120	∞
10	10.04	7.56	6.55	5.99	5.64	5.39	5.20	5.06	4.94	4.85	4.71	4.56	4.41	4.33	4.25	4.17	4.08	4.00	3.91
11	9.65	7.21	6.22	5.67	5.32	5.07	4.89	4.74	4.63	4.54	4.40	4.25	4.10	4.02	3.94	3.86	3.78	3.69	3.60
12	9.33	6.93	5.95	5.41	5.06	4.82	4.64	4.50	4.39	4.30	4.16	4.01	3.86	3.78	3.70	3.62	3.54	3.45	3.36
13	9.07	6.70	5.74	5.21	4.86	4.62	4.44	4.30	4.19	4.10	3.96	3.82	3.66	3.59	3.51	3.43	3.34	3.25	3.17
14	8.86	6.51	5.56	5.04	4.69	4.46	4.28	4.14	4.03	3.94	3.80	3.66	3.51	3.43	3.35	3.27	3.18	3.09	3.00
15	8.68	6.36	5.42	4.89	4.56	4.32	4.14	4.00	3.89	3.80	3.67	3.52	3.37	3.29	3.21	3.13	3.05	2.96	2.87
16	8.53	6.23	5.29	4.77	4.44	4.20	4.03	3.89	3.78	3.69	3.55	3.41	3.26	3.18	3.10	3.02	2.93	2.84	2.75
17	8.40	6.11	5.18	4.67	4.34	4.10	3.93	3.79	3.68	3.59	3.46	3.31	3.16	3.08	3.00	2.92	2.83	2.75	2.65
18	8.29	6.01	5.09	4.58	4.25	4.01	3.94	3.71	3.60	3.51	3.37	3.23	3.08	3.00	2.92	2.84	2.75	2.66	2.57
19	8.18	5.93	5.01	4.50	4.17	3.94	3.77	3.63	3.52	3.43	3.30	3.15	3.00	2.92	2.84	2.76	2.67	2.58	2.49
20	8.10	5.85	4.94	4.43	4.10	3.87	3.70	3.56	3.46	3.37	3.23	3.09	2.94	2.86	2.78	2.69	2.61	2.52	2.42
21	8.02	5.78	4.87	4.37	4.04	3.81	3.64	3.51	3.40	3.31	3.17	3.03	2.88	2.80	2.72	2.64	2.55	2.46	2.36
22	7.95	5.72	4.82	4.31	3.99	3.76	3.59	3.45	3.35	3.26	3.12	2.98	2.83	2.75	2.67	2.58	2.50	2.40	2.31
23	7.88	5.66	4.76	4.26	3.94	3.71	3.54	3.41	3.30	3.21	3.07	2.93	2.78	2.70	2.62	2.54	2.45	2.35	2.26
24	7.82	5.61	4.72	4.22	3.90	3.67	3.50	3.36	3.26	3.17	3.03	2.89	2.74	2.66	2.58	2.49	2.40	2.31	2.21
25	7.77	5.57	4.68	4.18	3.85	3.63	3.46	3.32	3.22	3.13	2.99	2.85	2.70	2.62	2.54	2.45	2.36	2.27	2.17
26	7.72	5.53	4.64	4.14	3.82	3.59	3.42	3.29	3.18	3.09	2.96	2.81	2.66	2.58	2.5	2.42	2.33	2.23	2.13
27	7.68	5.49	4.60	4.11	3.78	3.56	3.39	3.26	3.15	3.06	2.93	2.78	2.63	2.55	2.47	2.38	2.29	2.20	2.10
28	7.64	5.45	4.57	4.07	3.75	3.53	3.36	3.23	3.12	3.03	2.90	2.75	2.60	2.52	2.44	2.35	2.26	2.17	2.06

续表

$\alpha = 0.01$

n_2 \ n_1	1	2	3	4	5	6	7	8	9	10	12	15	20	24	30	40	60	120	∞
29	7.60	5.42	4.54	4.04	3.73	3.50	3.33	3.20	3.09	3.00	2.87	2.73	2.57	2.49	2.41	2.33	2.23	2.14	2.03
30	7.56	5.39	4.51	4.02	3.7	3.47	3.3	3.17	3.07	2.98	2.84	2.70	2.55	2.47	2.39	2.30	2.21	2.11	2.01
40	7.31	5.18	4.31	3.83	3.51	3.29	3.12	2.99	2.89	2.8	2.66	2.52	2.37	2.29	2.20	2.11	2.02	1.92	1.80
60	7.08	4.98	4.13	3.65	3.34	3.12	2.95	2.82	2.72	2.63	2.50	2.35	2.20	2.12	2.03	1.94	1.84	1.73	1.60
120	6.85	4.79	3.95	3.48	3.17	2.96	2.79	2.66	2.56	2.47	2.34	2.19	2.03	1.95	1.86	1.76	1.66	1.53	1.38
∞	6.63	4.61	3.78	3.32	3.02	2.80	2.64	2.51	2.41	2.32	2.18	2.04	1.88	1.79	1.70	1.59	1.47	1.32	1.00
										$\alpha = 0.005$									
1	16211	20000	21615	22500	23056	23437	23715	23925	24091	24224	24426	24630	24836	24940	25044	25148	35253	25359	25465
2	198.5	199.0	199.2	199.2	199.3	199.3	199.4	199.4	199.4	199.4	199.4	199.4	199.4	199.5	199.5	199.5	199.5	199.5	199.5
3	55.55	49.8	47.47	46.19	45.39	44.84	44.43	44.13	43.88	43.69	43.39	43.08	42.78	42.62	42.47	42.31	42.15	41.99	41.83
4	31.33	26.28	24.26	23.15	22.46	21.97	21.62	21.35	21.14	20.97	20.7	20.44	20.17	20.03	19.89	19.75	19.61	19.47	19.32
5	22.78	18.31	16.53	15.56	14.94	14.51	14.2	13.96	13.77	13.62	13.38	13.15	12.90	12.78	12.66	12.53	12.40	12.27	12.14
6	18.63	14.54	12.92	12.03	11.46	11.07	10.79	10.57	10.39	10.25	10.03	9.81	9.59	9.47	9.36	9.24	9.12	9.00	8.88
7	16.24	12.40	10.88	10.05	9.52	9.16	8.89	8.68	8.51	8.38	8.18	7.97	7.75	7.65	7.53	7.42	7.31	7.19	7.08
8	14.69	11.04	9.60	8.81	8.30	7.95	7.69	7.50	7.34	7.21	7.01	6.81	6.61	6.50	6.40	6.29	6.18	6.06	5.95
9	13.61	10.11	8.72	7.96	7.47	7.13	6.88	6.69	6.54	6.42	6.23	6.03	5.83	5.73	5.62	5.52	5.41	5.30	5.19
10	12.83	9.43	8.08	7.34	6.87	6.54	6.30	6.12	5.97	5.85	5.66	5.47	5.27	5.17	5.07	4.97	4.86	4.75	4.64
11	12.23	8.91	7.60	6.88	6.42	6.10	5.86	5.68	5.54	5.42	5.24	5.05	4.86	4.76	4.65	4.55	4.44	4.34	4.23
12	11.75	8.51	7.23	6.52	6.07	5.76	5.52	5.35	5.20	5.09	4.91	4.72	4.53	4.43	4.33	4.23	4.12	4.01	3.90

续表

$\alpha = 0.005$

n_2 \ n_1	1	2	3	4	5	6	7	8	9	10	12	15	20	24	30	40	60	120	∞
13	11. 37	8. 19	6. 93	6. 23	5. 79	5. 48	. 25	5. 08	4. 94	4. 82	4. 64	4. 46	4. 27	4. 17	4. 07	3. 97	3. 87	3. 76	3. 65
14	11. 06	7. 92	6. 68	6. 00	5. 56	5. 26	. 03	4. 86	4. 72	4. 6	4. 43	4. 25	4. 06	3. 96	3. 86	3. 76	3. 66	3. 55	3. 44
15	10. 80	7. 70	6. 48	5. 80	5. 37	5. 07	. 85	4. 67	4. 54	4. 42	4. 25	4. 07	3. 88	3. 79	3. 69	3. 58	3. 48	3. 37	3. 26
16	10. 58	7. 51	6. 30	5. 64	5. 21	4. 91	. 69	4. 52	4. 38	4. 27	4. 10	3. 92	3. 73	3. 64	3. 54	3. 44	3. 33	3. 22	3. 11
17	10. 38	7. 35	6. 16	5. 50	5. 07	4. 78	. 56	4. 39	4. 25	4. 14	3. 97	3. 79	3. 61	3. 51	3. 41	3. 31	3. 21	3. 10	2. 98
18	10. 22	7. 21	6. 03	5. 37	4. 96	4. 66	4. 44	4. 28	4. 14	4. 03	3. 86	3. 68	3. 50	3. 40	3. 30	3. 20	3. 10	2. 99	2. 87
19	10. 07	7. 09	5. 92	5. 27	7. 85	4. 56	4. 34	4. 18	4. 04	3. 93	3. 76	3. 59	3. 4	3. 31	3. 21	3. 11	3. 00	2. 89	2. 78
20	9. 94	6. 99	5. 82	5. 17	4. 76	4. 47	4. 26	4. 09	3. 96	3. 85	3. 68	3. 5	3. 32	3. 22	3. 12	3. 02	2. 92	2. 81	2. 69
21	9. 83	6. 89	5. 73	5. 09	4. 68	4. 39	4. 18	4. 01	3. 88	3. 77	3. 60	3. 43	3. 24	3. 15	3. 05	2. 95	2. 84	2. 73	2. 61
22	9. 73	6. 81	5. 65	5. 02	4. 61	4. 32	4. 11	3. 94	3. 81	3. 70	3. 54	3. 36	3. 18	3. 08	2. 98	2. 88	2. 77	2. 66	2. 55
23	9. 63	6. 73	5. 58	4. 95	4. 54	4. 26	4. 05	3. 88	3. 75	3. 64	3. 47	3. 3	3. 12	3. 02	2. 92	2. 82	2. 71	2. 60	2. 48
24	9. 55	6. 66	5. 52	4. 89	4. 49	4. 20	3. 99	3. 83	3. 69	3. 59	3. 42	3. 25	3. 06	2. 97	2. 87	2. 77	2. 66	2. 55	2. 43
25	9. 48	6. 60	5. 46	4. 84	4. 43	4. 15	3. 94	3. 78	3. 64	3. 54	3. 37	3. 2	3. 01	2. 92	2. 82	2. 72	2. 61	2. 50	2. 38
26	9. 41	6. 54	5. 41	4. 79	4. 38	4. 10	3. 89	3. 73	3. 60	3. 49	3. 33	3. 15	2. 97	2. 87	2. 77	2. 67	2. 56	2. 45	2. 33
27	9. 34	6. 49	5. 36	4. 74	4. 34	4. 06	3. 85	3. 69	3. 56	3. 45	3. 28	3. 11	2. 93	2. 83	2. 73	2. 63	2. 52	2. 41	2. 29
28	9. 28	6. 44	5. 32	4. 70	4. 30	4. 02	3. 81	3. 65	3. 52	3. 41	3. 25	3. 07	2. 89	2. 79	2. 69	2. 59	2. 48	2. 37	2. 25
29	9. 23	6. 40	5. 28	4. 66	4. 26	3. 98	3. 77	3. 61	3. 48	3. 38	3. 21	3. 04	2. 86	2. 76	2. 66	2. 56	2. 45	2. 33	2. 21
30	9. 18	6. 35	5. 24	4. 62	4. 23	3. 95	3. 74	3. 58	3. 45	3. 34	3. 18	3. 01	2. 82	2. 73	2. 63	2. 52	2. 42	2. 30	2. 18
40	8. 83	6. 07	4. 98	4. 37	3. 99	3. 71	3. 51	3. 35	3. 22	3. 12	2. 95	2. 78	2. 60	2. 50	2. 40	2. 30	2. 18	2. 06	1. 93

续表

$\alpha=0.005$

n_2 \ n_1	1	2	3	4	5	6	7	8	9	10	12	15	20	24	30	40	60	120	∞
60	8.49	5.79	4.73	4.14	3.76	3.49	3.29	3.13	3.01	2.9	2.74	2.57	2.39	2.29	2.19	2.08	1.96	1.83	1.69
120	8.18	5.54	4.50	3.92	3.55	3.28	3.09	2.93	2.81	2.71	2.54	2.37	2.19	2.09	1.98	1.87	1.75	1.61	1.43
∞	7.88	5.30	4.28	3.72	3.35	3.09	2.90	2.74	2.62	2.52	2.36	2.19	2.00	1.90	1.79	1.67	1.53	1.36	1.00

$\alpha=0.001$

n_2 \ n_1	1	2	3	4	5	6	7	8	9	10	12	15	20	24	30	40	60	120	∞
1	4053 +	5000 +	5404 +	5625 +	5764 +	5859 +	5929 +	5981 +	6023 +	6056 +	6107 +	6158 +	6209 +	6235 +	6261 +	6287 +	6313 +	6340 +	6366 +
2	998.5	999.0	999.2	999.2	999.3	999.3	999.4	999.4	999.4	999.4	999.4	999.4	999.4	999.5	999.5	999.5	999.5	999.5	999.5
3	167.0	148.5	141.1	137.1	134.6	132.8	131.6	130.6	129.9	129.2	128.3	127.4	126.4	125.9	125.4	125	124.5	124.0	123.5
4	74.14	61.25	56.18	53.44	51.71	50.53	49.66	49.00	48.47	48.05	47.41	46.76	46.1	45.77	45.43	45.09	44.75	44.40	44.05
5	47.18	37.12	33.2	31.09	27.75	28.84	28.16	27.64	27.24	26.92	26.42	25.91	25.39	25.14	24.87	24.60	24.33	24.06	23.79
6	35.51	27.00	23.70	21.92	20.81	20.03	19.46	19.03	18.69	18.41	17.99	17.56	17.12	16.89	16.67	16.44	16.21	15.99	15.75
7	29.25	21.69	18.77	17.19	16.21	15.52	15.02	14.63	14.33	14.08	13.71	13.32	12.93	12.73	12.53	12.33	12.12	11.91	11.70
8	25.42	18.49	15.83	14.39	13.49	12.86	12.4	12.04	11.77	11.54	11.19	10.84	10.48	10.3	10.11	9.92	9.73	9.53	9.33
9	22.86	16.39	13.9	12.56	11.71	11.13	10.7	10.37	10.11	9.89	9.57	9.24	8.9	8.72	8.55	8.37	8.19	8.00	7.80
10	21.04	14.91	12.55	11.28	10.48	9.92	9.52	9.20	8.96	8.75	8.45	8.13	7.8	7.64	7.47	7.30	7.12	6.94	6.76
11	19.69	13.81	11.56	10.35	9.58	9.05	8.66	8.35	8.12	7.92	7.63	7.32	7.01	6.85	6.68	6.52	6.35	6.17	6.00
12	18.64	12.97	10.8	9.63	8.89	8.38	8.00	7.71	7.48	7.29	7.00	6.71	6.40	6.25	6.09	5.93	5.76	5.59	5.42
13	17.81	12.31	10.21	9.07	8.35	7.86	7.49	7.21	6.98	6.80	6.52	6.23	5.93	6.78	5.63	5.47	5.30	5.14	4.97
14	17.14	11.78	9.73	8.62	7.92	7.43	7.08	6.80	6.58	6.40	6.13	5.85	5.56	5.41	5.25	5.10	4.94	4.77	4.60
15	16.59	11.34	9.34	8.25	7.57	7.09	6.74	6.47	6.26	6.08	5.81	5.54	5.25	5.10	4.95	4.80	4.64	4.47	4.31

续表

$\alpha = 0.001$

n_2 \ n_1	1	2	3	4	5	6	7	8	9	10	12	15	20	24	30	40	60	120	∞
16	16.12	10.97	9.00	7.94	7.27	6.81	6.46	6.19	5.98	5.81	5.55	5.27	4.99	4.85	4.70	4.54	4.39	4.23	4.06
17	15.72	10.36	8.73	7.68	7.02	6.56	6.22	5.96	5.75	5.58	5.32	5.05	4.78	4.63	4.48	4.33	4.18	4.02	3.85
18	15.38	10.39	8.49	7.46	6.81	6.35	6.02	5.76	5.56	5.39	5.13	4.87	4.59	4.45	4.30	4.15	4	3.84	3.67
19	15.08	10.16	8.28	7.26	6.62	6.18	5.85	5.59	5.39	5.22	4.97	4.70	4.43	4.29	4.14	3.99	3.84	3.68	3.51
20	14.82	9.95	8.10	7.10	6.46	6.02	5.69	5.44	5.24	5.08	4.82	4.56	4.29	4.15	4.00	3.86	3.70	3.54	3.38
21	14.59	9.77	7.94	6.95	6.32	5.88	5.56	5.31	5.11	4.95	4.70	4.44	4.17	4.03	3.88	3.74	3.58	3.42	3.26
22	14.38	9.61	7.80	6.81	6.19	5.76	5.44	5.19	4.98	4.83	4.58	4.33	4.06	3.92	3.78	3.63	3.48	3.32	3.15
23	14.19	9.47	7.67	6.69	6.08	5.65	5.33	5.09	4.89	4.73	4.48	4.23	3.96	3.82	3.68	3.53	3.38	3.22	3.05
24	14.03	9.34	7.55	6.59	5.98	5.55	5.23	4.99	4.8	4.64	4.39	4.14	3.87	3.74	3.59	3.45	3.29	3.14	2.97
25	13.88	9.22	7.45	6.49	5.88	5.46	5.15	4.91	4.71	4.56	4.31	4.06	3.79	3.66	3.52	3.37	3.22	3.06	2.89
26	13.74	9.12	7.36	6.41	5.80	5.38	5.07	4.83	4.64	4.48	4.24	3.99	3.72	3.59	3.44	3.30	3.15	2.99	2.82
27	13.61	9.02	7.27	6.33	5.73	5.31	5.00	4.76	4.57	4.41	4.17	3.92	3.66	3.52	3.38	3.23	3.08	2.92	2.75
28	13.50	8.93	7.19	6.25	5.66	5.24	4.93	4.69	4.50	4.35	4.11	3.86	3.60	3.46	3.32	3.18	3.02	2.86	2.69
29	13.39	8.85	7.12	6.19	5.59	5.18	4.87	4.64	4.45	4.29	4.05	3.80	3.54	3.41	3.27	3.12	2.97	2.81	2.64
30	13.29	8.77	7.05	6.12	5.53	5.12	4.82	4.58	4.39	14.24	4.00	3.75	3.49	3.36	3.22	3.07	2.92	2.76	2.59
40	12.61	8.25	6.60	5.70	5.13	4.73	4.44	4.21	4.02	3.87	3.64	3.40	3.15	3.01	2.87	2.73	2.57	2.41	2.23
60	11.97	7.76	6.17	5.31	4.76	4.37	4.09	3.87	3.69	3.54	3.31	3.08	2.83	2.69	2.55	2.41	2.25	2.08	1.89
120	11.38	7.32	5.79	4.95	4.42	4.04	3.77	3.55	3.38	3.24	3.02	2.78	2.53	2.4	2.26	2.11	1.95	1.76	1.54
∞	10.83	6.91	5.42	4.62	4.10	3.74	3.47	3.27	3.10	2.96	2.74	2.51	2.27	2.13	1.99	1.84	1.66	1.45	1.00

+：表示要将所列数乘以 100。

附录 4　卡方分布临界值表

V	显著性水平（α）												
	0. 995	0. 99	0. 975	0. 95	0. 9	0. 8	0. 5	0. 2	0. 1	0. 05	0. 025	0. 01	0. 005
1	…	…	…	…	0. 02	0. 1	0. 45	1. 32	2. 71	3. 84	5. 02	6. 63	7. 88
2	0. 01	0. 02	0. 02	0. 1	0. 21	0. 58	1. 39	2. 77	4. 61	5. 99	7. 38	9. 21	10. 6
3	0. 07	0. 11	0. 22	0. 35	0. 58	1. 21	2. 37	4. 11	6. 25	7. 81	9. 35	11. 34	12. 84
4	0. 21	0. 3	0. 48	0. 71	1. 06	1. 92	3. 36	5. 39	7. 78	9. 49	11. 14	13. 28	14. 86
5	0. 41	0. 55	0. 83	1. 15	1. 61	2. 67	4. 35	6. 63	9. 24	11. 07	12. 83	15. 09	16. 75
6	0. 68	0. 87	1. 24	1. 64	2. 2	3. 45	5. 35	7. 84	10. 64	12. 59	14. 45	16. 81	18. 55
7	0. 99	1. 24	1. 69	2. 17	2. 83	4. 25	6. 35	9. 04	12. 02	14. 07	16. 01	18. 48	20. 28
8	1. 34	1. 65	2. 18	2. 73	3. 4	5. 07	7. 34	10. 22	13. 36	15. 51	17. 53	20. 09	21. 96
9	1. 73	2. 09	2. 7	3. 33	4. 17	5. 9	8. 34	11. 39	14. 68	16. 92	19. 02	21. 67	23. 59
10	2. 16	2. 56	3. 25	3. 94	4. 87	6. 74	9. 34	12. 55	15. 99	18. 31	20. 48	23. 21	25. 19
11	2. 6	3. 05	3. 82	4. 57	5. 58	7. 58	10. 34	13. 7	17. 28	19. 68	21. 92	24. 72	26. 76
12	3. 07	3. 57	4. 4	5. 23	6. 3	8. 44	11. 34	14. 85	18. 55	21. 03	23. 34	26. 22	28. 3
13	3. 57	4. 11	5. 01	5. 89	7. 04	9. 3	12. 34	15. 98	19. 81	22. 36	24. 74	27. 69	29. 82
14	4. 07	4. 66	5. 63	6. 57	7. 79	10. 17	13. 34	17. 12	21. 06	23. 68	26. 12	29. 14	31. 32
15	4. 6	5. 23	6. 27	7. 26	8. 55	11. 04	14. 34	18. 25	22. 31	25	27. 49	30. 58	32. 8
16	5. 14	5. 81	6. 91	7. 96	9. 31	11. 91	15. 34	19. 37	23. 54	26. 3	28. 85	32	34. 27
17	5. 7	6. 41	7. 56	8. 67	10. 09	12. 79	16. 34	20. 49	24. 77	27. 59	30. 19	33. 41	35. 72
18	6. 26	7. 01	8. 23	9. 39	10. 86	13. 68	17. 34	21. 6	25. 99	28. 87	31. 53	34. 81	37. 16
19	6. 84	7. 63	8. 91	10. 12	11. 65	14. 56	18. 34	22. 72	27. 2	30. 14	32. 85	36. 19	38. 58
20	7. 43	8. 26	9. 59	10. 85	12. 44	15. 45	19. 34	23. 83	28. 41	31. 41	34. 17	37. 57	40
21	8. 03	8. 9	10. 28	11. 59	13. 24	16. 34	20. 34	24. 93	29. 62	32. 67	35. 48	38. 93	41. 4
22	8. 64	9. 54	10. 98	12. 34	14. 04	17. 24	21. 34	26. 04	30. 81	33. 92	36. 78	40. 29	42. 8
23	9. 26	10. 2	11. 69	13. 09	14. 85	18. 14	22. 34	27. 14	32. 01	35. 17	38. 08	41. 64	44. 18
24	9. 89	10. 86	12. 4	13. 85	15. 66	19. 04	23. 34	28. 24	33. 2	36. 42	39. 36	42. 98	45. 56
25	10. 52	11. 52	13. 12	14. 61	16. 47	19. 94	24. 34	29. 34	34. 38	37. 65	40. 65	44. 31	46. 93
26	11. 16	12. 2	13. 84	15. 38	17. 29	20. 84	25. 34	30. 43	35. 56	38. 89	41. 92	45. 64	48. 29
27	11. 81	12. 88	14. 57	16. 15	18. 11	21. 75	26. 34	31. 53	36. 74	40. 11	43. 19	46. 96	49. 64
28	12. 46	13. 56	15. 31	16. 93	18. 94	22. 66	27. 34	32. 62	37. 92	41. 34	44. 46	48. 28	50. 99
29	13. 12	14. 26	16. 05	17. 71	19. 77	23. 57	28. 34	33. 71	39. 09	42. 56	45. 72	49. 59	52. 34
30	13. 79	14. 95	16. 79	18. 49	20. 6	24. 48	29. 34	34. 8	40. 26	43. 77	46. 98	50. 89	53. 67

续表

V	显著性水平（α）												
	0. 995	0. 99	0. 975	0. 95	0. 9	0. 8	0. 5	0. 2	0. 1	0. 05	0. 025	0. 01	0. 005
40	20. 71	22. 16	24. 43	26. 51	29. 05	33. 66	39. 34	45. 62	51. 8	55. 76	59. 34	63. 69	66. 77
50	27. 99	29. 71	32. 36	34. 76	37. 69	42. 94	49. 33	56. 33	63. 17	67. 5	71. 42	76. 15	79. 49
60	35. 53	37. 48	40. 48	43. 19	46. 46	52. 29	59. 33	66. 98	74. 4	79. 08	83. 3	88. 38	91. 95
70	43. 28	45. 44	48. 76	51. 74	55. 33	61. 7	69. 33	77. 58	85. 53	90. 53	95. 02	100. 42	104. 22
80	51. 17	53. 54	57. 15	60. 39	64. 28	71. 14	79. 33	88. 13	96. 58	101. 88	106. 63	112. 33	116. 32
90	59. 2	61. 75	65. 65	69. 13	73. 29	80. 62	89. 33	98. 64	107. 56	113. 14	118. 14	124. 12	128. 3
100	67. 33	70. 06	74. 22	77. 93	82. 36	90. 13	99. 33	109. 14	118. 5	124. 34	129. 56	135. 81	140. 17